BIBLIOTHÈQUE INTERNATIONALE DES SCIENCES SOCIOLOGIQUES

LEÇONS
D'ANTHROPOLOGIE
PHILOSOPHIQUE

SES APPLICATIONS A LA MORALE POSITIVE

PAR

Daniel FOLKMAR

DOCTEUR ÈS SCIENCES SOCIALES
PROFESSEUR D'ANTHROPOLOGIE A L'UNIVERSITÉ NOUVELLE DE BRUXELLES
ANCIEN LECTURER DE SOCIOLOGIE A L'UNIVERSITÉ DE CHICAGO

PARIS
LIBRAIRIE C. REINWALD
SCHLEICHER FRÈRES, ÉDITEURS
15, RUE DES SAINTS-PÈRES, 15

1900
Tous droits réservés

BIBLIOTHÈQUE INTERNATIONALE

DES

SCIENCES SOCIOLOGIQUES

PUBLIÉE SOUS LA DIRECTION DE

A. HAMON

PROFESSEUR A L'UNIVERSITÉ NOUVELLE DE BRUXELLES

PAR

LA LIBRAIRIE C. REINWALD

SCHLEICHER FRÈRES, ÉDITEURS

15, Rue des Saints-Pères, 15, Paris

Le public est justement préoccupé par les questions sociales. Riches et pauvres, savants et ignorants s'y intéressent. La nécessité de les étudier et de les résoudre s'est imposée à tous.

A cause même de la gravité de ces problèmes sociaux, foule d'hommes se sont adonnés à ces recherches sociologiques. Pénétrées peu à peu par la véritable méthode scientifique, c'est-à-dire par la méthode d'observation et d'expérimentation, ces études permettent de voir de plus en plus clair dans une foule de phénomènes sociaux. Cette tendance de tous les esprits vers l'étude des questions sociales a provoqué la création de chaires de sociologie dans les universités, a engendré toute une littérature particulière, qui est accueillie de plus en plus favorablement par un public de plus en plus nombreux.

L'Université nouvelle de Bruxelles a montré à tous, la première, le chemin à suivre, en accordant aux sciences sociologiques une place exceptionnelle. Les Français ont suivi en créant le Collège libre des Sciences sociales, et bientôt après se fondait à Londres le Collège des Sciences sociales et politiques. Les Italiens, marchant dans la même voie, vont établir un collège semblable à Milan.

La *Bibliothèque internationale des Sciences sociologiques* a pour objet de répondre à ce mouvement social d'une si haute importance pour l'avenir et la grandeur des nations. Dans tous les pays, des hommes s'adonnent à ces études de sociologie et concourent à répandre la connaissance des phénomènes sociaux et des rapports qui les unissent. Notre *Bibliothèque* doit donc être internationale, afin d'accueillir les bonnes, fortes et belles œuvres, quelle que soit la nationalité de leurs auteurs.

La sociologie, c'est la sicence du développement et de la constitution des sociétés humaines. A la sociologie se rattache donc toute une série de sciences relatives aux sociétés, c'est-à-dire aux rapports qui unissent entre eux les hommes vivant en collectivité. L'économique, la politique, l'éthique, la criminologie, la psychologie sociale sont des sciences sociologiques. A ce même ordre d'idées se rattache l'étude des relations des individus sous les modes divers de la famille, du mariage, du droit, de la religion. On peut aussi classer, parmi les sciences sociologiques, l'étude des systèmes et de l'histoire du socialisme, car ce sont études concernant la constitution des sociétés.

La *Bibliothèque internationale des Sciences sociologiques* comprendra des ouvrages traitant de toutes ces matières. Notre but, en publiant cette Bibliothèque, est de contribuer à l'avancement des Sciences sociologiques. Notre but est, par conséquent, d'aider au progrès de l'humanité, à sa marche incessante vers un mieux être s'étendant à toutes les branches de son activité.

Les ouvrages qui paraîtront en cette Bibliothèque s'adressent à tous. Il n'est pas permis de rester étranger aux connaissances des questions sociales, car tous nous vivons en société, participons plus ou moins à la direction de ces sociétés, en subissons plus ou moins les avantages et les nuisances. A chaque instant on discute les questions sociales les plus graves. Trop souvent, en ces discussions, une ignorance plus ou moins profonde se révèle chez ceux qui y prennent part. Il importe que la connaissance raisonnée, scientifique, des phénomènes sociaux pénètre peu à peu dans les cerveaux de tous et permette à chacun de participer utilement à la direction des sociétés. Cette universalisation des sciences sociologiques mettra fin au désordre social qui affecte toutes nos formes actuelles de société et permettra la réalisation de ce mieux être que chacun appelle de tous ses désirs.

Cette Bibliothèque s'adresse donc à tout le public, à

tous ceux qui ont conscience qu'il est de leur intérêt de connaître la véritable nature des phénomènes sociaux.

Cette collection paraît par volumes in-12 de 2 fr. 50 à 5 francs, par volumes in-8° de 7 fr. 50 à 10 francs. Chaque volume a, suivant les prix, de 160 à 700 pages.

EN VENTE :

Déterminisme et Responsabilité, par A. Hamon, professeur à l'Université nouvelle de Bruxelles, vol. in-12.............. 2 fr. 50

Parasitisme organique et Parasitisme social, par Jean Massart, chargé de cours à l'Université libre de Bruxelles, et Emile Vandervelde, professeur à l'Université nouvelle de Bruxelles, vol. in-12. 2 fr. 50

Le Crime. Causes et Remèdes, par Cesare Lombroso. Avec un appendice sur les progrès de l'anthropologie criminelle pendant les années 1895-1898. Un volume in-8°, illustré de 12 figures dans le texte et de 10 planches hors texte....................................... 10 fr.

Critique de l'Economie politique, par Karl Marx, traduit de l'allemand par *Léon Remy*, vol. in-12...................... 3 fr. 50

La Lutte des classes en France, le XVIII brumaire de Louis Bonaparte, par Karl Marx, traduit de l'allemand par *Léon Remy*, vol. in-12.. 3 fr. 50

POUR PARAITRE :

Le Socialisme libertaire, par R. Silva Mendès.

La vie ouvrière en France, par Fernand Pelloutier, enquêteur à l'Office du Travail (Ministère du Commerce de France), et Maurice Pelloutier.

Problèmes de Philosophie positive. — *L'inconnaissable, l'Enseignement intégral*, par G. De Greef, ancien recteur de l'Université Nouvelle de Bruxelles.

La Propriété Foncière en Belgique, par Emile Vandervelde, professeur à l'Université Nouvelle de Bruxelles.

BIBLIOTHÈQUE INTERNATIONALE

DES

SCIENCES SOCIOLOGIQUES

PUBLIÉE SOUS LA DIRECTION DE

A. HAMON

PROFESSEUR A L'UNIVERSITÉ NOUVELLE DE BRUXELLES

VI

BIBLIOTHÈQUE INTERNATIONALE DES SCIENCES SOCIOLOGIQUES

LEÇONS
D'ANTHROPOLOGIE
PHILOSOPHIQUE

SES APPLICATIONS A LA MORALE POSITIVE

PAR

Daniel FOLKMAR

DOCTEUR ÈS SCIENCES SOCIALES
PROFESSEUR D'ANTHROPOLOGIE A L'UNIVERSITÉ NOUVELLE DE BRUXELLES
ANCIEN LECTURER DE SOCIOLOGIE A L'UNIVERSITÉ DE CHICAGO

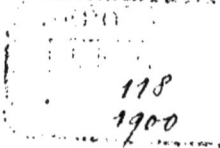

PARIS
LIBRAIRIE C. REINWALD
SCHLEICHER FRÈRES, ÉDITEURS
15, RUE DES SAINTS-PÈRES, 15

1900
Tous droits réservés

A MA FEMME

dont le dévoué concours m'a été si précieux

PRÉFACE

L'évolution qu'a suivie la pensée de l'auteur, évolution qui l'a amené à écrire le présent ouvrage, est assez intéressante, en ce qu'elle symbolise ce qui, pense-t-il, ne tardera pas à devenir une tendance générale. Tout d'abord il s'était intéressé uniquement à la sociologie et à ses applications aux arts sociaux : gouvernement, religion, morale. Une grande partie de ce qu'il publie aujourd'hui sous le titre d'anthropologie avait été antérieurement présentée au public dans une série de cours sur la sociologie, lorsqu'il était professeur de sciences sociales à Western Michigan College, en 1892-1893. Mais ses théories actuelles se trouvaient déjà en germe dans ces leçons : il considérait, dès cette époque, toutes les sciences sociales comme des subdivisions de l'anthropologie. La classification à deux dimensions publiée dans l'*Interrogator*, en février 1893, sous le titre de *New Views in Social Science* ne diffère pas beaucoup de celle que représente une des faces du « cube » dans le chapitre de ce volume-ci consacré à la classification [1].

1. Voir p. 28.

Ce ne fut cependant qu'à la fin de ses leçons sur « Les éléments de la sociologie », professées à l'Université de Chicago en 1894, qu'il acquit une conviction nouvelle ; il s'aperçut que ce que lui et les autres appelaient sociologie ne comprenait pas seulement des phénomènes sociaux ; comme base d'application sociale, l'étude des phénomènes de la vie individuelle était aussi importante, lui semblait-il, que la sociologie. Il choisit alors le terme d'anthropologie philosophique[1], qui tout à la fois signifiait une étude plus large de la vie humaine et la distinguait de l'ancienne anthropologie physique. Cela modifia d'une façon radicale ses façons de voir. Il rédigea sur ce sujet quelques *Mémoires* adressés, en 1898, à l'Association américaine pour l'avancement des sciences et à l'Association américaine des sciences sociales sous ces titres : « C'est l'anthropologie et non la sociologie qui fournit une philosophie adéquate de la vie humaine » ; « La sociologie basée sur l'anthropologie ». Puis, une année de séjour à l'étranger l'ayant placé dans des conditions de travail plus favorables, il a développé ces essais et a entrepris cette publication préliminaire. Les chapitres de cet ouvrage ont composé une série de conférences prononcées cette année à l'Université Nouvelle de Bruxelles : C'est ce qui en

---

1. Ce terme apparaît pour la première fois dans *Education* (avril 1896).

explique la forme. On y retrouve, avec quelques modifications, la plus grande partie du manuscrit écrit sur la sociologie, en 1895. Mais le lecteur verra facilement qu'il ne s'agit plus purement et simplement de sociologie.

Bien que le présent ouvrage ait reçu une forme systématique, il n'a cependant pas la prétention de constituer un système définitif. Même, si l'essai a quelque valeur dans ses grandes lignes, l'anthropologie philosophique nécessite les efforts réunis de plusieurs esprits pour pouvoir être érigée en système philosophique. Cet ouvrage-ci n'est tout au plus qu'une introduction, un ensemble de suggestions et d'hypothèses dont quelques-unes pourront faire partie peut-être d'un système futur. Loin de redouter la critique, l'auteur veut, en publiant ce volume, recueillir les observations des critiques avant d'entreprendre des œuvres plus sérieuses. C'est pour cela qu'il le publie en France, le pays des critiques les plus subtiles, le pays où l'on étudie le plus consciencieusement certaines divisions de l'anthropologie et de l'éthique.

En cherchant à synthétiser les données empruntées à quinze ou vingt sciences, quelques erreurs ont dû naturellement échapper à l'auteur. Il espère qu'on les lui signalera. Il demande, sur ce point, l'indulgence du lecteur, étant donnée l'immensité du champ d'études qu'il s'est choisi. Mais on peut critiquer ses raisonnements et les applications pratiques de sa doctrine. A cette dernière étude il consacrera sa vie entière. Il recueillera et cherchera l'application des résultats atteints par la science, sans attendre, pour cela, que cette science ait atteint la perfection, ce qui est d'ailleurs impossible. Ceux qui font de la science pour la science ne sont point compétents pour le juger. Ils peuvent avoir parfaitement raison de poursuivre un tel but, mais ils devront reconnaître que d'autres, sinon eux-mêmes, devraient faire en sorte d'appliquer les résultats de leurs travaux. L'auteur ne saurait entreprendre cette analyse minutieuse et complète des détails à laquelle ils se livrent et poursuivre en même temps son œuvre propre. Ce sont là des spécialistes dont il dépend. Malheureusement quelques-uns de ces savants ne veulent pas admettre que des spécialistes qui appliquent les résultats des sciences sont aussi nécessaires que ceux qui entreprennent les recherches scientifiques elles-mêmes.

Quels que puissent être les résultats du travail que voici, il n'en sera pas moins une tentative sérieuse et consciencieuse de donner à l'éthique et aux sciences sociales appliquées une base plus large qu'on ne l'avait cru nécessaire jusqu'ici. Avec le temps, on verra dans quelle mesure l'auteur y a réussi.

D. F.

Bruxelles, le 8 juin 1899.

LEÇONS
D'ANTHROPOLOGIE PHILOSOPHIQUE

CHAPITRE I

LE BUT ET LA TACHE DE L'ANTHROPOLOGIE PHILOSOPHIQUE

Cette devise « la science pour la science » a eu son importance dans le monde de la pensée et dans le monde de l'action. Mais il est une idée plus noble, « la science pour l'humanité ». Elle est plus en accord, aussi bien avec le point de vue où se place le moraliste qu'avec celui où se place le philosophe qui spécule sur la vie humaine. L'homme n'a pas été créé pour la science, mais la science a été créée pour l'homme. Toute pensée, toute recherche sera estimée et jugée dans la mesure où elle sert les intérêts de la vie humaine. Ce ne sont pas seulement les curiosités qui méritent d'être des objets de recherches; ce qui est supérieur, ce n'est pas la puissance intellectuelle, qui procure le plus de jouissance en elle-même; c'est, au contraire, la découverte de faits et de lois pouvant trouver leur application dans les besoins de la vie humaine. Certainement bien des lois ont été découvertes par des savants qui ne partaient point de ce principe. Des gens qui faisaient de la science pour la science ont établi des corrélations entre des idées qui jusqu'ici étaient restées complètement isolées les unes des autres; ils ont formulé des lois d'une extrême importance pour l'existence humaine. Mais cette œuvre est justifiée uniquement parce qu'une telle recherche fait partie d'un système plus vaste de pensée et d'effort, parce qu'une semblable division du travail est nécessaire entre ceux qui découvrent, ceux qui généralisent et ceux qui inventent et appliquent. Considérée à un point de vue plus large, la justification de ces travaux est toute morale. Donc la sociologie et l'anthropologie ne doivent pas être étudiées pour elles-mêmes, mais dans l'intérêt de l'homme.

Les besoins de l'homme sont multiples et nombre de sciences ont contribué à les satisfaire. Mais il arrive un moment où le progrès matériel ne suffit plus aux besoins intellectuels et spirituels de la nature humaine. Il arrive un moment où l'homme se demande si la vie elle-même mérite d'être vécue et si le nouvel évangile du suicide n'est pas un sage remède à beaucoup de souffrances. Il arrive un temps où des choses qui jadis nous donnaient le goût de l'existence ont perdu tout leur attrait, où l'esprit perplexe se demande quelle est la véritable route à suivre, où la conscience troublée demande une lumière directrice. Alors se fait sentir la nécessité d'une philosophie plus adéquate à la vie humaine, d'une philosophie capable d'estimer à leur valeur relative les activités de la vie et d'indiquer à cette vie comme fin dernière un but noble et inspirateur.

Que faut-il faire? Quels sont les actes qui méritent le plus d'être accomplis? Ce sont là des questions qui relèvent du domaine de la morale. La seule réponse adéquate qu'on puisse leur donner devra être basée sur la connaissance de la nature de l'homme et de son histoire. Dans les questions de morale et dans bien d'autres domaines de la pensée, il nous faut préjuger de l'avenir par le passé. Les anciens systèmes de morale n'ont pas procédé de cette façon. Leur méthode n'a pas été la méthode inductive, mais la méthode déductive. Ils ont commencé par de brillantes généralités et par des assertions dogmatiques touchant le bien-être, le bonheur, la réalisation du moi, la vie complète, l'accomplissement d'un but divin, dont ils faisaient tour à tour le but moral de l'existence. Ils ont pris pour guide l'inspiration humaine ou divine plutôt que les calculs froids et logiques de la raison. C'est en cela qu'ils sont inadéquats. Le peu de concordance de leurs résultats est une preuve de leur insuffisance. Il y a eu certainement un certain fonds de vérité dans chaque système de ce genre. Plus d'une idée pratique y a trouvé place, soit logiquement, soit en dehors des règles de la logique, soit qu'elle ait été déduite par un raisonnement serré, tel but moral étant posé, soit qu'elle provienne inconsciemment d'un regard jeté sur les besoins et les rapports pratiques de la vie humaine. Mais il ne s'est pas encore trouvé de système de morale qui s'élevât contre les allégations plus ou moins justifiées des différents penseurs. Nos habitudes d'esprit sont si vicieuses dans ce domaine qu'il nous semble absurde de chercher en morale une certitude analogue à celle de sciences comme la physique, la mécanique et autres.

On peut et on doit arriver à une certitude de ce genre. Un des principaux buts de ce livre sera de le démontrer.

Nous sommes à une époque de démoralisation dans la sphère de la pensée et de l'action. Pour cette excellente raison que les hommes n'ont pu puiser aucune conviction dans les hypothèses des systèmes moraux et ont constamment révoqué en doute leurs points de départ et leurs principes, parce qu'ils ne possèdent aucune certitude intellectuelle, parce qu'ils ont perdu la foi dans leurs croyances de jadis, ils renoncent à toute action.

Ils errent à l'aventure sans guide, conduits par des motifs que leur conscience ne proclame ni les plus dignes, ni les plus nobles, mais qu'ils adoptent pour leur incertitude même, pensant échapper ainsi à toute responsabilité.

Cette instabilité d'équilibre, on la rencontre non seulement en morale, mais en politique, en religion, dans toutes les sphères d'action de la vie humaine. La religion chrétienne semble actuellement soumise à plus d'épreuves qu'aux jours de la Révolution française. Ce sont maintenant ses amis et ses plus grands soutiens qui l'attaquent au dedans, tandis qu'au dehors les assauts de la science ont redoublé d'énergie et partent d'une position plus inexpugnable que jamais. Quand une nouvelle religion est enseignée, les ignorants et les faibles perdent leur foi dans l'ancienne sans vouloir la remplacer. N'ayant plus comme appui ni la philosophie, ni la révélation, ils succombent souvent aux sollicitations violentes du désir animal. Car ils n'ont pas encore atteint cette phase de leur évolution morale et intellectuelle où ils seront capables de marcher droit sans guide.

Si toutefois il est possible de fonder des principes moraux sur les **données indiscutables** de la science, un tel système est de toute nécessité à l'heure actuelle. Les hommes qui ont permis à la foi de guider leur raison dans le passé demandent maintenant avec d'autant plus d'insistance à la raison de guider leur foi ou de la remplacer. Mais la raison, à notre époque, ne se contente plus de simples déductions ; elle demande des inductions et des généralisations plus larges. On peut nier que Herbert Spencer soit un positiviste, mais le positivisme d'Auguste Comte est le positivisme de tous les savants philosophes de notre temps. C'est de là qu'on est parti pour conquérir la science. La grande vérité dont il faut se rendre compte, c'est qu'il faut apporter le même esprit dans l'étude de la morale, et qu'il est possible d'établir un système de morale positiviste. Quelques reflets de cette vérité ont frappé les yeux du plus grand de nos philosophes, Herbert Spencer. Dans les années si fécondes d'où datent ses premiers ouvrages, il émit quelques idées pleines de promesses [1], mais son dernier traité [2] de morale témoigne de la désillusion qu'il rencontra lorsqu'il voulut chercher dans l'évolution des lumières pour la morale. En dépit de ses brillantes conquêtes dans le domaine de la science pure, il s'arrêta, hésitant, en présence du vaste et plus important domaine de la science appliquée. Spencer ne sut trouver qu'un guide, feu follet poursuivi par ses prédécesseurs, le bonheur.

Cependant nous trouverons beaucoup de choses à emprunter à l'étude de Spencer sur l'histoire de la morale et aux ambitieux ouvrages de Letourneau [3] sur le

---

1. Voir la préface de la Ire partie, livre I, *The Principles of Ethics*, New-York, 1891. Voir aussi : *Social Statics*, 1re édition.
2. Préface du livre II, *The Principles of Ethics*.
3. Voir spécialement son *Evolution de la morale*, Paris, 1887.

même sujet ; nous y rencontrerons beaucoup de choses qui, on peut le prévoir, seront une des pierres sur lesquelles s'échafaudera l'édifice de la morale future. Les méthodes de la science ont été découvertes et perfectionnées pour notre usage. Il nous reste seulement à donner une précision égale aux méthodes de l'art, car la morale est plutôt du domaine de l'art que du domaine de la science.

Ce dont se sont aperçus les écrivains précédemment indiqués, c'est que les sciences anthropologiques devraient fournir un fondement à la morale. Il n'existe encore aucune science qui étudie entièrement le passé et le présent de l'homme dans le but d'en tirer des indications pour son avenir. La science qui aura pour domaine tout ce champ d'études sera l'anthropologie philosophique. L'ancienne anthropologie physique ne couvrait qu'une partie de ce champ. Elle est arrivée à des résultats appréciables. La sociologie a fourni aussi une contribution encore plus importante. Les sciences sociales particulières ont fait des recherches dans diverses directions sur les rapports complexes de la vie humaine. A l'heure actuelle, on a besoin d'une science et d'une philosophie qui réunissent tout ces fils conducteurs en une seule main et qui impriment une direction aux forces du progrès. Du succès de cette entreprise dépend la destinée de l'humanité. Quand la société aura atteint un certain degré de complexité et de maturité, elle s'effondrera en vertu même de son propre poids si elle ne rencontre pas cette nouvelle base pour la soutenir.

Il se peut que la destinée de l'existence humaine reste obscure jusqu'aux jours où l'on aura prévu la destinée de l'univers. Il faut donc une morale plus large que la morale de l'homme ou de la vie en général. Cela admis, elle dépendra, en quelque sorte, de cette philosophie qui s'étend non seulement aux phénomènes de la biologie et de l'anthropologie, mais à tous les phénomènes de l'univers. Mais il faut se répéter avec confiance : chaque homme en particulier forme une parcelle de l'univers qui le contient ; sa destinée est, en quelque sorte, enfermée en lui-même, et on peut, jusqu'à un certain point, en prévoir et en prévenir le cours en passant en revue la marche du passé. Bien plus, il sera possible de faire servir aux besoins de l'anthropologie les données de toutes les sciences physiques qui peuvent éclairer les relations existant entre l'homme et le milieu ambiant. Dans cette parcelle de la nature que nous appelons l'homme, on peut retrouver les éléments de l'évolution la plus haute et la plus lointaine. Dans l'immense progrès accompli par ses facultés et ses activités depuis leur plus humble origine jusqu'à l'état de complexité infinie où elles se trouvent à l'heure présente, on peut, dès maintenant, entrevoir prophétiquement l'avenir merveilleux qui s'ouvre à lui ; on peut voir rayonner la nouvelle étoile de Bethléem qui l'inspirera et le guidera vers la foi. Tout ce que nous venons de dire est la grande justification des idées, qui, inconsciemment, ont amené les hommes de tous pays, il y a une vingtaine d'années, à se convaincre de la nécessité d'une sociologie.

Ce qui justifie la sociologie, c'est qu'elle est une partie de l'anthropologie philosophique et que, comme elle, elle contribue à l'étude des rapports sociaux, à l'étude des expériences et des forces sociales, étude nécessaire si nous voulons prendre des décisions en morale sociale.

Après avoir examiné la nécessité et le but d'une nouvelle anthropologie, il faut nous demander si on peut lui assigner une place dans une classification philosophique des sciences; il faut nous poser cette question : Quel est son domaine, quels sont les objets de ses investigations? Notre réponse dépendra en partie de la solution qu'on donnera aux questions suivantes : Qu'est-ce que l'homme par rapport aux autres animaux? Que peut dire la biologie de son passé et de son avenir? La psychologie et la physiologie peuvent-elles deviner, d'après sa constitution en tant qu'individu, les possibilités et les destinées de la race?

D'après les résultats de l'anthropologie, de la psychologie et de la physiologie modernes, que peuvent faire la philosophie et la morale en les appliquant à la formation d'un système positif de morale? La véritable philosophie sociale et la morale sociale découlent-elles de l'anthropologie et s'appuient-elles nécessairement sur cette science?

Mais voici la question principale : quel principe de classification adopterons-nous, pour déterminer la hiérarchie et les rapports réciproques des sciences? Des différentes réponses qui ont été données à ces questions sont nés les innombrables systèmes de classification. Comme le cas relève plutôt de la philosophie générale que de l'anthropologie, il suffira de résumer en une phrase l'opinion de l'auteur : au lieu de diviser les sciences d'après leur ordre logique ou chronologique, il est plus important de les diviser par rapport aux besoins de l'espèce humaine, c'est-à-dire en tenant compte de leurs relations avec la fin morale et avec les moyens nécessaires pour atteindre cette fin. La classification la plus désirable n'est pas, par exemple, celle qui admettrait dans l'étude de n'importe quelle espèce du monde animé autant de spécialistes qu'elle en admettrait dans l'étude de l'espèce humaine.

C'est celle qui considère l'étude de l'homme comme supérieure en importance à toute autre étude, celle qui considère l'étude de ses facultés, de sa destinée et des moyens de réaliser cette destinée, comme plus importante que l'étude de ses muscles et de ses os, ou que l'étude des ustensiles des tribus sauvages. C'est une classification de ce genre qu'il nous faudrait rencontrer dans les collèges et les universités. Ne pouvons-nous pas dire qu'une telle division du domaine de la science est la division idéale, bien préférable à la division actuelle du travail, qui n'assigne point à des spécialistes l'étude des problèmes moraux et sociaux de la plus haute importance, tandis qu'elle leur confie l'étude des pierres ou des arbres et les autres sciences actuellement en faveur et d'une innocuité parfaite?

Examinons brièvement la classification des sciences, qui a été le plus généralement adoptée dans ces derniers temps, en théorie et en pratique, celle d'Auguste Comte. A son avis, les sciences fondamentales ne peuvent être rangées que dans l'ordre suivant : 1° mathématiques ; 2° astronomie ; 3° physique ; 4° chimie ; 5° biologie ; 6° sociologie. C'est, comme il le disait, un ordre de complexité croissante et de généralité décroissante[1]. Bien que le grand philosophe anglais Spencer[2] ait proposé, peut-être dans un esprit d'émulation, une autre classification, il lui a été impossible d'échapper à celle d'Auguste Comte. L'ordre même des livres de la *Philosophie synthétique* le démontre suffisamment.

1. *Cours de philosophie positive*, 2ᵉ édition, Paris, 1852, fin de l'Introduction, vol. I, p. 88.
2. *Classification des sciences*. Traduction de l'anglais sur la 3ᵉ édition, par J. Réthoré, Paris, 1872.

La science de la biologie peut inclure tous les phénomènes de la vie, même ceux de la vie psychique. Auguste Comte lui-même le montre, quand il divise le livre V[1] *de la Biologie*. Si l'on peut démontrer que les phénomènes sociaux sont toujours réductibles à l'action d'un individu conscient sur un autre individu, il n'y a aucun phénomène social qui ne puisse être expliqué par les lois de la psychologie ou de la biologie, et ces dernières sciences devraient être placées à la fin de la série. Mais, même si les phénomènes étudiés par les sociologues rentraient dans les sciences de la psychologie et de la biologie, devrions-nous, par suite, nier l'existence d'une science sociale et déclarer que les deux sciences nommées précédemment suffisent? Pas le moins du monde. En premier lieu, il doit y avoir des sciences subordonnées à celles dont Auguste Comte a dressé la liste. C'est d'ailleurs son avis, et l'avis de tous ceux qui ont écrit sur ce sujet. Il s'ensuit que la sociologie peut être étudiée comme une science à part, même si elle est subordonnée à la biologie. Mais, en second lieu, d'après les principes posés plus haut, la chose à considérer avant tout dans une science, ce ne sont pas tant ses rapports logiques ou chronologiques avec les autres sciences que son importance au point de vue humain, au point de vue des intérêts premiers de la vie humaine.

C'est enfin une question d'économie dans la division du travail. Les sciences sociales, économiques, morales, et tant d'autres, qui sont d'une importance essentielle à chaque instant de la vie humaine, peuvent-elles atteindre un développement suffisant entre les

---

1. Le chapitre vi du livre V traite *des fonctions intellectuelles et morales ou cérébrales.*

mains des biologues et des psychologues? Non, leur domaine est trop vaste pour que l'on puisse donner une attention assez suivie à toutes les divisions que nécessite le développement de la pensée sociologique. Il faut des spécialistes qui puissent consacrer leur existence à des recherches très érudites, suivant une préparation technique très profonde. Sans cela ces sciences sociales n'atteindront jamais à un bien haut développement. Quand on considère leurs méthodes et l'éducation préliminaire qu'il est nécessaire d'acquérir, si l'on veut s'y livrer d'une façon efficace, on voit clairement que c'est là, de tous les groupes de sciences, le plus difficile, celui qui demande la plus rigoureuse spécialisation. Et cependant l'idée la plus répandue non seulement dans le peuple, mais même parmi les savants, semble être que ces sciences peuvent être plus négligées que toutes les autres et que l'on peut en abandonner l'étude à l'esprit inculte des foules et aux méthodes démagogiques de réformateurs et de politiciens charlatans.

Enfin la plus grande partie de l'étude de la vie humaine, telle qu'elle est présentée dans ces chapitres, trouve sa justification dans l'intérêt des méthodes scientifiques, même s'il ne lui a pas été assigné de rang distinct dans une classification systématique des sciences; car la découverte d'idées nouvelles naît souvent de nouveaux rapprochements d'idées anciennes, et on y contribue en opérant sur toutes les combinaisons possibles de sciences. Cela servira, par suite, non seulement à réunir plusieurs branches de l'anthropologie philosophique dont on donne ici une esquisse, branches que se sont jusqu'ici partagées les divers spécialistes, mais encore à montrer que la vie humaine, à chacune de ses phases, doit être étudiée dans ses rapports avec les objets environnants, et une synthèse de l'ensemble ne sera pas moins profitable à la découverte de rapports nouveaux et plus généraux.

Cela justifie donc non seulement l'existence de l'anthropologie et de la sociologie comme sciences distinctes, mais celle d'un grand nombre de subdivisions de ces sciences dont nous nous occuperons dans le prochain chapitre. Il est cependant une recommandation sur laquelle on ne saurait trop insister. Il ne faut pas que dans l'étude de ces sciences les spécialistes agissent comme on peut reprocher aux économistes de l'avoir fait jadis. Ils ne doivent pas poursuivre l'étude de la science qu'ils ont choisie comme si elle était indépendante de toutes les autres; ils doivent se rendre compte que ces sciences particulières sont seulement des rameaux de sciences plus générales, que les vues des spécialistes des sciences particulières doivent être sans cesse rectifiées par celles des spécialistes des sciences plus générales qui peuvent observer le terrain sous un angle plus large et saisissent mieux les proportions qui doivent exister entre les diverses parties; enfin et surtout, dans chaque science sociale, le spécialiste doit posséder des notions préliminaires très sérieuses des sciences plus générales, voisines de sa science spéciale et qui lui servent de base, des notions non seulement de psychologie et de biologie, mais même, jusqu'à un certain point, de philosophie, de physique, de chimie, et même de mathématiques.

Parmi les adversaires d'une science, on rencontre toujours un certain nombre de spécialistes de celles des sciences qui, plus anciennes, sont le plus étroitement apparentées à la science considérée. Par exemple, l'anthropologie philosophique sera prise à partie par les savants qui font autorité dans les questions d'anthropologie physique, c'est-à-dire de l'anthropologie considérée comme branche de la biologie. Mais ne sont-ils pas les premiers à vouloir que l'anthropologie devienne une science plus large? Les discussions de Spencer et d'autres philosophes sur des problèmes biologiques, tels que la loi de l'évolution ou du transformisme, n'ont-elles pas abouti à une biologie philosophique? Le domaine de la biologie ne s'est-il pas peu à peu agrandi au point de s'étendre aux phénomènes psychiques, puis aux phénomènes sociaux, bref à tous les phénomènes vitaux? Et l'anthropologie biologique ne doit-elle pas s'étendre par l'adjonction de la biologie de telle façon qu'on puisse y faire rentrer autre chose que la structure physique de l'homme?

Mais on admet bien que la psychologie est une science véritable. Pourquoi l'anthropologie ne serait-elle pas aussi bien une science si elle revendiquait, usurpait, si vous voulez, tous les sujets qu'étudient la psychologie et même la sociologie, l'ethnologie, l'histoire, la statistique, bref toutes les autres sciences qui traitent de l'homme? La seule différence, c'est que, pour faire les recherches et les généralisations, au lieu d'un ou de quelques spécialistes peu nombreux, il en faut un grand nombre. Mais y a-t-il pour cela moins d'unité? Les résultats ont-ils moins de corrélation et ne se corrigent-ils pas moins mutuellement? En un mot une division croissante du travail ne doit-elle pas s'accompagner d'une profondeur plus grande des connaissances, c'est-à-dire d'une philosophie plus parfaite? Enfin, et c'est le point capital, une connaissance aussi large et aussi unitaire de la vie humaine est la base nécessaire de toute morale, de tout art et de toute action.

Cela nous conduit à examiner une dernière question générale, qui a été très négligée par les philosophes aussi bien que par les savants, celle des rapports existant entre les sciences et les arts. On n'a jusqu'ici écrit aucune philosophie adéquate de l'art, ce mot étant employé dans le sens le plus large pour indiquer l'étude de ce qui doit être ou devrait être, le choix de fins à poursuivre et de moyens d'y atteindre. N'a-t-on pas le droit de dire que de telles études sont d'une importance plus directe et plus absolue relativement à l'espèce humaine que l'étude des différents domaines de la science? Dans l'histoire de l'humanité, il y a eu toujours des arts, même s'ils n'étaient pas accompagnés de sciences dans le sens strict du mot. L'homme agit, qu'il possède ou non la somme de connaissances qui lui permettra d'agir de la façon la plus économique. Ne pourrions-nous pas, en partant de ce point de vue, aller plus loin et dire qu'une science n'a le droit d'entrer dans une classification qu'autant qu'elle peut être utile à un art?

Quelle importance cela a-t-il dans les arts anthropologiques et sociaux? La question capitale, dans toute étude de l'homme, dans toute spéculation sur ce sujet, est de savoir comment l'homme doit agir de façon à satisfaire ses besoins. Il doit connaître ceux de ses besoins qui sont les plus essentiels. Il doit, en un sens, savoir en quoi consiste la vie complète, en quoi consiste le bonheur complet et doit ensuite connaître le moyen de réaliser ces fins. Cette connaissance, et c'est la conviction de l'auteur, doit être déduite principalement de la science ou de la philosophie de l'anthropologie. Mise en forme d'une façon rigoureusement systématique, érigée en principes ou règles de conduite et appliquée dans la pratique, cette connaissance sera ce que nous appelons l'art de la morale. En tant qu'art de la vie humaine, n'est-il pas évident qu'on peut l'appeler l'aspect « art » de l'anthropologie, entièrement distinct de son aspect « science »? N'est-il pas évident également qu'il y a un art de la sociologie et de la morale sociale distinct de la science de la sociologie et s'appuyant sur cette dernière? Telle est la thèse soutenue dans cet ouvrage. D'après sa classification, l'anthropologie philosophique et la sociologie comprennent à la fois ces arts et ces sciences, l'un ne peut être étudié sans l'autre. L'art sans la science est une chose instable. Il lui manque toutes les connaissances sans lesquelles il ne peut agir efficacement. La science sans l'art est stérile, elle n'est justifiée que par la légère satisfaction qu'elle peut procurer en tant qu'exercice intellectuel.

Par suite, dans notre classification, les arts anthropologiques et sociaux peuvent être placés au-dessus des sciences correspondantes. Les arts peuvent être subdivisés ou classés d'après l'importance qu'ils ont dans la satisfaction des besoins humains, d'après, aussi, leur difficulté et le degré de spécialisation nécessaire à chacun d'eux. Quant aux sciences, elles seront classées d'après leur degré d'utilité pour tel ou tel art. Au point de vue idéal, l'art est, en toute circonstance, la raison d'être de la science; il est là pour formuler les problèmes et diriger les recherches de la science. Cela admis, il devient évident que la morale étant le plus important des arts parce qu'il est le plus général, l'anthropologie, qui est le fondement de l'éthique, doit être mise au rang d'honneur parmi les sciences.

Nous pouvons dès maintenant nous préparer à donner une définition préliminaire et provisoire, en reconnaissant toutefois que des définitions prennent mieux leur place à la fin qu'au début d'un ouvrage. Chaque nouveau chapitre ne fera qu'éclairer les termes de la formule suivante :

L'anthropologie philosophique peut être définie : cette partie de la philosophie qui traite de la vie humaine, comprenant à la fois les généralisations les plus larges des sciences de la vie humaine et de la philosophie de l'art de vivre. Elle comprend, par suite, tout ce que l'on peut savoir ou prévoir au sujet de l'homme, son passé, son présent, son avenir. L'anthropologie, ainsi définie, comprend l'éthique et tous les champs d'étude de la sociologie appliquée ; elle comprend également toutes les sciences spéciales qui s'occupent de l'homme, l'ethnographie, l'ethnologie, l'histoire, la physiologie humaine, la psychologie, etc. D'autre part, l'anthropologie est une subdivision de la biologie philosophique. Bref, l'anthropologie est la philosophie de la vie humaine. Étant cela, elle doit tenir compte de tous les facteurs de la vie humaine. En tant que philosophie inductive et science générale, elle doit confier aux sciences en lesquelles elle se subdivise l'étude particulière de la grande masse des faits et s'occuper elle-même de coordonner et d'appliquer les généralisations opérées par ces sciences secondaires.

Cet effort pour arriver à une anthropologie plus large est-il soutenu par les tendances et les discussions actuelles ? De notre temps, il se manifeste plusieurs courants d'opinion, en partie étrangers les uns aux autres, et jusqu'ici plus ou moins dénués de direction philosophique, mais qui semblent converger vers le même résultat. Sans parler des anthropologies, qu'elles aient été ou non désignées par ce terme, comme celle de Kant[1] et de Lotze[2], certains écrivains européens ont tenté, dans ces dix dernières années, de sortir des limites de l'ancienne anthropologie physique. En 1889, Manouvrier[3] publia une classification qui assigne une place même aux arts anthropologiques. Mais c'est en Amérique que la « nouvelle anthropologie » a reçu son nom : c'est là qu'elle a publié ses plus ambitieuses professions de foi. C'est le trait caractéristique d'une école distincte, « l'école américaine d'anthropologie », ayant à sa tête tous ceux qui dirigent l'œuvre anthropologique du gouvernement et des associations scientifiques. Les anthropologistes américains, comme tous les penseurs américains en général, ont été aventureux, se sont débarrassés des entraves et de la tradition et se distinguent par une certaine dose d'idéalisme. On peut dire que les tendances de l'école américaine se sont manifestées pour la première fois, en une certaine mesure, dans l'excellent ouvrage de Morgan, paru en 1887[4]. En 1892, la classification de Brinton fut présentée pour la première fois à l'Association américaine pour l'avancement des sciences. Le germe de la classification de Powell apparut de bonne heure dans les

1. Immanuel Kant, *Anthropologie in Pragmatischer Hinsicht*, Königsberg, 1820, 3ᵉ édition.
2. Hermann Lotze, *Mikrokosmus. Ideen zur Naturgeschichte und Geschichte der Menschheit. Versuch einer Anthropologie*, Leipzig, 1856.
3. L. Manouvrier, *Classification naturelle des sciences*. Association pour l'avancement des sciences. Conférences de Paris, 1889, 2ᵉ partie, pp. 662-682.
4. *Ancient Society* ébauché dans son livre *Systems of Consanguinity and Affinity of the Human Family*, Washington, 1877.

Rapports du Bureau d'ethnologie américaine[1]. Elle était accompagnée d'une classification des peuples, « d'après les activités humaines plutôt que d'après les traits extérieurs corporels », donnant ainsi naissance à une « ethnologie nouvelle », dont l'apparition, de l'avis Mc Gee, marque le progrès le plus notable dans l'histoire de l'anthropologie[2].

La nouvelle éthique semble être une production spontanée de plusieurs pays, bien que jusqu'ici elle manque de cohésion et n'ait pas encore pris conscience d'elle-même. Spencer, qui en a ébauché les premières lignes, a travaillé, il y a soixante ans, à fonder la morale sur une base positive[3]. Cependant il est resté d'une façon bien étrange au-dessous des conclusions de sa propre philosophie évolutionniste, par exemple, dans cette idée que l'évolution est le but de la morale. En France, Letourneau termine plusieurs de ses aperçus historiques par des conjectures sur l'avenir[4], mettant ainsi en pratique ce que les moralistes déterministes sont obligés de reconnaître en théorie, à savoir que prévoir l'avenir, c'est tout ce que peut encore faire la morale. Guyau et Fouillée, d'une façon plus théorique,

---

1. Établie d'une façon plus philosophique par Mc Gee dans le rapport pour l'année 1894. Voir aussi Mc Gee dans *American Anthropologist*, 1897, pp. 263-266.

2. W.-J. Mc Gee, *Fifty Years of American Science*, dans la *North American Review*, septembre 1898, vol. XXXII, p. 307.

3. Il cite lui-même son « premier essai, écrit déjà en 1849 », et il ajoute : « À partir de cette époque, le but que j'ai poursuivi sans cesse, le but que j'entrevoyais derrière tous les autres, ç'a été de trouver une base scientifique aux principes du bien et du mal dans la conduite de la vie en général. » Préface à la 1re partie de *Principles of Ethics*, vol. I.

4. Lire, par exemple, *l'Évolution du mariage et de la famille*, par Charles Letourneau, Paris, 1888, chap. xx, et *l'Évolution de la propriété*, Paris, 1889, chap. xx.

et plus systématique, ont été courageusement jusqu'au bout de leur raisonnement déductif et ont abouti à une morale « sans obligation ni sanction »[1].

En Amérique, Ward, bien qu'hostile à la morale dans le sens ordinaire de ce mot et ne lui consacrant qu'une place fort restreinte dans sa *Science sociale appliquée*[2], a cependant établi solidement et profondément les bases de la morale pratique. L'activité des sociétés[3] pour la culture morale offre un nouvel exemple des tentatives faites en Amérique pour donner dans la pratique une solution aux problèmes moraux.

Telles sont donc les différentes tendances de notre époque réunies, par d'autres écrivains, sous les noms de « nouvelle anthropologie », « nouvelle ethnologie », « nouvelle morale ». (Peut-être faut-il ajouter à cette liste une « nouvelle sociologie » ?) Ces écrivains, nous l'avons vu, se distinguent par une méthode plus positive et une philosophie plus large que celle de leurs prédécesseurs. Cela prouve que les dernières divisions de la nature, celles de la vie et de la conduite humaine, ont été rangées sous les grandes généralisations modernes de l'universalité de causation et de l'uniformité de la nature. On s'est attaqué à ces problèmes, surtout dans leur aspect moral, avec beaucoup de crainte et de timidité, mais en même temps aussi avec ferveur et enthousiasme. L'anthropologie philosophique qui embrasse tous ces problèmes a été jusqu'ici

---

1. M. Guyau, *Esquisse d'une morale sans obligation ni sanction*, Paris, 1885. — Alfred Fouillée, *Critique des systèmes de morale contemporaine*, Paris, 2ᵉ édition, 1887.

2. Lester F. Ward, *Dynamic Sociology or Applied Social Science*, vol. II, New-York, 1883.

3. Sous la direction de Félix Adler, directeur du *International Journal of Ethics*, New-York.

informe, primitive et sans conscience d'elle-même. Si elle arrive à faire prévaloir l'importance immense qu'elle a vis-à-vis de la morale positive et si elle prête consciemment son concours à la tentative faite pour diriger d'une façon rationnelle les efforts humains, elle s'élèvera au rang qu'elle mérite d'occuper, elle sera le plus noble sujet des spéculations humaines, le couronnement et la consécration de toute science et de toute philosophie.

Une anthropologie comme celle dont nous venons de tracer les grandes lignes devint possible lorsqu'on transporta dans l'étude de la vie humaine certaines grandes généralisations de la science et de la philosophie modernes. Il reste à en parler un peu et à signaler les rapports à établir entre les sciences anthropologiques et les sciences non anthropologiques, étant donnée la dépendance des premières à l'égard des dernières. La discussion des méthodes empruntées aux sciences mathématiques, physiques et biologiques sera renvoyée au chapitre III.

On trouverait peu de sciences aussi éloignées de l'anthropologie que la physique et la chimie. Cependant Bagehot[1] a écrit un volume dont la valeur a été reconnue, sur *la Physique et la Politique*, et il suffit d'un moment de réflexion pour nous rappeler qu'il y a une connexité vitale entre les sciences dont il parle. Bien plus, la science moderne rend de plus en plus évident ce fait, que l'homme et ses institutions sociales ne dépendent pas seulement de leur milieu physique, mais que l'homme lui-même est simplement une humble fraction de la nature et est soumis aux lois

---

1. Walter Bagehot, *Physics and Politics, an Application of the Principles of Natural Selection and Heredity to Political Society.*

qui régissent le grand tout. Il se peut que le progrès futur de l'anthropologie nous montre dans les actions humaines et sociales une simple réaction de l'homme sur les forces qui l'environnent. Donc, il nous faut étudier les lois de la matière et du mouvement si nous voulons comprendre et expliquer les phénomènes en question.

Un des plus grands services rendus par la physique aux autres sciences a été de formuler la loi de la conservation de l'énergie. Peut-on douter que cette loi ne garde toujours sa valeur dans le monde mental et, par suite, dans le monde moral? Chaque individu de la société qui reçoit le choc des forces extérieures, que ce choc provienne d'êtres organiques ou de l'organisation sociale qui l'entoure, chaque individu se contente certainement de transmettre ces forces sout des formes différentes. Peut-être passent-elles à l'état d'idéation, mais elles finissent par être exprimées sous quelque forme. Quand un individu fait agir ces forces sur un autre individu, on les appelle phénomènes sociaux. La chimie a découvert une autre grande loi qui est connexe à la précédente : la loi de l'indestructibilité de la matière. L'indestructibilité de la force, la persistance du mouvement dans l'atome, ce sont des faits d'une importance énorme dans l'anthropologie et dans les sciences qui y rentrent. La chimie a joué un grand rôle dans la psychologie physiologique en ces dernières années. Peut-on identifier l'activité mentale avec l'activité cérébrale, et l'activité cérébrale peut-elle se ramener à une modification chimique des cellules de cerveau? Ceux qui veulent faire leur spécialité de cette subdivision de l'anthropologie, la psychologie, doivent s'attacher à connaître à fond tous les emprunts faits par la psychologie aux résultats de la physique et de la chimie. Avant d'abandonner ce sujet, ne pourrait-on pas suggérer une idée aux chimistes ? Quand on jette les yeux sur tout le champ des efforts humains et sur la somme de travail qu'exige la satisfaction des besoins humains, on voit clairement qu'à l'heure actuelle la chimie psychologique serait pour la chimie un terrain de généralisation extrêmement important. Que peuvent faire les chimistes pour jeter un peu de lumière sur les phénomènes de la psychologie et de la physiologie humaine ? Les phénomènes vitaux peuvent-ils être ramenés à des formules chimiques ? Quelles modifications se produisent dans les cellules nerveuses au cours des sensations et de l'idéation ?

Il est évident que, si la physique et la chimie rendent des services à l'anthropologie en qualité d'étude du milieu dans lequel vit l'homme, des recherches plus approfondies en géographie et en géologie rendront le même service. L'influence du milieu sur un peuple peut être étudiée autrement que par une analyse chimique du sol. On peut se livrer à des généralisations plus faciles et plus vastes, par un simple coup d'œil superficiel jeté sur un pays ou sur une région, sur ses montagnes et ses plaines, ses rivières et ses lacs, sa température et son état atmosphérique. On sait quelle importance les écrivains modernes ont attachée à ces facteurs pour arriver à expliquer l'histoire et l'ethnologie des différents peuples. Le *Développement intellectuel de l'Europe*, de Draper, est un des meilleurs exemples de cette méthode de raisonnement poussée à l'extrême. Les lois relatives à la vie humaine, en général, ne peuvent être appliquées à un groupe particulier d'individus qu'à condition de tenir un compte suffisant de l'influence du milieu physique.

Si la thèse soutenue dans ce livre est juste, si la biologie contient l'anthropologie et la sociologie, il nous est inutile de rien ajouter pour démontrer l'importance capitale des études biologiques pour ces dernières sciences. L'anthropologie n'étudie qu'une espèce du règne animal. La zoologie en étudie toutes les espèces. Peut-on bien connaître une espèce sans s'occuper des autres ? Certainement non, si toutefois il y a quelque chose de vrai dans les théories évolutionnistes maintenant universellement admises. Jusqu'à un certain point, l'étude de l'homme rentre dans le domaine d'une étude plus vaste de la vie en général, étude qui constitue l'objet de la biologie. La vie de l'homme, dans ses traits fondamentaux, doit être expliquée d'après les lois biologiques de la nutrition, de la croissance, de la reproduction, de la motilité et de l'innervation. Nous pouvons, sans hésiter, aller plus loin, et nous attendre à voir des lois fondamentales de l'anthropologie et de la sociologie suggérées par celles de la biologie. Passons en revue quelques-unes de ces dernières. Une des plus grandes généralisations opérées par les biologues modernes est la loi de l'évolution, exposée d'abord par Darwin, élaborée plus tard et élargie par Herbert Spencer [1]. Cette loi est déjà une des généralisations fondamentales relatives à la vie et aux sociétés humaines. Les individus et les races passent-ils d'un degré inférieur de la civilisation à un degré plus élevé, et, si l'on peut proprement parler de l'évolution

---

1. Charles Darwin, *Origin of Species*, § 824.
Herbert Spencer, *First Principles*, New-York, 4ᵉ édition, chap. XIV-XVII.

de collectivités, les sociétés passent-elles par des phases diverses d'évolution ? Cela est déjà une vérité évidente. Ayons donc bien présent à l'esprit ce que l'on entend par évolution. Dans la prochaine discussion, nous nous reporterons précisément à la formule de Spencer [1].

Les idées de la survivance des plus aptes et de l'adaptation au milieu sont aussi d'une grande importance en anthropologie. La pédagogie et les subdivisions de l'anthropologie et de la sociologie qui discutent les méthodes de réformes et de progrès sociaux doivent finalement baser leurs principes sur ces généralisations. Elles doivent comprendre l'influence relative de l'hérédité et du milieu dans la détermination du caractère humain.

Nous arrivons enfin au sujet qui contient tous les autres, à la philosophie, la science de toutes les sciences, celle qui élargit toutes les généralisations et prend l'univers pour son champ d'étude. Comme nous l'avons déjà dit, l'anthropologie philosophique et la sociologie ne sont que des subdivisions de la philosophie. Elles ressemblent plus à la philosophie qu'à la science, car elles ne s'occupent que des généralisations des sciences qui leur sont subordonnées et n'entreprennent pas l'étude directe des phénomènes de la vie individuelle ou sociale. En tant que sections de la philosophie, elles doivent être étudiées en tenant compte des autres sections. L'homme n'est qu'une partie de l'univers et ne peut être étudié qu'avec l'aide des lois qui régissent

[1]. « L'évolution est une intégration de la matière et une dissipation concomitante de mouvement, pendant laquelle la matière passe d'un état d'homogénéité indéfinie et incohérente à un état d'hétérogénéité définie et cohérente, et pendant laquelle le mouvement non utilisé passe par une transformation parallèle. » Herbert Spencer, *First Principles*, 4ᵉ édition, New-York, p. 331.

l'ensemble du monde. Toutes les écoles philosophiques, positivistes ou idéalistes, ont eu leur philosophie de la nature humaine, de ses rapports avec les choses ambiantes, de sa destinée et de ses devoirs. On ne peut pas douter que, par la largeur de leurs vues, ces systèmes n'offrent un important moyen de contrôle et de correction et ne fournissent des idées de la plus grande valeur qui servent à compléter et à éprouver les généralisations tirées par induction des sciences anthropologiques et sociales.

C'est la philosophie qui a admis, si elle ne les a pas formulées, les lois physiques, chimiques, biologiques indiquées précédemment, et les a rendues universelles. L'universalité de causation est le dernier mot qui fera de l'anthropologie une science véritable. On ne peut se rendre compte de l'importance capitale de cette loi qu'en considérant la portée qu'elle a dans la doctrine psychologique du libre arbitre et dans les théories sociales et politiques qui s'appuient sur cette doctrine. Mais partout où la science a gagné en certitude, la morale et la religion ont perdu leurs appuis d'autrefois. Jamais le besoin ne s'était fait sentir plus que maintenant d'avoir des vues audacieuses et lointaines, et en même temps de pénétrer sérieusement et respectueusement dans ces vénérables domaines de la pensée. C'est imbu de cet esprit que l'auteur a pris la plume, quelque imparfait que doive être son livre.

CHAPITRE II

DIVISIONS DE L'ANTHROPOLOGIE PHILOSOPHIQUE
CLASSIFICATION DES ACTIVITÉS HUMAINES

Le but d'une classification, a dit Stuart Mill, « c'est de permettre à la pensée de grouper des objets et d'ordonner ces groupes d'objets de la façon la plus favorable pour en fixer et en déterminer les lois[1] ». Cette phrase indique immédiatement l'importance et la difficulté d'une bonne classification. Elle suppose qu'avant de commencer une classification le classificateur a déjà une idée des lois à déterminer. Est-ce notre cas, en ce moment? On ne pourra le savoir qu'à la fin de cet ouvrage. En attendant, il nous faudra affirmer quelques idées générales en nous réservant de les justifier plus tard en même temps que la classification à laquelle elles serviront de base. Il nous faut admettre deux choses : 1° Il est entendu par définition que dans l'anthropologie philosophique rentre l'étude de tout ce qui est relatif à la vie humaine. Elle doit donc s'occuper de classer tous les phénomènes humains. Parmi ces phénomènes, les actions humaines occuperont le premier rang, puisqu'elles sont considérées comme les

---

1. *A System of Logic*, livre IV, chap. VII : *Of Classification as Subsidiary to Induction*, New-York, 1893, p. 498.

facteurs les plus importants ; — 2° Il est entendu, admis, que l'anthropologie philosophique peut fournir une base positive à la morale. Par suite, elle est obligée de tenir compte de tous les facteurs de la vie humaine ; ce n'est, en effet, que par une étude très approfondie de la vie qu'elle pourra estimer à leur juste valeur tous les facteurs du problème moral. Après cette dernière affirmation, il nous faut encore admettre que la survivance est la pierre de touche finale et le critérium moral de toutes les actions. On peut donc classer les activités humaines dans la mesure où elles contribuent à la survivance. C'est donc un moyen efficace de contrôler la classification ainsi proposée en théorie que de voir si ces divisions correspondent, jusqu'à un certain point, à la connaissance vulgaire que tous les hommes possèdent des phénomènes humains, et aux divisions des sciences qui ont longtemps résisté à toutes les discussions et ont prouvé par leur survivance qu'elles étaient plus aptes à exister. Enfin les divisions de l'anthropologie devront être déterminées non seulement d'après leurs relations logiques, mais d'après les connaissances et les aptitudes spéciales, l'éducation ou les méthodes nécessaires à celui qui étudie chacune d'elles, car il y a une limite à l'énergie humaine et à l'acquisition des connaissances et des aptitudes. L'auteur pense que la classification indiquée par le plan (*fig.* 1) dont nous allons parler remplit plus ou moins toutes les conditions requises. Tout cela sera plus tard discuté de plus près. Le plus nécessaire maintenant est de bien comprendre ce plan[1].

Une classification à trois dimensions est indispen-

1. Dans le plan figure 1, par erreur se lit le mot « cérémonie » ; c'est « cérémonial » qu'il faut lire.

sable pour représenter certaines divisions de l'anthropologie de façon à indiquer les relations de la plus haute importance philosophique qui les unissent. On

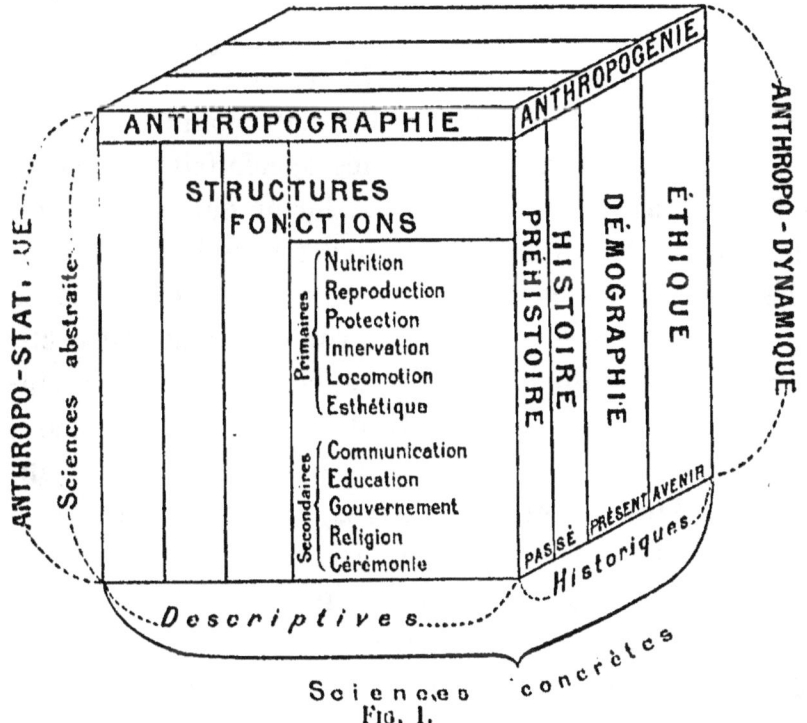
Fig. 1.

a déjà publié des classifications à deux dimensions [1] dans lesquelles un carré, une face de notre cube, contient des sciences concrètes et abstraites représentées comme des sections les unes des autres. Notre cube représente la race humaine tout entière, contenue et contenant,

1. Manouvrier a publié, en 1890, un plan de ce genre représentant le domaine entier des sciences, non pas seulement de l'anthropologie, occupé par les sciences concrètes et abstraites, mais dans ce sectionnement il commit une erreur. (L. Manouvrier, *Classification des sciences*. Association française pour l'avancement des sciences. Conférences de Paris, 1889, II° partie, pp. 662-682, Paris, 1890.) L'auteur a élaboré une division plus rigoureuse des sciences anthropologiques et sociales, qui fut publiée dans *The Interrogator*, février 1893. (*New Views in Social Science.*)

avec non seulement son présent, mais son passé et son avenir. Il est à désirer que les individus composant la race, avec leurs qualités diverses, soient groupés de toutes les façons possibles et que ces groupements soient examinés dans leurs rapports les plus divers. Cela suggère l'idée de la possibilité d'un nombre presque infini de combinaisons que les spécialistes pourront choisir dans notre domaine. La forme cubique permet de représenter au moins quatre des principales catégories, les catégories du temps, de l'espace, de l'existence et des qualités de la matière, correspondant respectivement aux méthodes historique, comparative, descriptive, philosophique ou explicative. Dans notre exposé, nous irons du tout aux diverses parties, en commençant par les deux sciences inclusives ou générales qui correspondent aux catégories de l'espace et du temps, c'est-à-dire l'anthropostatique et l'anthropodynamique. L'anthropostatique est la science de toutes les forces et de tous les facteurs coexistants de la vie humaine, ainsi que des lois de l'équilibre et des lois de dépendance réciproque qui les régissent. C'est une science abstraite, car de telles questions peuvent être étudiées en considérant la race humaine comme un tout, indépendamment du temps et de l'époque. L'anthropographie est l'étude concrète de toutes les forces et de tous les facteurs coexistants de la vie humaine, considérés au point de vue de leur coexistence et de leurs relations réciproques à un moment déterminé, soit dans les temps modernes, soit aux époques préhistoriques. La face du cube qui est vis-à-vis de nous représente donc mieux l'anthropographie que l'anthropostatique, quoiqu'il soit plus facile de se figurer ses divisions, telles quelles sont dessinées, dans le présent plutôt qu'aux temps préhistoriques.

Elles ont cependant existé en germe dès les origines. L'anthropostatique, au lieu d'être représentée par la face antérieure du cube, l'est mieux par une section du cube prise dans le plan de cette face, comprenant toutes les subdivisions, mais les discutant sans tenir compte du temps. Elle correspond en extension à la face du cube, se mouvant parallèlement à sa position première pour parcourir un espace égal à la largeur du cube, c'est-à-dire qu'elle correspond à la race dans les relations de coexistence des individus.

Si nous imaginons le plan qui représente l'anthropographie parcourant successivement les diverses sections des origines, de l'histoire, de la démographie et de la morale et décrivant aussi un cube, nous devrons ajouter à notre conception première l'idée du temps et la science de l'anthropodynamique. L'anthropodynamique est la science qui étudie les lois de succession, d'évolution et de transformation des phénomènes de la vie humaine. Pour établir une distinction commune en sociologie, elle détermine les lois du progrès, tandis que l'anthropostatique formule les lois de l'ordre. Elle est représentée dans le cube par une section perpendiculaire à la face antérieure. L'étude des premières phases de l'évolution de tous les phénomènes humains peut être appelée la science de la préhistoire, et les phases successives qui occupent l'espace compris entre l'époque préhistorique et l'époque moderne forment le champ de l'histoire. L'étude de l'époque précisément actuelle, sous tous ses aspects, démographie, statistique, ethnographie, géographie politique, et autres champs de recherches encore peu fouillés, n'occupe théoriquement qu'une colonne dans la face représentant l'anthropodynamique et correspond à la section du cube que nous avons déjà intitulée anthropographie : mais, pratiquement, l'étude du présent s'étend aussi bien dans le temps que dans l'espace. On pourrait prendre par exemple comme limite une génération. Orientant vers l'avenir nos études de dynamique, nous entrons dans le domaine de la morale et des sciences sociales et anthropologiques appliquées, considérées sous leurs aspects dynamiques. La statique morale sera représentée par la face postérieure du cube et étudiera les lois de coexistence et les relations réciproques des phénomènes humains à une époque plus ou moins lointaine dans l'avenir. L'anthropodynamique comme l'anthropostatique est une science abstraite. Parallèlement à elle se trouve une autre science concrète, l'anthropogénie, se contentant simplement de décrire. Par suite la face intitulée *anthropogénie* représente une description des événements de la vie humaine dans leurs rapports, en tant que limités à une partie déterminée de la terre ou à la souche d'une famille. L'anthropodynamique elle-même est l'étude d'une succession de phénomènes humains du même aspect dans le temps, mais abstraction faite de tout espace et de tout groupe d'êtres humains. Par suite elle couvre tout le volume du cube au point de vue du temps comme l'anthropostatique le couvre au point de vue de l'espace. On peut noter au passage qu'avec ce mode de représentation on voit clairement que la morale trouve, au sens positiviste, une base dans l'anthropodynamique et dans l'anthropostatique. Les lois de la première de ces sciences, c'est-à-dire les lois nécessaires de succession des phénomènes humains, s'appliquent à la vie future aussi bien qu'à la vie passée et à la vie présente. On peut, par suite, comme nous l'avons déjà dit, prévoir l'avenir en partant du passé. Aussi les lois de l'anthropostatique, celles qui se rapportent à la coexistence nécessaire des facteurs de la vie humaine restent vraies de cette vie dans l'avenir pour les sociétés idéales, pour les utopies et les millénaires considérés sous leur aspect scientifique. Dans certaines utopies peu scientifiques qui ont été imaginées, l'homme cesserait d'être un être humain si on le jugeait par son passé.

Revenons maintenant aux sciences de la vie correspondant aux catégories de l'être et des qualités. Ce sont, respectivement, les sciences concrètes et abstraites qui forment des divisions de l'anthropologie et dont nous avons déjà parlé en les considérant comme des aspects divers de l'anthropostatique et de l'anthropodynamique. Les sciences concrètes sont celles qui étudient des êtres particuliers, ou plutôt des classes d'êtres dans tous leurs rapports et leurs attributs, y compris ceux de qualité, de temps et d'espace. Ce sont les sciences les plus simples et, par suite, les plus rapidement développées. Ce sont des sciences de pur description et de narration. Elles sont représentées sur la face antérieure du cube par les divisions perpendiculaires de l'anthropographie. Ce sont les descriptions de chaque tribu, nation, race, groupe social. En tant qu'histoire concrète, elles sont représentées par des sections perpendiculaires correspondantes, parallèles à l'anthropodynamique et parcourant toute la profondeur du cube. Elles correspondent à l'histoire telle qu'elle est habituellement écrite, c'est-à-dire à un simple récit plutôt qu'à une discussion des lois de succession.

Les sciences abstraites sont celles qui étudient les qualités, les attributs, ou les rapports des êtres, abstraction faite de la totalité de ces êtres. On peut dire qu'elles étudient « l'homme », c'est-à-dire le type moyen de l'homme, possédant l'attribut ou le groupe d'attributs en question, comme l'économie politique étudie *l'homme au point de vue économique* et la sociologie *l'homme social*. Mais on ne peut déterminer le type moyen que par une étude inductive du groupe ou de la race, à l'aide de l'histoire aussi bien que par le moyen de la statistique. Les sciences abstraites sont représentées sur notre plan par les sections horizontales de l'anthropostatique, telles que les sciences étudiant la nutrition et la reproduction, en spécifiant que ces sections, comme celles des sciences concrètes, dont nous venons de parler, traversent le cube dans toute sa profondeur : en d'autres termes, les qualités abstraites peuvent être étudiées dans leur développement ou dans leurs relations dynamiques, aussi bien que dans leur coexistence ou leurs relations statiques. Sans essayer, à présent, de justifier la classification des fonctions, nous pourrons prendre pour exemple les fonctions de nutrition. Elles n'existent pas par elles-mêmes. Elles n'existent que comme une des nombreuses fonctions de chaque individu. On peut étudier la nutrition en dehors des autres fonctions, d'abord comme une simple branche de l'anthropographie, comme une description de toutes les actions ayant quelque rapport avec la recherche de la nourriture et les diverses opérations auxquelles sont soumis les aliments, par exemple chez les Esquimaux et à une époque donnée ; ou bien on peut l'étudier en comparant toutes les activités de ce genre chez tous les peuples ; ou bien en exposant la transformation de ces activités au cours de l'histoire de cette peuplade d'Esquimaux ; ou les lois de succession qui peuvent s'appliquer à la nutrition dans l'histoire de tous les groupes composant la race humaine. En combinant le point de vue statique et le point de vue dynamique, nous pourrions étudier complètement la science abstraite de la nutrition. Ce serait l'idéal, et c'est, jusqu'à un certain point, l'état actuel des sciences coordonnées abstraites, de la politique, de l'éducation et aussi de l'économie politique, qui étudie la richesse, sujet partiel d'étude proposé aux sciences qui traitent spécialement des activités primaires.

Les sciences abstraites se divisent en deux principaux groupes, celles qui étudient la structure et celles qui étudient les fonctions. Les activités externes de la vie humaine déjà mentionnées rentrent dans la seconde catégorie, mais sont combinées, par la définition donnée de la nutrition, par exemple, avec les fonctions physiologiques correspondantes. Mais, comme dans la biologie rentrent l'anatomie aussi bien que la physiologie, notre section de biologie, l'anthropologie, comprendra aussi l'anatomie humaine. Une étude et une explication complètes de la vie humaine nécessitent l'étude des organes eux-mêmes et de leurs activités. La structure et les fonctions peuvent être étudiées dans leurs relations statiques aussi bien que dans leur évolution. L'étude complète d'un organe particulier, le cerveau, constitue une section horizontale du cube entier, c'est-à-dire forme une science abstraite ayant à la fois son aspect statique et son aspect dynamique (la neurologie).

Avant de passer à la discussion de la classification des activités humaines, il faut consacrer un moment à indiquer la place occupée dans ce schéma par certaines sciences existantes, dont quelques-unes ont un domaine fort vaste. En premier lieu la sociologie. Elle traverse le cube tout entier, à l'exception de la section supérieure réservée aux sciences étudiant la structure physique. En général, chaque section du cube a un double aspect, un aspect individuel et un aspect social. Prenons, par exemple, la petite section dont nous avons parlé précédemment, les activités de nutrition dans un groupe d'Esquimaux à l'époque actuelle. Elles sont en partie purement individuelles, par exemple les mouvements physiques et l'activité intérieure d'un chasseur solitaire qui n'est en contact avec aucun être humain, mais se trouve environné seulement d'objets non humains depuis l'instant où il découvre sa proie jusqu'à celui où il la mange. Ces activités sont en partie sociales, si l'on considère les efforts réunis d'autres chasseurs et le partage de leur proie avec leurs enfants. La sociologie, par suite, peut, au point de vue où nous nous plaçons, être définie de la façon suivante : c'est cette partie de l'anthropologie philosophique qui étudie les phénomènes sociaux. Elle comprend deux objets : une science où rentrent ce qu'on appelle les sciences sociales, c'est-à-dire celles qui étudient les aspects sociaux de l'économie, de la politique, de la religion, etc. ; et, en second lieu, un art, ou les arts, que l'on peut désigner par le terme d'éthique sociale. La sociologie est la science ou plutôt la philosophie qui étudie les sociétés et les consociations : elle est la science de l'association. C'est une science abstraite en ce sens que ses principes sont vrais en tous temps et en tous lieux. Mais la dernière définition donnée ne sera claire que lorsque nous aurons défini les termes de société, phénomènes sociaux, consociation. La confusion dans la spéculation sociologique vient souvent de ce qu'on a négligé de poser des définitions nettes. Voici les définitions que nous allons essayer de donner.

Un phénomène social est l'action d'un individu humain sur un objet humain conscient, ou bien une combinaison d'actions de ce genre. Dans un tel phénomène, il y a toujours deux ou plusieurs individus en cause, quoique des intermédiaires puissent intervenir pour transmettre à travers les siècles ou d'un bout de la terre à l'autre l'action du premier individu sur le second.

Une consociation se compose de deux ou plusieurs individus qui sont l'un vis-à-vis de l'autre dans les rapports de sujet à objet. Il n'y a donc pas de phénomène social sans consociation, et une consociation peut soit ne durer qu'un moment, soit se prolonger pendant des siècles. Il peut y avoir seulement deux individus accidentellement en contact, ou bien toute une tribu ou tout un peuple.

Une société est une consociation d'un ordre plus stable et plus complexe, dont la durée dépasse généralement les termes de la vie d'un individu et qui comprend un grand nombre d'individus.

L'association, ce sont les rapports ou relations qui existent entre les individus d'une consociation. Tout ce qu'on appelle les phénomènes sociaux sont des phénomènes individuels : ils sont par nature des phénomènes psychiques et ne peuvent être expliqués que d'après les lois de la psychologie de l'individu.

Pendant que le plan est encore sous nos yeux, il sera bon de dire quelques mots de plusieurs autres sciences que plus loin nous examinerons plus à fond en parlant de leur état actuel. On peut se demander, en premier lieu, si toutes les sciences dont le nom se termine par *graphie* ne sont pas uniquement concrètes et descriptives, étudiant les phénomènes coexistant seulement dans leurs rapports au point de vue de l'espace, mais se limitant à une époque particulière. En d'autres termes, toutes les sciences anthropologiques de ce genre ne sont-elles pas de simples fractions de l'anthropographie? D'autre part, ne devrait-on pas considérer les sciences en *logie* comme des sciences abstraites, étudiant les relations qui unissent les phénomènes similaires en tous temps et en tous lieux? En partant de ce principe, nous pouvons avoir non seulement une sociologie, mais une sociographie, entendant par là la statique sociale d'une période particulière et tous les ouvrages d'un caractère scientifique qui étudient les phénomènes sociaux. La sociographie serait donc seulement une partie de la démographie, puisque cette dernière science étudie aussi bien les phénomènes individuels que les phénomènes sociaux. Et, si nous entendons par démographie les ouvrages existant jusqu'ici, et qui se bornent pour la plupart à des statistiques partielles, nous pouvons l'identifier avec l'anthropographie. Il y aura la même distinction à établir entre l'ethnographie et l'ethnologie. L'ethnographie étudie les peuples coexistant à une époque donnée ; l'ethnologie étudie l'origine et l'évolution des peuples, et même, selon quelques-uns, leurs relations statiques. Une anthropographie de l'homme préhistorique pourrait être représentée par la face antérieure du cube, ou plutôt par la partie de cette face qui est subdivisée en tribus et en races. L'ethnologie, de son côté, occuperait la section correspondante qui embrasse l'histoire du même peuple jusqu'à l'époque actuelle. Le terme de somatologie a été créé, comme son nom l'indique, pour désigner la science qui étudie l'homme physique. C'est, par suite, la science qui étudie la partie supérieure du cube, la section des *structures* et les processus physiologiques qui sont rangés sous le titre *fonctions primaires*.

On peut définir la praxéologie[1] : la science qui étudie les actions humaines. En tant que science abstraite, son domaine est pratiquement identique à celui de l'anthropologie elle-même, excluant la science qui étudie la structure. Ses rapports avec l'art et l'éthique sont fort importants, car elle leur sert de base directe. La technologie, considérée comme science, est cette section de la praxéologie qui étudie les moyens indirects de satisfaire les besoins humains, par exemple les outils et les industries de l'alimentation, facteurs indirects de la nutrition.

Il faut reconnaître que, étant donnée la complication du système de classification que nous proposons, il est bien difficile de présenter tous les rapports pouvant exister entre les sujets d'étude de l'anthropologie qui pourraient être approfondis avec fruit comme sciences additionnelles. Ni un cube ni aucune forme géométrique ne peut indiquer toutes les relations qui unissent ces sciences. Non seulement celles qui sont placées les unes auprès des autres sur notre plan doivent être étudiées conjointement et en les rapportant toujours les unes aux autres ; mais, dans chacune des

---

[1]. L'auteur avait d'abord proposé, en 1893, le nom de *Pratique*, auquel il attachait la même signification. Il vaudrait mieux employer ce terme pour désigner l'art correspondant à la science de la praxéologie. Sur ce dernier terme voir : A. Espinas, *les Origines de la technologie*, Paris, 1897, p. 7.

sciences horizontales, les phénomènes sont modifiés, à chaque phase de leur marche et de leur évolution, par les phénomènes synchroniques, qui ont lieu dans chacune des autres sphères. Le gouvernement a des rapports très étroits, non seulement avec l'industrie, mais encore dans un sens même plus intimement vital, avec l'éducation et la famille. De même, on peut établir des relations entre l'industrie et les sciences anthropologiques, la psychologie, la physiologie humaine, l'ethnologie et l'ethnographie.

Cependant, ce plan fait songer à beaucoup de relations importantes qui ont été très négligées dans les sciences existantes. Il est évident que des sections verticales du domaine de la sociologie (prenons, par exemple, la section intitulée histoire), traversent dans le cube toutes les sciences qui étudient les principaux agents sociaux, le gouvernement, l'industrie, la famille, l'éducation. Nous pouvons, par suite, avoir, et nous avons en réalité, une histoire de l'éducation, une histoire de la religion, de la famille, de l'industrie, de l'art, de la littérature, aussi bien que l'histoire politique et militaire de nos manuels classiques. De l'autre côté, il est évident que chacune des sciences horizontales, comme celle qui étudie le gouvernement, va traverser le domaine de l'anthropogénie, de l'histoire et de la statistique. Nous pouvons étudier l'origine du gouvernement, son évolution à travers les nations et son état actuel détaillé, tel que nous en donnent une idée les ouvrages de statistique et autres, consacrés à la description du présent. Il est évident également que chacune de ces sciences examine non seulement le passé et le présent, mais aussi l'avenir. La science du gouvernement devient l'art de la politique lorsqu'elle atteint sa troisième phase et tente de déterminer ce qui sera et ce qui devra être. Il en est de même de toutes les sciences horizontales.

On pourrait établir un autre groupe de sciences qui ne peut être représenté sur le plan, groupe de sciences étudiant les différentes sections de l'anthropologie dans leurs rapports avec les sciences non anthropologiques. Dans leur ensemble, ces sciences constitueraient la science non encore nommée qui étudie les rapports de l'homme avec le milieu non humain qui l'entoure, soit à titre de sujet, soit en qualité d'objet. En tant que science, elle est justifiée principalement par ce fait que ses subdivisions fournissent une base scientifique à certains arts ; et, comme fondement de l'éthique, elle n'est nullement d'une importance secondaire au point de vue anthropologique proprement dit. L'éthique, considérée comme prévision, nécessite la connaissance et la compréhension de l'action de la nature sur l'homme et de l'homme sur la nature. Des livres et des études traitent ce sujet ; on peut citer de nouveau : Bagehot, *Physics and Politics*, et les ouvrages scientifiques de technologie, d'hygiène et de médecine[1]. L'irrigation est un autre sujet d'étude qui combine seulement les subdivisions secondaires de la nutrition et de l'agriculture avec l'hydraulique ou autres sciences complètement en dehors de l'anthropologie proprement dite. L'ouvrage de Marsh, *Earth and Man*, est une plus large synthèse des facteurs anthropologiques et non anthropologiques considérés dans leur action et leur réaction réciproques. Il n'est pas besoin de recourir à un raisonnement pour démontrer la haute importance d'études de ce genre dans les arts et

---

1. Nous pouvons ajouter encore l'*anthropologie zoologique*, science qui a été très approfondie par des spécialistes et qui étudie les rapports de l'homme avec les animaux inférieurs.

dans la morale pratique. En fait, la morale et l'art dans le sens le plus large s'étendent au-delà des bornes de l'anthropologie, comme nous le montrerons au chapitre x. Ni dans nos prévisions, ni dans l'art de la pratique, nous ne devons pas plus ignorer les facteurs non humains que les facteurs humains. Les uns et les autres s'unissent pour produire un résultat.

Finalement, nous arrivons à la conception du cube tout entier, au sujet d'études de celui qui veut posséder la philosophie de la vie humaine dans tout son ensemble, étudier ses éléments à tous les points de vue, et déterminer les lois d'*interdépendance*, de succession et de causalité qui les régissent. Il lui appartient de de trancher les questions concernant la nature de l'homme, ses rapports avec les objets extérieurs, son évolution et sa destinée. S'il est doué d'une vue prophétique, il pourra s'élever de la philosophie de la science à une philosophie de la morale, et discerner non seulement la valeur relative des devoirs immédiats de la vie humaine, mais la fin dernière et les inspirations de la race. Pour résoudre ces problèmes moraux, il lui faudrait avant tout appliquer les résultats fournis par l'anthropo-dynamique, c'est-à-dire se servir de l'argument de l'évolution ; les conclusions qu'il tirera de cette première opération de la pensée devront être contrôlées par les données de l'anthropostatique, à savoir : la connaissance de la vie dans ses conditions actuelles et les relations réciproques de ses facteurs. Enfin il emploiera la discussion *a priori;* en d'autres termes, il devra se demander si ses conclusions concordent avec les présomptions de la philosophie générale et avec les conclusions de la biologie et autres sciences étroitement apparentées avec cette dernière.

Avant d'abandonner la classification des sciences et des arts anthropologiques, nous pouvons nous arrêter pour nous demander si le schéma proposé remplit toutes les conditions d'une bonne classification, conditions que nous avons énumérées au commencement de ce chapitre. Tout d'abord le principe moral, dont l'auteur admet la valeur, est mis en première ligne, contrairement aux habitudes des philosophes, des anthropologistes et des logiciens. L'anthropologie ainsi étudiée n'éclaire-t-elle pas les principaux problèmes concernant l'avenir, la fin morale, l'idéal dans chaque direction de la vie humaine et les meilleurs moyens d'y atteindre? L'auteur essayera, dans les pages qui vont suivre, de démontrer l'affirmative d'une façon satisfaisante. Il espère montrer que, par une étude semblable de la vie humaine, on est arrivé à cette conviction que la survivance est la loi fondamentale et la seule fin morale possible, et que l'évolution, particulièrement l'évolution en idéation, est la seconde grande explication et la fin de la vie humaine. Il entreprendra de montrer dans le présent chapitre, au moins en partie, la hiérarchie morale et l'importance relative des principaux genres d'activités humaines; il montrera que les « fonctions essentielles » de la biologie, la nutrition en tête, sont les plus importantes au point de vue moral. Enfin nous verrons que la coopération et la sociabilité en général ont une valeur morale secondaire et ne contribuent qu'aux progrès de l'individualisme considéré en lui-même comme une fin.

Le principe suivant est celui de la science pure comme l'entend Stuart Mill dans le passage cité en tête de ce chapitre. A cet égard peut-on trouver une classification plus satisfaisante que celle qui est basée sur les catégories finales de la philosophie, celles du temps, de l'espace, de l'être et des qualités, comme nous l'avons déjà expliqué? Les principales lois que recherche une science ne seront-elles pas découvertes par la classification et la comparaison des phénomènes en se plaçant à ce point de vue? Il est difficile de concevoir des lois des causes et d'effets qui consisteraient dans autre chose que dans l'expression: 1° de relations dynamiques, c'est-à-dire de relations de succession; ou 2° de relations statiques, c'est-à-dire de coexistence; 3° de leurs combinaisons en lois de forces résultantes. Dans la tentative d'ajouter aux autres sciences anthropologiques concrètes plus anciennes telles que l'histoire, la géographie politique et la statistique, une série systématique de sciences abstraites, par exemple, celles traitant de la nutrition, de la reproduction, de la protection et des autres activités humaines classées d'après leur fonction biologique et allant de front avec le progrès des sciences, on peut s'attendre à ce que ces sciences abstraites soient plus fécondes en découvertes de lois que les sciences concrètes existant précédemment. Mais une considération secondaire, en se plaçant au point de vue de la science pure, est une considération pratique qui reconnaît les limites des forces humaines et la nécessité d'une spécialisation, si l'on veut dominer le champ entier des connaissances. Il nous faut tenir compte des différentes sortes d'esprits des aptitudes héréditaires et acquises; il faut surtout bien reconnaître la différence entre une science et un art. Le spécialiste de la morale et des applications de l'anthropologie doit avoir des qualités fort différentes de celles du savant proprement dit. Il doit être un prophète, un inventeur plutôt qu'un homme se bornant à de simples découvertes. Pour expliquer son art avec le plus de succès, il doit posséder aussi une habileté pratique dans son commerce avec les hommes. Le progrès en morale dépend de la détermination des méthodes d'art en général. Tout le domaine de l'art n'a pas été encore réduit en système comme le domaine de la science. Il faut être un Bacon pour développer la philosophie de l'art, il faut être un Stuart Mill pour en développer la méthode et la logique.

Si nous examinons maintenant la science, nous voyons qu'il est nécessaire, pour étudier l'individu, de connaître son anatomie, sa physiologie, sa psychologie et sa pathologie, préparation et méthode fort différentes de celles qui sont exigées dans l'étude de la race, c'est-à-dire, en ethnologie, en linguistique et en archéologie. Tout autres encore sont la méthode et la préparation que réclame l'étude des relations exclusives qui forment le sujet de la sociologie. Les principaux types de spécialisation sont, croyons-nous, indiqués dans les divisions de l'anthropologie philosophique qui correspondent : 1° aux études historiques ; 2° aux études comparatives; 3° à la philosophie ; 4° à l'art comme prévision de l'avenir ; 5° à l'art considéré dans ses applications pratiques.

Enfin cette classification trouve sa justification dans ce fait qu'elle a survécu parce qu'elle est la meilleure; elle fait, en effet, une place à chacune des grandes sciences de la vie humaine qui se sont développées jusqu'ici et adopte les classifications pratiques de la vie humaine. Si on la juge en tenant compte de considérations d'une haute importance, cette classification semble pouvoir, sans crainte, être mise à l'épreuve. Son grand mérite, peut-être, est de ramener à l'unité les divers domaines de la morale, jusqu'ici séparés, sinon hostiles.

Une des plus importantes divisions de l'anthropologie, celle des sciences anthropologiques abstraites, doit être maintenant subdivisée en partant d'un point de vue capital, celui des fonctions ou des activités humaines classées d'après ce principe et dans l'ordre de leur importance à l'égard de la fin morale, qui, nous l'admettons ici, est la survivance. Les sciences de l'éducation et du gouvernement sont des exemples familiers de ce groupe important. D'autres, dont on a à peine parlé auparavant, paraîtront encore plus importantes. Cette classification correspond très exactement à la classification biologique des fonctions dans l'ordre de leur importance vis-à-vis de l'organisme, car, à l'analyse, on trouve que toutes les activités humaines sont avec ces fonctions en rapports directs, ou indirects, si on les considère comme étant au service d'activités qui ne jouent elles-mêmes que le rôle de moyens pour les activités biologiques originelles. On arriverait à la même hiérarchie en adoptant d'autres principes importants de classification, tels que l'ordre de leur apparition dans les séries évolutives et l'ordre de complexité croissante et de généralité décroissante. D'après les opinions soutenues dans ce livre, ces quatre principes sont en relations étroites les uns avec les autres. Les activités les plus importantes pour la survivance sont en même temps les plus importantes au point de vue où se place le biologue : ce sont elles qui sont apparues les premières dans les séries évolutives, car l'organisme et la race ne pourraient exister sans elles, et elles sont les plus générales, car elles forment le *substratum* de toutes les autres, dérivées simplement des premières par évolution ; et leur évolution s'opère naturellement dans le sens de la complexité croissante.

C'est le principe éthique que nous adopterons dans cette division de nos sciences pour la même raison qui l'a fait adopter dans les autres divisions. Nous pouvons ajouter ce lieu commun que, sans la survivance de l'individu et de l'espèce, nous ne tiendrions pas compte de tous les autres instincts moraux et de toutes les autres activités morales. Avec la disparition de la vie, disparaîtrait naturellement toute possibilité morale. La justification de cette classification, dans l'anthropologie en tant que science, sans parler de ses applications, c'est que l'anthropologie elle-même n'est qu'une section de la biologie et doit, par conséquent, correspondre dans ses divisions principales à la classification de cette dernière science. En l'adoptant en sociologie, nous aurions les nouvelles sciences sociales qui traitent, l'une de la nutrition, une autre de la protection, une autre de l'innervation, etc. Dans un système de sociologie basé sur l'anthropologie, toutes les activités sociales seront expliquées par le fait qu'elles sont d'une certaine utilité dans la satisfaction des besoins de l'individu, et le degré de leur utilité dépend du caractère fondamental des besoins biologiques qu'elles satisfont.

En faisant notre classification des activités humaines, nous devons avant tout analyser les événements du domaine de l'activité humaine qui nous concerne et les ordonner en recherchant leurs motifs. Mais nous arrivons au même résultat en analysant les activités et les motifs d'action d'un être humain en particulier. Et cette analyse sera rendue plus facile si nous nous reportons à l'analyse de la vie en général, faite par la biologie. Nous trouverons que les activités les plus essentielles dans l'existence humaine et dans la société humaine sont les fonctions les plus visibles dans tout organisme biologique et celles qui apparaissent le plus tôt. Nous allons présenter brièvement les résultats de ces analyses.

La fonction la plus importante, la fonction fondamentale chez tous les êtres biologiques, est la nutrition. La nutrition, en biologie, comprend à la fois l'assimilation et la désassimilation, c'est-à-dire toutes les modifications chimiques qui se produisent dans le corps humain. Elle comprend la formation et la disparition des tissus humains. En un sens, elle renferme aussi le phénomène de la croissance, car la croissance est seulement un excès de nutrition. Quand l'assimilation est plus active que la désassimilation, il se produit, selon les termes de Spencer[1], « une intégration dans l'organisme des substances environnantes de même nature que celles composant l'organisme ». Tout près de la nutrition est placée la reproduction, qui est aussi essentielle à la vie de l'espèce que la nutrition à la vie de l'individu. Les biologues disent que, chronologiquement, la reproduction est quelque chose de postérieur à la nutrition et qu'elle est le produit d'un excès de nutrition. A un certain point de vue, la reproduction peut être considérée comme d'une importance plus capitale que la nutrition. La vie de l'espèce est en effet plus importante que la vie de l'individu, aussi bien au point de vue moral qu'au point de vue philosophique. Sans sa continuation, il ne peut y avoir ni survivance, ni évolution, ni vie complète au sens le plus large. Mais la vie de l'espèce dépend de la nutrition aussi bien que de la reproduction. Si les activités nutritives

1. H. Spencer, *Principles of Biology*, New-York, 1800, vol. I, p. 131.

de la race cessaient, la race cesserait, elle aussi, d'exister plus rapidement encore que si les activités productrices seules cessaient de se manifester. Bien plus, si les activités reproductrices n'étaient pas complétées par les activités nutritives qui constituent la plupart des soins des parents envers leurs progénitures, la procréation de nouveaux rejetons ne suffirait pas à perpétuer la race.

Mais la vie, aussi bien la vie de l'individu que celle de l'espèce, n'a pas seulement besoin d'être entretenue, elle doit être protégée contre les ennemis animés et inanimés qui pourraient lui nuire ou la détruire; la nourriture ne peut assurer que momentanément la vie d'un individu entouré de dangers. Étant donnée l'existence d'ennemis soit animaux, soit humains, qui détruiraient la vie, la protection de soi-même devient « la première loi de la nature », et, dans la liste des fonctions biologiques, elle ne doit être rangée par ordre d'importance qu'après la nutrition et la reproduction. De même, il faut être protégé contre les attaques violentes des éléments inanimés environnants qui détruiraient la vie à l'aide de la chaleur ou du froid ou de l'excès d'humidité. Dans certains milieux donc, des vêtements et un abri, peut-être même du feu, sont aussi nécessaires à la constitution de la vie individuelle que la nutrition elle-même. De cette façon une plus grande partie de la terre contribue à satisfaire les besoins humains. De même, les intérêts de l'espèce ne sont pas servis seulement par les fonctions sexuelles. Il faut ajouter à ces dernières les fonctions paternelles et maternelles, qui protégeront et nourriront à la fois l'être mis au monde.

La protection est classée après la nutrition et la

reproduction, parce qu'elle n'est pas aussi nécessaire
que ces dernières à la survivance. Dans certains milieux,
une protection insignifiante suffit, mais partout et dans
tous les temps la nutrition et la reproduction sont les
moyens réguliers et indispensables permettant la continuation de l'existence. Chez l'homme, l'innervation
tient lieu, en grande partie, d'organes spéciaux à la
protection de l'individu. Mais, au point de vue de la
survivance, la défense est une qualité essentielle, surtout lorsque nous voyons la race humaine dans sa constitution actuelle et dans les milieux peu favorables où
elle se trouve. Les peuples les plus civilisés sont ceux
qui ont le plus besoin de vêtements, de demeures, de
feu, de soins médicaux, et même de protection militaire. Les récentes recherches scientifiques inspirées
par les travaux de Pasteur ne laissent plus aucun doute
sur la question de savoir si les biologistes ne doivent
pas considérer la fonction de protection comme une des
plus importantes de la vie humaine. Le principe à
suivre dans la division ne se réduit pas tant à considérer la localisation anatomique d'une fonction que les
fins qu'elle aide à réaliser. Chez l'homme, la fonction
de la protection est partagée entre les globules blancs
du sang[1], la peau et certains réflexes. Dans l'amibe,
toutes les fonctions sont remplies par la même cellule.
Dans les organismes les plus élevés, il n'y a pas de
séparation anatomique complète entre les fonctions
ordinairement classées.

La fonction de l'innervation est, en réalité, divisée

---

[1]. Sur les leucocytes considérés comme « police de l'organisme », lire : Elie Metchnikoff, *Leçons sur la pathologie comparée de l'inflammation*, Paris, 1892; Charles Richet, *Physiologie*,
t. III; *Défense de l'organisme*, pp. 517-573, Paris, 1895.

entre toutes les autres fonctions. A toutes elle sert de moyen. Vue sous ce jour, elle apparaît aussi bien comme un moyen de protection que comme un moyen de nutrition. Même l'amibe manifeste son activité en cherchant à se retirer de certaines substances.

Dans la série des fonctions essentielles de la vie humaine, l'innervation vient immédiatement après la nutrition, la reproduction et la protection. Elle est, comme nous l'avons déjà indiqué, le moyen le plus essentiel de toutes les fonctions précédentes. Elle peut, peut-être, se définir au sens le plus étendu, comme une forme de vibration des tissus nerveux. Très bas dans l'échelle de la vie animale, nous voyons apparaître un nouvel organe, le système nerveux, un des nombreux organes qui distinguent la vie animale de la vie végétale. Mais l'amibe est douée de motilité sans posséder un tissu nerveux particulier. La substance homogène semble réagir comme une substance nerveuse contre l'action des objets environnants sur sa surface. Dans l'être humain une division très nette s'établit entre les appareils sensoriels, les organes centraux et les divers nerfs moteurs. L'innervation vient après la nutrition, la reproduction et la protection, parce que dans la plupart des cas, elle ne sert que de moyen au service de ces dernières fonctions. C'est seulement au plus haut degré de son évolution, dans la vie humaine, qu'elle devient une fonction assez importante de l'organisme pour être, en une certaine mesure, à elle-même sa fin et chercher sa satisfaction propre par des moyens particuliers. Sans la survivance de cette fonction, l'homme ne serait pas un homme. Elle appartient autant à l'organisation particulière de l'homme que les fonctions précédentes.

L'homme possède en commun avec l'animal quelques fonctions de second ordre, mais à un degré infiniment plus complexe et plus raffiné. La locomotion et la fonction esthétique[1] sont, par exemple, d'une importance plus apparente dans l'économie de la vie humaine que certaines autres fonctions. Elles sont devenues des traits caractéristiques constitutionnels de l'être humain. L'homme ne serait pas un homme sans son amour pour le beau. Ces fonctions et quelques autres doivent être considérées dans la classification comme étant d'une importance secondaire auprès de celles que nous avons déjà mentionnées, car elles sont bien moins essentielles pour la survivance. L'organisme pourrait exister sans elles, il ne pourrait exister sans les autres.

Nous avons donc étudié les activités qui cherchent à s'exercer pour elles-mêmes, qui sont devenues des éléments constitutionnels de la nature humaine. Le mot « homme » désigne un être qui a toujours eu et qui aura toujours ces traits caractéristiques. Ce sont donc les activités primaires.

Il n'en est pas de même des activités secondaires dont il nous reste à parler, communication des idées, éducation, gouvernement, religion, cérémonial. Si importantes qu'elles soient, elles sont plutôt des moyens que des fins. Elles n'ont pas d'organes qui leur corresponde dans la constitution de l'homme en tant qu'individu. Ce sont des activités sociales. Dans le chapitre qui les étudiera plus en détail, nous montrerons qu'elles sont en général et en particulier des formes de l'influence sociale, formes soit de suggestion d'idées, soit

---

1. Voir pp. 229-239.

de contrôle et qui ont pour but de coopérer à l'utilisation de la nature. Elles sont, par suite, les moyens de survivance les plus indirects. Elles sont un produit du développement des activités primaires et trouvent leur justification dans ce fait qu'elles sont pour les précédentes des moyens d'une efficacité merveilleuse.

La communication des idées et l'éducation sont les plus importantes des fonctions secondaires ; elles constituent pour les activités primaires, et par suite, pour la survivance, des moyens des plus actifs ; on peut donner plusieurs preuves de la vérité de cette affirmation. Elles sont efficaces comme moyens à la fois de contrôle et de suggestion d'idées, tandis que le gouvernement, la religion et le cérémonial sont surtout des moyens de contrôle social. L'éducation semblerait le moyen le plus efficace, puisqu'elle agit sur l'individu pendant les années de sa vie où il est modifiable le plus facilement et puisqu'elle sert à préparer la vie entière. Mais, d'un autre côté, la communication des idées ou langage semble la fonction qui, plus que tout autre faculté, distingue l'homme de l'animal, et l'on peut dire que, jusqu'à un certain point, l'éducation est une différenciation de la fonction de communication. L'éducation sociale définie de la façon suivante : toute activité d'un individu qui a pour but d'en préparer un autre aux fonctions futures de la vie peut être réduite, pour la plupart des cas, à la communication des idées et à une disposition des milieux favorable à l'acquisition des idées. Au sens le plus large, l'éducation, qui comprend aussi l'action du milieu physique modifiant l'individu, n'est pas simplement une activité anthropologique. Pour ce qui est de l'élément non humain, il ne serait point à sa place dans la liste des activités humaines. Comme la communication n'est pas une fonction de l'individu isolé, il est difficile d'établir une ligne de séparation entre elle et les fonctions intellectuelles de l'individu, surtout quand on considère la faculté de généralisation, qui a pour résultat d'augmenter la masse de connaissances que possède la race. On peut dire, sans exagérer, que la communication est seulement un degré supérieur de l'innervation qui diffère des procédés inductifs de la conscience individuelle simplement par ceci : une idée ou plusieurs idées coordonnées sont communiquées à un individu par une autre conscience au lieu de résulter du contact de l'individu avec le milieu. Le degré de l'évolution varie en raison directe de l'indirection[1] des procédés intellectuels. Tandis que les fonctions constitutionnelles de l'individu varient fort peu d'un siècle à l'autre, les fonctions de communication et d'éducation se développent avec une grande rapidité. On peut donc dire que la civilisation varie parallèlement avec la communication des idées et l'éducation. La science, la littérature et les écoles d'un pays peuvent servir de critérium de l'état de civilisation atteint par ce pays.

Les grandes activités secondaires dont il nous reste à parler, le gouvernement, la religion et le cérémonial, ne sont pas aussi importantes par rapport à la vie humaine et à la survivance, car elles agissent d'une manière indirecte sur les activités primaires. Elles fonctionnent presque entièrement comme moyen de contrôle, c'est-à-dire par une sorte de contrainte ou d'obligation. Les idées d'obéissance et de vie conformes

---

1. Nous employons le mot *indirection* pour signifier la complexité des moyens employés pour arriver à une fin donnée.

aux règles et aux principes inculqués par elles ne trouvent pas leur justification en elles-mêmes, mais seulement dans les résultats de leur action sur l'individu, surtout au point de vue de ses activités primaires. Comme nous l'avons déjà fait entendre, la communication et l'éducation sont des moyens primordiaux qui servent à transmettre de tels principes et de telles sanctions. Elles sont aussi plus générales, car elles répandent en effet des idées scientifiques sur le milieu et les moyens d'utiliser ce milieu, idées qui conduisent à une coopération intelligente et contractuelle plutôt qu'obligatoire. D'un autre côté, la religion peut être considérée comme une forme d'éducation plus bornée dans son domaine, étant limitée, plus que l'éducation, à « l'âge de raison ». La religion, comme les lois et le gouvernement, est née des coutumes, mais non pas du cérémonial. Le cérémonial est le dernier membre du groupe dans le temps et dans l'ordre de l'évolution. C'est aussi le moyen le moins important, si l'on songe à la façon dont il contribue à atteindre la fin morale. On peut dire qu'il représente les affaires les moins sérieuses de la vie. Il se divise en cérémonial religieux, cérémonial politique et cérémonial judiciaire. La religion a une importance plus grande que le cérémonial, car sa sanction surnaturelle est plus efficace et s'applique à un grand nombre de détails importants de la vie journalière. Mais le gouvernement vient peut-être le premier[1] sur notre liste. Comme toutes les formes précédentes de contrôle social, il peut servir de moyen à quelques-unes des fonctions primaires. Dans un sens

---

1. Cf. pp. 261-262.

plus large, on peut définir le gouvernement : l'élément essentiel de contrôle social sous toutes ses formes, par exemple la direction des activités d'un individu par un autre individu, soit de gré, soit de force. Ces sortes de rapports entre les individus s'observent dans les écoles et dans les églises aussi bien que dans les activités que l'on regarde comme particulières à l'État. En fait, on ne peut comprendre le gouvernement politique qu'en l'étudiant dans ses rapports avec ce gouvernement sous une forme plus large ; mais, dans la classification, c'est toujours du gouvernement politique qu'on s'occupe. Il faudrait ajouter une remarque au sujet du mot religion. Elle peut être définie, si l'on considère son rôle social, ainsi qu'il suit : un agent promulguant toute sanction morale édictée par l'autorité. Cela comprendrait aussi bien l'œuvre des sociétés éthiques que celle des églises.

On a une idée du champ de recherches immense qu'ouvre chacune des activités considérées comme subdivisions de l'anthropologie, si l'on se souvient qu'à chacune de ces activités, gouvernement, éducation, nutrition, correspondent les sciences étendues et très développées de la politique, de la pédagogie, de l'économie, de l'industrie. Il est facile de comprendre l'importance d'une bonne classification de ces activités en se basant sur les progrès accomplis dans d'autres sciences que l'anthropologie grâce à des systèmes plus rationnels de classification. La méthode naturelle de classification en botanique, introduite par Jussieu et quelques autres savants à la fin du siècle dernier, a jeté une vive lumière dans le domaine des phénomènes biologiques et a rendu possible les brillantes généralisations de Lamarck et de Darwin, qui parurent peu de temps après. Ils trouvèrent dans la hiérarchie des espèces une foule d'enseignements sur leur origine et l'ordre de leur évolution. Les classifications chimiques, qui sont établies avec une exactitude mathématique, s'expliquent également d'elles-mêmes. Si, en sociologie, il était possible de remplacer les classifications hétérogènes et plus ou moins irrationnelles par une classification s'imposant à tous les esprits parce qu'elle est rationnelle, naturelle et exacte, n'arriverait-on pas ainsi à des vues toujours claires et à des explications correctes ? Si, grâce à ce chapitre, quelques pas seulement ont été faits dans la bonne voie, l'auteur sera bien récompensé de ses efforts.

CHAPITRE III

MÉTHODES ET MATÉRIAUX

Si la science doit être étudiée non pour elle-même, mais pour ses applications, comme art, l'art doit diriger le travail et les méthodes de la science, lui poser ses problèmes et admettre, sinon fixer lui-même, son mode de raisonnement logique. Par suite et dans la science qui nous occupe particulièrement, si l'anthropologie existe en vue de l'éthique, c'est à l'éthique que l'on doit penser avant tout dans un chapitre traitant de la « méthode ». Il faut, en premier lieu, déterminer ses besoins et ses nécessités. Ce n'est pas ainsi que l'entendent ordinairement les traités de logique. En fait, les méthodes de morale et d'art sont en général complètement absentes des ouvrages sur la logique. L'auteur espère que les pages qui vont suivre seront le premier acheminement non seulement vers une logique de l'art, mais vers la philosophie de l'art. Car la détermination d'une nouvelle méthode est généralement un pas décisif dans la création d'une nouvelle science. Ce chapitre-ci considérera les méthodes de l'art et de l'éthique tout d'abord en tant que pratique, puis comme prévision et détermination des fins. Nous étudierons ensuite les méthodes des sciences les plus abstraites et les plus générales de la vie humaine, c'est-à-dire de l'anthropologie philosophique elle-même, de l'anthropostatique et de l'anthropodynamique. Enfin viendront les méthodes des sciences anthropologiques concrètes : 1° celles qui étudient le présent; 2° celles qui s'occupent du passé.

Il sera bon de donner quelques explications préliminaires. La façon dont l'auteur étudie la méthode est déterminée par deux points de vue et devra être considérée à ces deux points de vue. Elle dépend : 1° de sa théorie anthropologique générale, qui, naturellement, ne pourra être complètement exposée qu'au cours du volume entier; 2° de ses hypothèses tirées de la philosophie générale et dont la plus importante, dans la question qui nous occupe, est son hypothèse déterministe. A son avis, la méthode à suivre en morale doit reconnaître l'influence de la fatalité dans les actions humaines. Ajoutons que nous avons, en apparence, laissé de côté, de propos délibéré, dans ce chapitre, le langage et les conceptions habituelles de la logique, parce que nous sommes convaincus que la logique devrait être écrite de nouveau en se plaçant davantage au point de vue de la nouvelle psychologie. Peut-être le système compliqué des figures et des modes du syllogisme peut-il être entièrement réduit à un système d'images mentales. Puis le lecteur rencontrera ce qui lui semblera être une erreur plus grande encore dans un ouvrage de logique : une discussion d'imagination, plus à sa place, semblerait-il, en poésie que dans une science exacte. Sur ce point, l'auteur invoquera pour sa défense certaines publications célèbres parues récemment sur l'emploi de l'imagination dans la science. L'art de bien penser ressemble, selon lui, à tous les autres arts et doit passer par l'état idéal avant d'arriver à l'état pratique et réel. Toute action n'est qu'une adaptation et une réalisation imparfaite d'un idéal. Si l'on sépare strictement et consciemment l'idéal du réel, si, tout en considérant l'idéal comme impossible à atteindre, on admet que le réel est inspiré et guidé par l'idéal, on se trouvera dans les meilleures conditions de succès. Quel est l'idéal dans les méthodes anthropologiques ? Etant données notre ignorance et les lois de la pensée telles qu'elles sont connues actuellement, ce serait supposer que notre esprit est doué d'une rapidité et d'une exactitude de conception infiniment puissantes, ce serait croire que nous disposons d'occasions infinies pour recueillir les faits, que nous possédons une puissance énorme et que nous avons sous la main tous les engins propres à nous aider dans nos recherches et à supprimer la distance. Quand je parle de la suppression du temps ou de l'espace, je ne veux pas dire qu'on puisse faire renaître le passé ni voir l'avenir avant qu'il soit devenu le présent. Dans un univers comme le nôtre, de telles spéculations seraient vaines. Mais ayant devant les yeux cet idéal concevable qui se réalisera de plus en plus dans la suite des âges grâce aux travaux scientifiques et philosophiques, la question que nous nous poserons immédiatement sera la suivante : Que pouvons-nous pratiquement faire ? Avec notre pauvre intelligence, dont la puissance est si bornée, avec le peu de matériaux dont nous disposons, avec notre isolement relatif en ce qui concerne la division du travail, que vaut-il mieux faire ? Quels sont les facteurs essentiels du problème que je puis attaquer avec quelques chances de le résoudre ? Quels sont les détails innombrables que je devrai entièrement négliger ? C'est autour de ces deux énigmes, l'idéal et la réalisable, qu'évoluera toute la discussion future.

Enfin il nous faut poser quelques définitions et énoncer quelques opinions avant de les discuter à fond dans le chapitre x. Nous pouvons *grosso modo* indiquer le domaine et les divisions de l'éthique en définissant les expressions suivantes : *éthique de l'univers*, « éthique considérée en tant qu'action », ou *pratique; éthique traditionnelle*, ou « science de la morale »; « *éthique considérée en tant que prévision*», *éthique pratique*. En premier lieu, souvenons-nous que dans cet ouvrage l'éthique est identifiée plutôt avec l'art qu'avec la science, qu'elle correspond plutôt à l'action qu'à la connaissance, au côté volitif plutôt qu'au côté représentatif de la nature humaine. Le domaine de l'action est l'avenir, le domaine de la science ou de la connaissance est le passé et le présent. Tout d'abord, l'éthique de l'univers est la conception la plus large de l'avenir considéré comme objet de pensée. Dans le domaine de l'éthique, comme dans celui de la science, peut rentrer l'univers entier. En vérité, aucun autre mode de conception des choses n'est complet au point de vue philosophique, et il n'y a pas d'autre moyen d'estimer exactement les forces cosmiques, les forces non humaines et les forces humaines qui concourent à la production de la fin morale. Mais ce n'est pas ce que l'auteur se propose d'étudier. Cette façon d'envisager l'éthique supposerait comme condition préliminaire la connaissance parfaite de toute science et de toute philosophie. Le terme de *pratique* s'appliquera à une conception plus philosophique de l'éthique bien mieux que le terme d'éthique lui-même, tel qu'il est généralement employé. Embrassant par définition le champ entier de l'action humaine, elle épuise la conception de l'éthique de la vie humaine, car elle reconnaît comme coopérant à la poursuite de la fin morale des activités qu'on avait jusqu'ici considérées comme dépourvues de toute qualité morale. Jusqu'à un certain point, elle reconnaît aussi la coopération de forces non humaines dans la mesure où elle étudie l'homme dans ses relations avec le milieu ambiant. Ainsi définie, l'éthique nécessiterait comme préparation préliminaire un emploi des sciences non anthropologiques, emploi impossible dans le présent ouvrage. Par suite, la pratique ne serait pas en morale notre sujet principal, bien que nous dussions souvent l'employer comme un correctif puissant de cette dernière. Le terme d'éthique lui-même sera restreint au sens vulgaire et signifiera l'art de se bien conduire au point de vue traditionnel. En réalité, l'expression « se bien conduire » comprend la conduite dans toutes les occasions de la vie, mais nous restreindrons le sens du terme de « conduite éthique » ou de « conduite morale » à la conduite qui est accompagnée de la conscience d'une obligation. Il est inutile de dire que l'éthique ou la morale ainsi définies peuvent être étudiées par le philosophe à un point de vue déterministe, c'est-à-dire considérées objectivement. Au point de vue subjectif, au contraire, le sujet considère les actions comme librement accomplies. L'éthique peut se diviser en éthique de prévision et en éthique d'action. La première est cette partie de la morale qui étudie les fins, le souverain bien et les fins relatives. Au point de vue déterministe, le philosophe n'a pas d'autres fins à considérer que les fins inévitables et les résultats naturels des forces cosmiques et humaines actuellement en jeu. Par suite, la détermination de ces fins consiste dans la détermination d'une résultante de forces. On peut dire que l'éthique, en tant que prévision, s'applique à tout le domaine de la morale considérée à un point de vue positiviste, puisqu'une philosophie idéale de l'action, établie de la façon idéale précédemment indiquée, pourrait rendre parfaitement compte aussi bien des moyens que des fins. S'il est objectivement vrai que cette philosophie épuise le champ de la méthode en morale, il est subjectivement vrai qu'il y a une éthique pratique, c'est-à-dire une éthique de l'action. Subjectivement, l'idée de fin ou de résultat précède l'idée de moyen ou de cause. Objectivement, la cause précède l'effet. La méthode de cette éthique dont nous avons parlé en dernier lieu, de cet art de l'action, sera étudiée tout d'abord à cause de son peu de rapport avec le reste du chapitre. D'autre part la discussion de la méthode de prévision qui va suivre nous conduit aux lois et aux généralisations dans les sciences servant de base aux prévisions, et nous fait passer en revue les méthodes de toutes les divisions abstraites ou concrètes de l'anthropologie.

Tout d'abord, il faut considérer la marche suivie par l'esprit de l'artiste ou du sujet moral agissant.

Cela a une grande importance pour la grande masse de l'humanité aussi bien dans ses arts et dans ses occupations ordinaires que dans ses efforts pour atteindre à une vie morale. Les efforts de l'humanité recevraient un appui précieux, si la marche essentielle de l'œuvre à accomplir était claire et consciente. Quand les individus bien doués attendent l'inspiration et que la grande masse accumule les erreurs sans avoir conscience d'une méthode meilleure, il semble que le plus grand progrès que puisse accomplir l'évolution humaine doive suivre l'apparition d'un Stuart Mill dans la logique de l'art et d'un Bacon dans la philosophie de l'art. La praxéologie et la pratique, qui sont l'une la science, l'autre l'art de l'action humaine, sont le couronnement de la philosophie de l'avenir. Tout importantes qu'elles soient, il ne leur sera consacré qu'une place restreinte dans ce chapitre, étant données les nombreuses divisions de l'anthropologie qu'il nous reste à étudier. La méthode de la praxéologie sera examinée brièvement dans ses rapports avec celle de l'anthropodynamique. La méthode de la pratique peut se résoudre dans le développement suivant : 1° idées d'une fin ; 2° désir de l'atteindre ; 3° idée des moyens nécessaires pour l'atteindre, matériaux, moyens, processus ; 4° choix des moyens ; 5° volition à l'état complet ou action. Comme des volitions répétées donnent plus d'habileté par ce que l'action devient réflexe, il faut ajouter une 6° phase, l'accoutumance. On peut diviser ces phases en phases purement volitives : la deuxième, la quatrième et la cinquième, et en phases intellectuelles : la première et la troisième. Les premières dépendent des dernières. En d'autres termes, la pensée se transforme mécaniquement en action, avec plus ou moins de facilité selon le degré d'habitude. Par suite, deux choses sont indispensables dans la pratique : 1° acquérir des idées (idées de fins et de moyens) ; 2° acquérir de l'habileté (par des désirs, choix, actions répétées) ; ce sont là les deux parties de l'éducation dans tout art. Le type auquel appartiendra un artiste dépendra de la prédominance de tel ou tel de ces éléments dans son œuvre. Sont-ce les idées ? Il sera un chef de travaux, un entrepreneur. Est-ce l'habileté mécanique ? Il sera un subordonné, un ouvrier habile peut-être, sans grande initiative. Mais ces deux types ne correspondent pas en art à la faculté d'invention et d'imitation. Le directeur peut être un simple imitateur. Il peut emprunter aux autres ses idées de moyens et de fins grâce à l'observation ou grâce à ses lectures. La différence entre ses idées et celles du subordonné réside dans le degré de généralité plutôt que dans le mode d'acquisition.

Une invention est naturellement une idée nouvelle, créée jusqu'à un certain point par l'artiste qui est devenu inventeur. Les idées d'invention peuvent se rapporter aux moyens aussi bien qu'aux fins. Elles sont rares comparées aux idées d'imitation, quoiqu'elles ne le soient pas tant que l'ont pensé certains sociologues. Quelle est la logique de l'invention? Nous atteindrons l'essentielle de notre réponse si nous expliquons la formation d'une idée nouvelle. Une idée nouvelle naît toujours de la comparaison de deux idées anciennes. Si nous disons qu'une invention a de la valeur, c'est-à-dire qu'elle est un moyen pour arriver à certaines fins, il est évident qu'une des idées qui ont dû occuper précédemment notre esprit est l'idée d'une fin, grande ou petite. Il est évident aussi que la fécondité de l'esprit dans la production des idées dépendra, toutes choses égales d'ailleurs, de la puissance d'information de l'inventeur. L'invention se réduit donc elle-même, en partie, à un élargissement du milieu, et on doit attendre les idées les plus nouvelles de ceux qui possèdent les combinaisons d'expérience les plus nouvelles. Il est encore d'autres qualités indispensables à l'inventeur : l'élasticité de l'esprit qui caractérise les races jeunes plutôt que les races usées et qui vient d'une surabondance d'énergie. Un grand inventeur est un agent moral. Celui qui invente une machine épargnant une grande somme d'énergie humaine dans la satisfaction des besoins humains s'identifie lui-même avec les forces maîtresses de l'univers, aussi bien que le fondateur d'une nouvelle religion.

L'éthique, considérée en tant que prévision, a une certaine analogie avec l'art de l'invention : elle cherche à découvrir les forces dominantes de l'univers et à déterminer les fins et les lois auxquelles la pratique doit obéir pour arriver à cette identification, à cette harmonie de l'homme et des forces cosmiques. Avec l'éthique considérée comme prévision nous arrivons à la matière du reste du chapitre. On peut dire que les données que cet art utilise constituent les fins que les spécialistes doivent atteindre dans les sciences anthropologiques. Or c'est la fin qui détermine les moyens à employer dans ces dernières. L'éthique considérée en tant que prévision comprend en un sens la division précédente de l'éthique considérée comme action : car il faut prévoir aussi bien les moyens que les fins. Il faut tout cela pour établir l'enchaînement des causes.

Les connaissances qui sont idéalement nécessaires pour prédire l'avenir immédiat de l'art comprendraient, par suite, la connaissance de l'esprit de l'artiste, de ses idées de fins et de moyens, et de son habileté. L'art, par conséquent, n'est art qu'à un point de vue seulement, c'est-à-dire subjectivement ; il est science à un autre point de vue, c'est-à-dire lorsqu'on le considère objectivement. Pour l'artiste c'est l'art, pour l'anthropologiste ou le psychologue c'est la science qui explique l'artiste et son œuvre. L'artiste peut bien lui-même étudier l'art, il peut étudier ses propres actes, à deux points de vue, subjectivement et objectivement, au point de vue de la science et au point de vue de l'art. Ce qui est l'art pour l'être agissant dans le présent et dans l'avenir devient, dès que l'on passe du présent au passé, un sujet d'étude pour la science et peut être étudié avec profit par le même artiste. L'éthique en tant que prévision embrasse la prévision d'un avenir immédiat aussi bien que celle d'un avenir fort éloigné ; en d'autres termes, une discussion des fins relatives aussi bien que des fins absolues. Comme, dans les pages qui suivront, l'auteur fera souvent usage de ces termes, il faut indiquer brièvement le sens qu'il y attache. L'avenir immédiat commence à l'instant actuel, mais le plus souvent ce terme désignera les années qui vont s'écouler et qui constituent le temps d'expérience de la génération actuelle, mettons par exemple les quinze années prochaines. L'avenir extrême et les fins absolues appartiennent aux ultimes périodes de l'histoire de l'humanité. Nous pouvons leur donner le nom de millénaire final. Il est admis par hypothèse que les conditions cosmiques mettront un jour un terme à la vie de la race humaine. Dans combien de milliards d'années cela arrivera-t-il ? L'astronome de l'avenir sera plus à même de le déterminer que celui de notre époque. Ici nous faisons une autre supposition : c'est que les derniers âges seront un millénaire dans le sens attaché jadis à ce mot, à condition que l'évolution humaine continue jusqu'à extinction de la race. Une autre époque à laquelle nous ferons allusion, parce qu'elle est plus près de nous, est celle qui a été décrite dans plusieurs ouvrages utopiques, l'an 2.000.

Comme nous l'avons déjà fait entendre, il y aura dans notre étude une distinction entre les méthodes idéales et les méthodes pratiquement applicables.

Après avoir considéré les méthodes qu'on peut qualifier d'idéales, nous examinerons les modifications qu'il faut leur faire subir dans nos conditions de travail actuelles. Nous ferons aussi une proposition qui paraîtra un peu étrange et qui relève de méthodes idéales plutôt que de méthodes pratiques, nous proposerons d'introduire la précision des mathématiques dans la terminologie de la prévision. On trouvera là une ressemblance avec l'application du calcul des probabilités à l'action humaine, calcul dans lequel les philosophes et les logiciens ont commis de grandes erreurs. Mais nous n'avons pas l'intention de faire un exposé de possibilités, mais un exposé scientifique : nous exposerons seulement le degré d'exactitude que le spécialiste reconnaîtra lui-même à ses conclusions. Nous proposerons les définitions suivantes, arbitraires et très artificielles, de quelques termes usuels : « certain », « le plus haut degré de probabilité », « absolument impossible », indiquent 95 ou 99 fois sur 100 que le jugement est correct ; « très probable », « haut degré de probabilité », 90 à 95 chances sur 100; « probable », 75 chances ; « plutôt probable », « incertain mais probable », 60 chances ; « simplement probable », 55 chances; « possible », 50 chances ; « impossible », moins de 50. Si ces termes sont employés par un faiseur de prophéties inexact et incompétent, ils n'ont aucune valeur, mais ils en auront une véritable dans les ouvrages d'un spécialiste dont la compétence aura été établie par l'exactitude de ses conclusions et une infaillible sûreté de jugement et d'estimation combinées à une connaissance exceptionnellement approfondie de son sujet d'étude. Elles auraient encore plus de valeur si le spécialiste faisait suivre ses estimations d'une énumération et d'une évaluation des forces principales qui sont les facteurs du problème. D'autres pourraient ensuite voir par eux-mêmes s'il a négligé des forces d'une haute importance. De plus, le spécialiste fera une distinction entre les questions dont il a une grande expérience et une connaissance approfondie et celles dans lesquelles, de son propre aveu, il y a des éléments de haute importance qui lui ont échappé ou dont il n'a pas déterminé la valeur.

Il y a deux méthodes pour prévoir ou pour déterminer la fin morale. On peut les désigner par les termes de méthodes directe et inverse de prévision. La méthode directe raisonne en allant des causes aux effets ; la méthode inverse remonte des effets aux causes. La méthode directe est la plus idéale pour les prévisions d'un avenir immédiat. La méthode inverse est peut-être la plus pratique. Étant donné que les causes existent toutes à l'heure actuelle, il suffit, au point de vue idéal, de déterminer l'intensité de chacune des forces concourantes et de déterminer mathématiquement leur résultante. Il est probable que cela ne pourra jamais être réalisé dans le problème humain. Mais, jusqu'à un certain point, on peut déterminer les forces principales, celles qui contribuent le plus à produire l'effet. Certaines d'entre elles peuvent être réduites à des notations mathématiques, c'est-à-dire à une forme statistique. Par exemple, les résultats de la récente guerre cubaine pouvaient être conjecturés d'après les mouvements de certaines masses, de volume et de vitesse déterminées, d'après le chiffre total des armées, la qualité et la quantité des munitions, la valeur des moyens de transport et de ravitaillement, le chiffre des réserves militaires dont on pouvait disposer. Le choc de pareilles forces se rencontrant ne pouvait donner qu'un résultat unique. Mais, même dans ce cas, il y avait des forces indéterminées fort inquiétantes pour les spécialistes : les orages et la maladie, choses si fréquentes sous les tropiques en cette saison et la situation inconnue de la flotte espagnole. Ce ne sont pas seulement les forces militaires des grandes nations qui peuvent être ramenées à des statistiques, mais aussi les forces productrices ayant pour résultat une suprématie industrielle. On peut même évaluer les forces morales et intellectuelles d'un pays par le nombre des églises, des écoles, des publications scientifiques. D'après ces exemples, on peut deviner la pensée de l'auteur. A son avis, les sciences descriptives concrètes, qui étudient le présent, l'anthropographie, et surtout les sciences dans le genre de la statistique qui font usage des méthodes mathématiques sont les principales sciences sur lesquelles doit s'appuyer l'art de la prévision. Nous considérons ici que l'anthropographie comprend l'étude, non pas seulement des phénomènes existant au moment présent, mais embrasse toutes les expériences de la génération actuelle, c'est-à-dire, en chiffres ronds, remonte de l'époque actuelle jusqu'à la limite d'une demi-génération, à quinze années par conséquent. Dans ces expériences rentre l'observation des relations dynamiques aussi bien que statiques et une étude des causes et des effets, plus exacte que ne peut l'être une étude basée sur l'histoire et sur les données des autres sciences. Ceux-là seuls auront une idée vraie de la valeur de beaucoup des forces humaines qui participeront ou assisteront à leur action et qui pourront déployer tous leurs talents d'observation à analyser eux-mêmes la situation au lieu de se contenter des données extrêmement incomplètes fournies par les historiens. Tandis que l'anthropographie est la principale science concrète sur laquelle doit s'appuyer la prévision, ce n'est pas la science abstraite correspondante, l'anthropostatique, qui fournit les lois et les généralisations les plus importantes, mais bien l'anthropodynamique. Ce ne sont pas, pour parler exactement, des lois de l'équilibre, car l'équilibre n'existe pas. Toutes les choses sont en mouvement, et les lois du mouvement sont déterminées par la dynamique. L'uniformité de coexistences de faits n'indique nullement que ce sont elles les causes principales et les effets principaux parmi les facteurs coexistants. Nous devons examiner ceux des facteurs qui précèdent et ceux qui suivent ; en un mot, nous devons étudier l'histoire, l'évolution, la dynamique. Ces dernières sciences sont des plus utiles à l'anthropographie dans l'art de la prévision. Mais les lois auxquelles on arrive en les employant doivent être contrôlées par d'autres sciences. La psychologie et la physiologie doivent examiner si leurs conclusions sont d'accord avec la constitution humaine. La philosophie générale dira si elles sont d'accord avec la constitution de la nature. En d'autres termes, quand on emploiera l'induction, toutes les considérations déductives devront servir de moyens de contrôle à la méthode directe.

Dans la méthode inverse, on procède absolument de la façon opposée. On arrive par déduction à des hypothèses sur ce que sera l'avenir, et ces hypothèses sont soumises au contrôle des sciences qui étudient les forces existantes. A juger d'après les faits, que doit-on préférer ? On peut, pour quelques sciences, arriver à formuler ces hypothèses. Parfois elles paraissent avoir leur origine, dans la pure imagination dans l'instinct poétique, dans l'imagination créatrice plutôt que dans la science. Le genre d'étude qui les fait naître avec le plus d'abondance est peut-être la dynamique. La maxime : *préjuge de l'avenir d'après le passé*, est probablement aussi vieille que la philosophie elle-même. L'histoire a toujours été un fonds où non seulement les hommes d'État, mais tous les hommes d'action, ont puisé leur inspiration. La nouvelle hypothèse évolutionniste est celle qui dans toute l'histoire des sciences modernes a suscité le plus de faiseurs d'hypothèses. Mais on se rend compte peu à peu qu'elle ne se suffit pas par elle-même et qu'elle doit être corroborée par d'autres sciences biologiques. Dans tout le bruit fait autour de l'évolution, nous avons oublié qu'une désagrégation accompagne toute évolution ; que toute action est suivie d'une réaction ; que le transformisme ne suit pas toujours exactement la marche de l'évolution.

En résumé, l'art de prévoir doit mettre à contribution toutes les sciences et ne doit négliger aucune étude ayant quelque rapport avec le problème à résoudre. On peut prévoir l'avenir non seulement en étudiant le présent au moyen de l'anthopographie, de l'anthropostatique, de la sociographie, de l'ethnographie, de la démographie, de la statistique, des descriptions, des voyages, des fictions littéraires ; en étudiant le passé au moyen de l'anthropodynamique, de l'histoire, des études préhistoriques, de l'archéologie et de la linguistique, par le moyen des sciences abstraites, telles que la psychologie, la physiologie, la sociologie, l'ethnologie, la science de la politique et l'économie politique ; mais les sciences non anthropologiques, mathématiques, astronomie, physique, chimie, biologie, et les sciences concrètes qui les accompagnent sont également des facteurs actifs du problème en ce sens que l'avenir de l'homme est déterminé par le milieu ambiant aussi bien que par sa constitution.

Dans la méthode directe, le plus essentiel est la connaissance des choses, c'est-à-dire des diverses sciences descriptives concrètes qui répondent aux questions : où? comment? combien? Dans cette méthode, l'énumération statistique est l'idéal. Ces sciences se résument dans l'anthropographie et la géographie, l'une étudiant l'homme, l'autre étudiant la nature. En second lieu, nous devons connaître le mouvement des choses. Nous puisons en partie ces notions dans les sciences abstraites qui étudient leurs qualités. Toutes les qualités sensibles ne sont que des formes de mouvement. Nous puisons aussi en partie ces notions dans l'histoire et les sciences dynamiques qui indiquent la direction et la rapidité des masses en mouvement. Dans la méthode inverse, nous devrons connaître tout d'abord les lois, les généralisations. Il serait fort utile de connaître les lois de l'univers si cela était possible, car les fins relatives que nous poursuivons doivent être en harmonie avec les fins absolues. Tout ceci est l'idéal. Dans la pratique, il faudra choisir les éléments essentiels et négliger le reste; il faudra étudier le présent qu'il est nécessaire de parfaitement connaître plutôt que le passé; étudier par suite plutôt l'anthropographie que l'histoire. Comme nous l'avons déjà dit, le présent est un champ d'observations et d'expériences dans la sphère de la connaissance exacte, et il nous fournira des généralisations aussi bien dynamiques que statiques.

Dans l'éthique absolue, dans la prévision de la fin dernière, l'idéal serait aussi la méthode directe, si le présent pouvait être complètement connu, et, si l'on pouvait utiliser tous les événements passés pour reconstruire les traits généraux de ce passé et montrer la marche de ses forces, ces données seraient suffisantes pour nous aider à prévoir les âges qui nous séparent du millénaire final. Mais, dans la pratique, les sciences abstraites nous sont plus utiles que les sciences concrètes. Nous ne pouvons savoir si la race ou le monde lui-même continueront d'exister aussi longtemps que nous l'avons supposé. Étant donné que nous ne sommes pas des spécialistes en astronomie, pour nous, le meilleur moyen de nous figurer l'avenir est la connaissance de la constitution de l'homme. Aussi longtemps qu'il y aura un homme, l'homme obéira aux mêmes instincts fondamentaux, et, comme de nos jours, il agira en harmonie avec les forces cosmiques, ou bien il cessera d'exister. Mais il ne s'écartera jamais de certaines directions qui lui ont été imprimées dans le passé, comme le montre l'étude de son évolution. Plus les lois qui le gouvernent seront universelles, et plus sa vie morale sera déterminée par elles. Par exemple, si ces lois sont les lois fondamentales de l'univers, la loi de l'indestructibilité de la matière et du mouvement aura pour corollaire cette nouvelle loi : la survivance est la fin éthique absolue. Bien plus, si la loi de l'évolution est vraie en ce qui concerne la race humaine, et l'auteur cherchera à le démontrer dans un des prochains chapitres, cela suffit pour nous prouver que l'évolution, spécialement l'évolution des idées, est une fin éthique secondaire, toujours vraie pour la race humaine, mais non pour tout l'univers considéré dans son ensemble.

Pour terminer, d'après tout ce qui a été dit jusqu'ici, nous tirons la conclusion qu'on peut construire un systhème d'éthique négative plus important que tout système d'éthique positive. Cette éthique sera négative en ce qu'elle déterminera ce qui ne sera pas fait et ne doit pas être fait. L'éthique positive ne peut dire avec certitude ce qui sera fait, car nous ne sommes pas sûrs de voir persister les conditions qui permettent le jeu des vertus actives. Nous ne sommes pas sûrs que le monde lui-même continuera à exister. Mais nous sommes sûrs qu'il est impossible pour l'homme d'accomplir certaines choses. La constitution de l'homme et de la nature, les limites du temps et de l'espace et les lois de l'univers étant ce qu'elles sont, nous sommes sûrs que rien de tout cela ne sera changé tant que l'homme et le monde existeront : l'homme ne devra pas et ne pourra pas impunément agir contrairement à elles. Le chemin est clairement indiqué aux vertus passives. Les dix commandements sont le type de la loi morale dans sa formule la plus pratique et la plus compréhensive. « Tu ne dois pas faire ceci » est une formule de la plus profonde sagesse. Les prohibitions constituent, de nos jours comme à l'époque de Moïse, le principal rôle des institutions de contrôle morale, religion, mœurs, gouvernement. Les prédictions positives doivent être toujours suivies d'un « si » ; les prédictions négatives sont plus absolues. Même la fin morale absolue dont nous avons parlé précédemment peut être logiquement exprimée sous forme négative, car elle est le résultat direct d'une généralisation négative, qui est la loi fondamentale de toute science et de toute philosophie, savoir : la matière et le mouvement sont indestructibles. Il n'y a qu'un pas à franchir pour passer de cette loi au commandement « Tu ne tueras point ». La destruction du non-moi est une entreprise trop considérable dont le résultat inévitable est la destruction de mon être individuel.

En comparant les conclusions auxquelles nous sommes arrivés, nous pouvons dire que l'avenir immédiat est plus évident pour nous que l'avenir éloigné et que les fins et les obligations relatives sont plus certaines que la fin éthique absolue. Dans les prédictions, il est plus facile d'indiquer le premier résultat qui sera obtenu que le millième. Nous serons moins gênés dans nos calculs par les grandes forces de l'avenir, qui sont maintenant si insignifiantes qu'on pourrait pratiquement ne pas en tenir compte. Dans la pratique et pour employer le langage traditionnel de l'éthique, nous avons des idées plus certaines sur nos devoirs immédiats que sur le souverain bien, et la religion pratique de la vie de chaque jour est préférable à celle qui n'envisage que le monde futur. L'éthique des masses sera plutôt religieuse qu'absolue ou philosophique. Il leur faut poursuivre certains buts, les buts altruistes par exemple, quoiqu'elles ne puissent se les expliquer rationnellement. Seuls les peuples qui agiront ainsi pourront continuer à vivre. Mais une telle conduite sera soit dictée par des sentiments héréditaires, soit imposée par la sanction de l'autorité. Ce sera donc aux moralistes et à ceux qui gouvernent l'opinion publique, aux inventeurs de systèmes moraux ou religieux, d'avoir une philosophie de l'éthique, une explication consciente des fins absolues. Si leur sagesse ne suffit pas à leur montrer clairement la large ligne de conduite qui s'harmonise avec les forces dominantes de l'univers, eux et leurs peuples seront rejetés ou submergés par le flux incessant du progrès.

Nous pouvons ranger tout ce que l'art demande à la science en deux catégories différentes : 1° les faits ; 2° les lois. L'art considéré comme pratique a besoin de connaître des faits relatifs aux corps et aux forces existantes, c'est-à-dire les matériaux et les instruments, dans leurs rapports de situation, de quantité et de nombre. Dans l'éthique considérée comme prévision et dans la déterminaiton des fins, la connaissance de tels faits est une base nécessaire au calcul des résultantes et à l'appréciation des possibilités. Les lois des relations causales, la connaissance de certains couples causaux (c'est-à-dire antécédent et conséquent apparaissant généralement ensemble) est également nécessaire, afin que dans la pratique l'artiste sache que certaines causes sont suivies de certains effets, et afin que dans la prévision le philosophe sache que certains phénomènes sont suivis de certains autres. Les faits mentionnés plus haut seront fournis par l'anthropographie, l'histoire et la géographie, c'est-à-dire par les sciences descriptives et historiques; les lois seront fournies par l'anthropodynamique, c'est-à-dire par les sciences abstraites qui étudient les phénomènes de succession. La science de l'anthropostatique est, par suite, de valeur très inférieure à la science de l'anthropographie et de l'anthropodynamique. De ces dernières, l'anthropographie est peut-être plus importante dans l'art de la pratique et dans l'éthique relative. L'anthropodynamique est plus importante en éthique absolue.

La discussion des méthodes de l'éthique et des arts anthropologiques a tenu tant de place que nous ne pourrons pas discuter aussi à fond les méthodes des sciences anthropologiques. Mais ce n'est pas d'une aussi grande nécessité. Stuart Mill et plusieurs anthropologistes ont tellement épuisé le sujet qu'il n'y a plus rien de bien neuf à dire. Nous supposerons dans ce chapitre que les résultats de cette discussion sont admis d'avance et connus du lecteur. Dans tout ce que nous ajouterons, nous nous placerons plutôt au point de vue anthropologique qu'au point de vue sociologique.

La méthode générale de toute science et de la philosophie elle-même considérée comme science des sciences est la méthode inductive. La déduction est quelque chose de secondaire; idéalement, elle n'est qu'une partie de l'induction. L'esprit idéal, doué de facultés illimitées, dont nous parlions dans une des pages qui précèdent, s'il travaillait sans aucune coopération, édifierait une philosophie complète basée sur la connaissance complète de tout ce qui existe dans le présent et sur l'interprétation parfaite de toutes les données relatives au passé. La science déductive ne serait pas nécessaire, parce que toutes les sciences seraient développées par induction et que leurs généralisations seraient synthétisées dans les généralisations encore plus hautes de la philosophie. Ce qui nécessite les déductions, c'est la division du travail, bien que les esprits qui travaillent en commun et que leurs conditions de travail soient, par supposition, de nature idéale. Chacun de ces esprits est versé dans tel ou tel domaine de la science, et il dépend des spécialités de chacune des autres divisions, auxquelles il emprunte les généralisations qui lui sont nécessaires dans l'étude de sa spécialité. Admettant la vérité des résultats auxquels sont parvenus les autres, il en déduit d'autres vérités. Les procédés idéaux de la science philosophique en général et de l'anthropologie philosophique en particulier peuvent être divisés en trois phases : observation, classification et lois. La première analyse les phénomènes de première main, non seulement dans l'anthropologie elle-même, mais dans toutes les sciences qui sont nécessaires pour comprendre la coopération des forces dont s'occupe l'anthropologie. Elle comprend les observations rétrospectives ou études du passé aussi bien que l'étude du présent. Sa méthode est surtout analytique. Il y a d'étroites relations entre elle et les procédés de classification, qui, eux, sont seulement des moyens intermédiaires mais essentiels à l'établissement des lois : car les lois se servent des concepts. La méthode de la classification est synthétique. On arrive par la synthèse et la généralisation à la troisième phase, la phase des lois de cause et d'effet, c'est-à-dire des lois déterminant l'ordre de succession ; mais c'est une synthèse non d'individus, comme dans la classification, mais de ce que nous avons appelé couples causaux ou successions. Ces couples observés dans le présent et dans l'histoire sont comparés et rangés par classes. Le concept de ce genre est notre représentation de ce que nous appelons la loi de cause et d'effet par rapport aux phénomènes en question. Nous pouvons dire ici que des types particuliers concrétisent les conclusions des sciences abstraites, aussi bien que celles des sciences concrètes classificatrices. Dans la science concrète, le type a toutes les qualités qui sont communes à tous les individus et n'a aucune des qualités qui ne sont pas communes à tous. Les sciences abstraites n'étudient qu'une qualité ou qu'un nombre restreint des qualités qui sont l'apanage d'une classe d'êtres particulière. Mais leurs objets d'étude sont également réels, et la méthode idéale de ces sciences est l'induction, l'étude approfondie des individus et la généralisation basée sur cette étude. Considérées à ce point de vue, chaque science concrète et chaque science abstraite traversent trois phases : un état descriptif et deux états généralisateurs aboutissant l'un à une classification, l'autre à la détermination des lois. Considérons la dernière phase, celle des sciences explicatives, c'est-à-dire le plus haut développement, ou l'aspect le plus philosophique des sciences abstraites qui étudient la nutrition, la reproduction, et les autres activités humaines, les sciences de l'éducation et du gouvernement, et les autre formes du contrôle, et les sciences plus compréhensives de la physiologie, psychologie, sociologie, morale, et enfin de l'anthropologie philosophique elle-même considérée comme une philosophie basée sur les sciences anthropologiques. La méthode générale de ces sciences devra aboutir à des lois, comme celle de cause et d'effet, et serait, idéalement parlant, le résultat d'une induction compréhensive du présent et de toutes les données relatives au passé. En pratique, quelle est la division du travail qui est applicable dans ce domaine, en considérant spécialement les particularités subjectives des spécialistes de chaque science et leur éducation préliminaire ? Il y aura une première division générale à établir entre celles qui emploient la méthode historique et celles qui étudient le présent. Le premier groupe de spécialistes appuie ses généralisations sur les données fournies par un autre groupe d'historiens, spécialistes des sciences concrètes et vérifiant seulement les faits. En comparant l'histoire des différents peuples et des différentes époques, les premiers généralisent les couples de causes, pour employer le terme proposé plus haut; ils construisent une philosophie de l'histoire. Les résultats de la méthode historique ne peuvent pas, dès maintenant, être aussi féconds en généralisation que la science qui étudie le présent, parce que les données de cette dernière sont beaucoup plus complètes et que l'on peut faire de fréquentes observations et expérimentations. Une matière bien plus idéale serait accessible à l'historien de l'avenir si toutes les observations que le xix⁰ siècle a rendues possibles étaient enregistrées et conservées à son usage, comme, par exemple, des descriptions des conditions sociales contemporaines à des intervalles réguliers fournies par la statistique et les autres méthodes descriptives mentionnées plus loin. Chaque recensement lui indiquerait d'une façon si minutieuse la nouvelle distribution des forces qu'il lui serait possible d'évaluer, d'une façon assez exacte, les puissances et les directions relatives des mouvements. Les sciences qui étudient le présent nécessitent des spécialisations plus variées par suite de la diversité des matériaux. Quand les données ont été recueillies grâce aux méthodes d'observation, d'expérimentation, d'introspection et de comparaison, par des spécialistes dont la fonction est plutôt de rechercher les faits que de les expliquer, ces données peuvent être résumées en lois générales par les spécialistes plus versés dans chacune des divisions. L'un s'occupera des généralisations en psychologie, un autre en physiologie, un autre en sociologie, un autre en ethnologie, d'autres en statistique ; d'autres dans chacune des sciences abstraites qui étudient les activités humaines et les formes de contrôle social, tandis que d'autres encore se consacreront à l'étude des faits provenant de sources plus ou moins scientifiques, biographie, voyages, géographie politique, romans, journaux et autres productions humaines. Quelques autres encore établiront, en s'appuyant sur les sciences non anthropologiques, des règles générales relatives à l'homme et à la nature.

Enfin les généralisations atteintes par toutes ces sciences seront combinées en généralisations plus larges encore par les spécialistes de l'anthropologie générale.

Pratiquement la déduction a une grande importance dans la division du travail, comme moyen de contrôle des généralisations inductives. Il faut rapporter les faits dont un savant s'occupe spécialement aux résultats des études des autres spécialistes. Les généralisations basées sur des données incomplètes doivent être vérifiées à l'aide des généralisations fournies par d'autres domaines de la science. Il y a deux modes de vérification déductive, la première partant d'une généralisation empruntée à une spécialité différente, l'autre partant de généralisations puisées dans sa propre spécialité. Dans l'un et l'autre cas, ce que l'on se propose, c'est de vérifier les généralisations d'une spécialité par les généralisations ou les observations particulières d'une autre spécialité. Comme tous les phénomènes de causalité ne peuvent pas être saisis inductivement dans la pratique, il faut diriger surtout l'attention sur ceux qui révèlent l'action de forces plus considérables. Si toutes ces forces combinées n'arrivent pas à expliquer certains phénomènes importants ou certaines hypothèses, il faut rechercher alors les causes perturbatrices.

Ce que nous avons dit jusqu'ici de la plus haute forme de science, c'est que la phase de généralisation s'étend à la plus grande partie de la méthode des sciences abstraites déjà nommées. Quelques-unes d'elles ne passent pas par les phases inférieures de la classification et de l'observation, mais empruntent entièrement leurs données aux sciences concrètes. D'autres, chez lesquelles l'expérimentation est possible, telles que la psychologie et la physiologie, étudient de première main les matériaux sur lesquels elles basent leurs généralisations. A la rigueur, ces deux sciences ainsi que la sociologie sont de nature concrète aussi bien qu'abstraite, parce qu'elles étudient non pas des qualités isolées, mais un groupe important d'êtres réels doués de qualités destinées à être analysées et classées selon la méthode des sciences concrètes. Nous nous occuperons peu des sciences abstraites sous leur aspect statique, car leurs résultats sont de bien peu d'importance pour l'art et pour l'éthique, comparés aux lois de causalité et aux similitudes déterminées par les autres sciences dynamiques. Cependant l'anthropostatique est un moyen de contrôle indirect des couples de causes. Si la statistique pouvait montrer une coexistence régulière des phénomènes qu'on suppose être vis-à-vis l'un de l'autre dans les rapports de cause à effet, cette hypothèse de relations unissant les deux faits se trouverait, par là même, corroborée. Bien plus, les lois qu'on désigne sous le nom de « lois d'ordre », et qui ont trait aux proportions normales et relatives qui doivent unir des facteurs coexistants, ont leur valeur en éthique dans la prévision et dans l'invention. Des conditions statiques des périodes du passé on peut conclure qu'il n'est pas bon de dépasser certaines limites extrêmes dans le développement de certains instincts, de certaines forces, de certaines institutions.

Revenant maintenant à la phase scientifique de la classification et de l'observation, nous entrons dans le domaine des sciences anthropologiques concrètes. Selon les principes posés précédemment, elles peuvent être divisées en sciences du passé et en sciences du présent; les premières se subdivisent non seulement en histoire, mais aussi en préhistoire. La science générale qui étudie le présent, l'anthropographie, comprend la démographie, la sociographie, l'ethnographie, la statistique et les matériaux peu scientifiques fournis par les relations de voyages, les romans et les œuvres d'un caractère descriptif. Dans certains cas, mais non dans tous, il est désirable, étant donnée une science concrète, de diviser le travail entre ceux qui classent les faits et ceux qui observent. C'est surtout nécessaire dans la statistique. En faisant un recensement, les efforts de beaucoup de spécialistes sont complètement employés à recueillir des matériaux. La mise en ordre et l'élaboration plus complète de ces matériaux doit être abandonnée aux travailleurs de bureau qui disposent de documents imprimés. Une division semblable du travail est nécessaire en ethnographie entre ceux qui recueillent les faits et ceux qui rangent et classent les immenses collections des bibliothèques et des musées. Mais il ne faut pas établir au hasard des divisions arbitraires entre les spécialistes. Les divisions sont faites uniquement pour des raisons de convenance. Dans certains cas, il sera désirable que les spécialistes ne se contentent pas de classer leurs matériaux, mais qu'ils proposent des hypothèses et établissent des lois au sujet de ces matériaux, c'est-à-dire qu'ils pénètrent dans le domaine de la science abstraite. Ce serait à désirer surtout dans les sciences qui permettent des observations et des expériences nombreuses et répétées. Ici, non seulement les lois supposées peuvent être mises à l'épreuve, mais elles peuvent fournir des hypothèses qui guideront le savant dans ses observations.

Une espèce particulière de classification donne directement des lois, comme nous l'avons indiqué; les généralisations relatives aux couples causaux, suites de causes et d'effets particuliers, forment le sujet des sciences de pure observation. Et, dès que ces couples sont comparés et classés, le but de ces sciences est atteint. Ces sciences formulent, à propos de la régulière apparition de tel ou tel phénomène, des remarques qui peuvent être utilisées par l'art. La seconde fonction cependant de la classification des sciences, la classification des individus, et non pas celle des couples de causes, en fait un simple enchaînement vers les sciences explicatives, comme cela a été déjà dit. Dans cette formation des concepts, il faut pousser aussi loin que possible l'étude de tous les individus semblables. Pour y arriver, le classificateur doit être au courant non seulement des sciences qui étudient le présent, mais encore de celles qui étudient le passé. De même que la paléontologie a rendu des services dans l'établissement de classifications biologiques, de même l'histoire et la préhistoire ne seront pas inutiles dans les classifications anthropologiques et ethnographiques. Au point de vue idéal, il faudra que le classificateur ait observé lui-même tous les faits et recueilli tous les témoignages. Mais, en pratique, dans les plus importantes divisions des sciences, ce travail n'a été accompli que dans une certaine limite, même par des hommes comme Darwin. Le meilleur succédané sera la connaissance de la bibliographie et des documents touchant à son sujet renfermés dans les bibliothèques et les musées, ainsi que l'utilisation des acquisitions intellectuelles d'autres spécialistes. Le classificateur, aidé par le spécialiste des sciences abstraites, dirige aussi le travail de l'observateur, pose les questions et choisit les dispositifs les plus commodes pour l'observation et l'enregistrement des matériaux examinés. Le classificateur qui, en un certain sens, sera chargé de formuler des lois, devra utiliser non seulement les résultats des sciences d'observation les plus précises, mais les matériaux de nature descriptive tels que les romans, la littérature périodique, en un mot, toutes les productions de l'effort humain, les beaux-arts, et les arts utiles, tels que l'architecture et la peinture, les inventions, les machines, les procédés divers.

Les sciences descriptives concrètes étudiant le passé et le présent tendent vers deux grands buts déterminés par l'art, la morale et les sciences connexes de généralisation et de classification : 1° une description des forces existant et agissant à l'époque actuelle est nécessaire pour servir de base à la prévision et à la pratique; 2° les lois, lois des causes et des effets, sont nécessaires pour la même raison; et, pour arriver à déterminer des lois, il faudra disposer d'une classification. Dans le dernier mode de classification et de généralisation indiqué, l'idéal sera d'observer tous les individus, de les analyser, de les classer et de les enregistrer soigneusement. Comme cela est impossible dans la pratique, il faudra observer des individus bien choisis, ceux qui représentent le mieux le type moyen de leur classe, puis les individus anormaux et peu habituels permettant de déterminer les limites extrêmes de chaque classe. L'individu type peut être choisi au hasard dans le milieu le plus favorable; ou bien, après une rapide comparaison, après un coup d'œil jeté sur de vastes groupes d'individus, on peut, par de soigneuses mensurations, s'assurer que les types considérés comme représentant la vraie moyenne la représentent en réalité. Toutes les fois que la statistique peut être employée, elle fournit des déterminations de moyenne des plus satisfaisantes. D'après la loi des « grands nombres », plus une classe d'individus sera étudiée complètement par la statistique, plus les moyennes obtenues se rapprocheront du type exact. Dans les méthodes moins rigoureuses ou recherches sur place où la statistique ne pourrait être employée, il importe que l'observateur note non seulement ce qu'il considère comme le type régulier, mais aussi les produits anormaux. Pour cela, il faut rechercher non seulement les habitats (c'est-à-dire les milieux de production) réguliers et normaux, mais encore les habitats de types anormaux. Nous apprendrons à connaître ces derniers par les rapports inexacts de ceux qui ne sont pas des spécialistes, et nous pourrons en opérer la vérification. Jusqu'à un certain point, les qualités constitutionnelles et intrinsèques d'un individu indiqueront le milieu où il sera impossible de le rencontrer. L'anthropographie, d'après la définition donnée précédemment, s'étend à tout ce que peut observer l'œil du spécialiste lui-même, ou, d'une façon plus arbitraire, aux phénomènes de l'époque présente et des quinze dernières années. Une telle combinaison de l'histoire et de la statistique dans le domaine du présent est nécessaire pour atteindre le second but de la science concrète, c'est-à-dire la description des forces dans la mesure où une force peut être observée en dehors de ses relations temporelles. Ce qu'on appelle « causes », ce sont simplement des phénomènes qui, d'après les observations, précèdent uniformément dans le temps d'autres phénomènes que l'on nomme « effets ». La description exacte des forces comprend d'abord leur localisation dans l'espace, un élément géographique et leur puissance, résultat de leur masse et leur vitesse. La détermination de la masse comprend une mensuration de quantité et de nombre, la détermination de la vitesse, soit la mesure des mouvements et des changements, soit une description de celles de ces qualités qui sont aptes à engendrer un mouvement. L'idéal, dans toutes ces descriptions, est la méthode mathématique, et, en réalité, la statistique est chargée ici de déterminer et d'enregistrer les cas semblables. La statistique pourrait faire des progrès si, comme nous l'avons déjà proposé, ses observations étaient dirigées par des spécialistes des sciences supérieures, et si on l'uniformisait d'époque en époque au point de pouvoir suivre les différentes forces dans leurs changements de quantité ou de direction. Les méthodes pratiques varient dans chaque science d'observation avec la nature des faits observés et avec le plus ou moins de difficultés que rencontre l'observateur.

Dans la statistique, le grand recensement officiel atteint presque l'idéal comme moyen employé, mais n'en approche guère pour ce qui est de la direction ou de l'objet étudié. Même les humbles recherches statistiques d'un simple observateur qui recueille les données de questionnaires scientifiques peuvent avoir une valeur plus grande, sous certains rapports, si elles ont été guidées par une connaissance approfondie des questions à l'étude. De même en ethnologie : l'idéal consiste dans les moyens de la statistique officielle mis en œuvre par une science profonde. Mais les statistiques de ce genre sont rares, et les questionnaires eux-mêmes n'ont encore donné que peu de résultats. Les diverses observations faites par un voyageur peuvent, d'autre part, avoir une très haute valeur si ce voyageur est en même temps un spécialiste en ethnologie ou en sociologie. L'étude sur place ne peut, par sa nature même, s'accommoder de la statistique. Elle nécessite la méthode de travail assez lente, qui consiste à étudier qualitativement quelques individus ou familles sauvages en vivant avec eux, en apprenant leur langue, se conciliant leur confiance, et en jugeant de leurs idées et de leurs facultés par les notations imparfaites de leur linguistique et les vestiges fragmentaires de leurs arts.

L'idéal, dans l'anthropogénie, c'est-à-dire dans les sciences concrètes qui étudient le passé comme l'histoire et la préhistoire, serait d'abord de recueillir tous les matériaux imprimés ou manuscrits, traditions orales, folklore, monuments, œuvres d'art et autres témoignages physiques de l'activité de l'homme. Puis il faudrait ajouter à tous ces renseignements, là où manquent des témoignages directs, les déductions sur la façon dont l'activité de l'homme a pu remplacer dans la chaîne des effets et des causes les anneaux qui nous manquent. Ces déductions sont souvent basées aussi bien sur des phénomènes non anthropologiques que sur des phénomènes anthropologiques. En troisième lieu, il faudrait vérifier les résultats des déductions tirées de la psychologie, de la géologie et autres sciences traitant de l'homme et de la nature et qui indiquent ce qui est possible et ce qui est d'accord avec la nature des choses. Pratiquement, toute œuvre d'histoire, surtout pour la période précédant le xix° siècle, époque où les statistiques faisaient défaut, est très imparfaite à cause du manque de témoignages et du manque de cette critique des témoignages que l'on trouve dans les écrivains postérieurs. L'histoire moderne et locale elle-même trouve beaucoup d'entraves dans la grande quantité des matériaux et le manque de lien entre les travaux auxquels se livrent les divers historiens. L'histoire se résout en une interprétation et une critique des documents, conformément aux règles de l'évidence subjective ou objective, et ses résultats sont contrôlés par les autres sciences anthropologiques. Elle doit non seulement utiliser la méthode de recherche dans les bibliothèques, mais puiser aux sources originales, parcourir les revues, les manuscrits, les romans, les descriptions de la vie, en un mot tous les imprimés et tous les matériaux ayant quelque rapport avec le passé. La préhistoire ou histoire de l'homme avant l'époque du langage écrit est une tâche encore plus ardue. Ici l'archéologie doit retrouver les vestiges des productions humaines par la lente méthode des explorations et des fouilles. Les musées fournissent au généralisateur des collections de documents : il faut alors reconstituer la vie antique au moyen de ces faits et par des comparaisons avec les faits semblables qui peuvent se rencontrer dans la vie des peuples encore sauvages. Des expériences pourront faire redécouvrir des arts qui expliqueront l'usage des ustensiles primitifs, et, par déduction, on pourra déterminer d'autres arts et d'autres phénomènes qui ont dû exister à la même époque que les premiers. La vie des animaux supérieurs elle-même pourra nous servir de point de départ pour la reconstruction des anneaux qui nous manquent, pour la reconstruction de la vie sub-humaine et de la vie de l'homme quaternaire. La paléontologie nous fournira non seulement des vestiges d'êtres humains, mais des restes du milieu physique et biologique où a vécu l'homme primitif et qui a déterminé son existence. Enfin, dans la philologie, nous trouverons des idées fossilisées qui nous permettront de pénétrer dans la partie la plus périssable de la nature humaine, les pensées et les sentiments intimes.

Passant en revue le champ immense de l'anthropologie philosophique et les difficultés de méthode auxquelles on se heurte dans certaines de ses parties, nous comprenons plus que jamais la nécessité d'une division du travail, d'une coopération intelligente et d'une unité de direction, pour arriver à augmenter et à répandre les connaissances anthropologiques. Il faudra utiliser le grand mécanisme de coopération de la science moderne, associations scientifiques, musées, universités, rapports périodiques, livres. Unir plus étroitement les divers spécialistes du domaine de la science, leur donner la conscience de ce qu'ils sont par rapport les uns aux autres : tel doit être le but des livres du genre de celui-ci.

Pour conclure, nous émettons quelques propositions sur les sciences et les arts en général. La prévision est-elle un art ou une science, ou bien faut-il lui assigner un rang à part parmi les divisions habituelles ? Par sa méthode, elle ressemble aux sciences déductives, et elle se ditingue des arts en ce qu'elle ne comporte pas de volition. Elle a cependant des ressemblances avec l'art en ce qu'elle se combine parfois avec la pratique dans l'invention, dans un même individu, et en ce qu'elle étudie l'avenir, ce qui sera, et par suite, sous sa véritable forme, elle ne peut d'aucune façon être une science exacte. Puis, sciences et arts sont subjectivement semblables dans leurs principaux procédés, et objectivement ils sont des parties des mêmes procédés. Qu'ils soient intelligence ou volition, ils sont semblables au point de vue déterministe, car ce sont les anneaux d'une même chaîne de causes et d'effets. L'anthropologiste qui étudie l'art sera obligé de reconnaître que l'intelligence et la volonté sont des causes coagissantes ; il sera obligé de reconnaître une troisième catégorie de causes non humaines qui agissent concurremment avec ces dernières. Si l'une de ces causes multiples faisait défaut, le résultat ne pourrait être atteint.

CHAPITRE IV

CRITIQUE DES SCIENCES ANTHROPOLOGIQUES ET SOCIALES

Nous nous proposerons, dans ce chapitre, de passer en revue les buts, les méthodes et les résultats des sciences anthropologiques et sociales existant actuellement au point de vue de l'anthropologie générale et de l'éthique. Nous indiquerons aux spécialistes de chacune de ces diverses sciences des problèmes qui sont, pour ces dernières, d'une importance vitale. Ces sciences seules pourront en donner la solution, ou elles permettront au moins le travail préliminaire qui consiste à recueillir les matériaux nécessaires pour arriver à cette solution. Il est possible que nous observions parfois dans ces sciences de grandes pertes d'énergie au point de vue éthique, parce que l'œuvre a été accomplie sans que l'on songeât à des rapports avec ces sujets plus élevés et avec les besoins pratiques de l'humanité. Nous trouverons aussi que certaines autres sciences ne sont pas au courant des principes modernes dans les méthodes qu'elles emploient et, peut-être, pour cette raison, ne sont pas placées à un rang aussi élevé qu'elles le mériteraient comme sciences distinctes. Nous verrons que même jugées au point de vue du principe « la science pour la science », certaines d'entre elles sont étroites et dépourvues de système, et n'épuisent pas le domaine qui leur est confié comme science pure, à moins qu'elles ne s'arrêtent et ne s'orientent en tenant compte des autres départements de l'anthropologie. Pour compléter les détails très restreints qui peuvent entrer dans les limites de ce chapitre, le lecteur pourra puiser de nouvelles idées dans l'étude du plan joint au chapitre précédent. Les lignes du cube, en se coupant mutuellement, indiquent les domaines nouveaux que devront étudier plusieurs des sciences occupant les positions verticales ou horizontales, politique, histoire ou statistique. Nous manquerons de place surtout pour parler d'une façon suffisante des contributions qu'elles apportent à l'anthropologie générale. On trouvera dans les chapitres sur la race et sur l'individu une étude plus approfondie qu'elle ne pourrait l'être ici, des résultats de quelques-unes d'entre elles, ethnographie, histoire, statistique. D'autres, comme les sciences sociales de l'économie politique et de la politique, mériteront d'être examinées plus longuement, surtout dans les questions que les spécialistes de chaque science ont encore à résoudre ; car il sera difficile de donner à ces questions une place bien déterminée dans d'autres parties de ce livre, puisqu'elles appartiennent aux diverses sciences que nous venons d'indiquer et qui traitent des activités primaires et secondaires, nutrition, protection, etc. Comme nous l'avons dit, l'importance relative de ces sciences pour le sociologiste et au point de vue de la race sera appréciée d'après leur relation avec l'anthropologie générale, les arts sociaux et l'éthique. Les principaux problèmes dont les spécialistes de chaque science devront fournir la solution sont ceux qui ont le plus d'importance dans ces dernières sciences. Pour bien posséder l'art de la vie, il faut acquérir certaines notions supplémentaires touchant les principaux buts à atteindre dans la vie, les moyens individuels et sociaux d'atteindre ces buts. Il faut posséder plus de connaissances encore au sujet de la nature de l'homme, de ses désirs et de ses capacités, de l'état actuel de ses institutions et de leur valeur. Il est évident que certains de ces problèmes devront être rapportés à la psychologie et à la physiologie, d'autres à l'ethnologie et à la statistique, d'autres encore aux sciences sociales. Certaines de ces dernières, bien qu'on les appelle sciences sociales, sont en partie des arts aussi bien que des sciences. La science de la politique étudie le gouvernement, mais l'art de la politique et l'art du gouvernement ne sont qu'un prolongement de cette science. Il en est de même de l'éducation. Elle est et doit être étudiée comme science et comme art. Il en est ainsi de toutes les sciences qui traitent de la religion, des mœurs, des lois, de la famille, de l'industrie, de tous les genres d'activité sociale. Dans aucune d'elles la science ne porte des fruits et n'a de justification morale à moins qu'elle ne se transforme en l'art correspondant. Dans chacun des arts se posent des questions innombrables sur ce qu'il faut faire, sur la meilleure façon de le faire. Et bien souvent il est impossible de répondre à ces questions si la science ne fournit point les renseignements nécessaires. On voit, par suite, que les questions qu'il est le plus essentiel de résoudre sont celles qui se posent dans l'art placé à la base de tous les autres, l'art du bien vivre, l'éthique. Des questions plus hautes d'utilité et de devoir dépendront les questions du domaine des divers arts sociaux.

Pour conclure, toute science et tout art doit trouver sa justification dans la morale. C'est là le principe qui servira à déterminer leur valeur et leur rang dans la hiérarchie des arts et des sciences. Sans ce but et sans cette sanction, on peut se demander si les recherches de beaucoup de spécialistes ont leur raison d'être. « La science pour la science » est une devise irrationnelle et immorale quand elle empêche le spécialiste d'entendre les appels plus urgents de ceuxqui se bornent à l'étude du bien-être humain, et qui précisément demandent au spécialiste de résoudre les problèmes dont la solution leur semble de la plus haute nécessité.

L'état d'imperfection des nouvelles sciences anthropologiques et l'incertitude de leurs résultats scientifiques se trahit par l'incertitude qui règne encore au sujet de leur domaine et de leurs définitions. Non seulement l'ethnologie, l'ethnographie et l'archéologie empiètent l'une sur l'autre, mais souvent, grâce à la façon dont on les étudie, leur domaine se confond avec celui de l'ancienne anthropologie, anthropologie physique et anthropologie des peuples primitifs. Non seulement les sciences déjà nommées se disputent la prééminence dans les meilleures parties de ce domaine, mais on propose encore une foule d'autres sciences comme l'ethnogénie, qui étudierait l'origine et l'évolution des races; l'archéographie, ou géographie de l'antiquité; l'ethnopsychologie ou psychologie de races, qui, pour certains de ses adeptes, s'étendrait à presque tout le domaine de la sociologie aussi bien qu'à celui de l'anthropologie; le folklore, terme au sens assez peu précis, mais qui comprend pas mal de travaux scientifiques importants; l'anthropogénie, qui traite de l'origine et de l'évolution de l'homme; l'anthropobiologie, qui étudie en particulier ses caractères physiques ; l'anthropométrie et la craniométrie, subdivisions de la précédente et s'occupant de la mesure des parties du corps humain. Il faut que le champ soit fertile pour qu'il ait pu y éclore une telle foule de sciences nouvelles. C'est l'homme qui est muni du plus sérieux bagage scientifique qui recueillera la plus riche moisson. La première chose à faire en présence de ces prétentions rivales est d'organiser entre les compétiteurs une meilleure division du travail. Les progrès scientifiques dépendent ici, comme dans beaucoup d'autres cas, d'une bonne classification. L'auteur a déjà indiqué ce qu'il entend par ce mot. Rappelons seulement que l'ethnologie est une science abstraite, basée sur deux sciences concrètes : l'une historique, l'ethnogénie ; l'autre descriptive, l'ethnographie.

L'ethnographie, en tant que science concrète, fournit de deux façons des contributions aux sciences concrètes et aux arts : 1° par la connaissance des races existantes, surtout des races les plus élevées constituant les forces dont il faudra tenir compte à l'avenir dans les questions d'art social, de prévision et de morale ; 2° par la connaissance des races existantes, surtout des races les plus basses, contribution à la préhistoire dans la reconstruction du passé. Mais elle ne s'est pas occupée spécialement de ce qui est le plus important de sa tâche : l'étude descriptive des grands peuples et des grandes nations. Elle a attaché toute son attention aux éléments curieux, aux éléments primitifs de la vie humaine, et elle a abandonné le point capital à des voyageurs à l'esprit peu scientifique et imbus de préjugés ou à des hommes politiques influencés par un patriotisme peu éclairé et par leurs intérêts personnels.

Pour la méthode, l'ethnographie retirera beaucoup d'avantage des emprunts qu'elle fera à la statistique. Plus une science descriptive devient exacte, et plus son langage devient précis dans les indications aussi bien de quantité que de qualité. Il ne suffit pas de décrire des types d'individus ; il faut que la statistique contrôle les types choisis et examine s'ils sont réellement une moyenne. Le nombre minime d'individus que l'on examine et que l'on prend ensuite comme base de généralisation dans bien des questions ethnologiques, bien qu'on opère avec les procédés d'une science exacte, les mathématiques, serait une honte pour une science. Il faut donc compléter de façon importante les recherches qualitatives de l'ethnographie, en portant l'attention non sur les caractéristiques purement physiques des peuples, mais sur leurs caractéristiques psychiques et sociales. Ce sont là les facteurs réels dont dépend l'appréciation des peuples considérés comme forces cosmiques. L'ethnographe est souvent le spécialiste le plus compétent pour porter des jugements sur l'avenir des races et sur la valeur relative des institutions des peuples civilisés. Dans ce cas, pourquoi le politicien qui veut gagner la bataille ferait-il fi de ses prédictions ? Au moins serait-il sage pour l'homme politique de demander à l'ethnographie des données sur lesquelles il pourrait baser son jugement. Dans cette psychologie de la race, la psychologie proprement dite et la sociologie puiseraient des renseignements précieux. Il faut à la sociologie beaucoup de documents sur toutes les phases de la civilisation depuis l'état sauvage jusqu'aux époques les plus éclairées au point de vue de l'industrie, de l'éducation, de la science et de l'art. On a une tendance dangereuse en ethnographie à employer les mots de race ou de nation dans leur sens absolu comme s'ils désignaient un être particulier, un organisme possédant à un degré bien défini des attributs ou des facultés. En réalité, il faut employer ces mots uniquement comme termes de classification pour désigner les individus occupant un territoire déterminé ou unis par des relations déterminées. Les attributs appartiennent au groupe seulement au point de vue individuel. Le type moyen du groupe possède ces attributs dans une proportion définie, mais on ne peut en dire autant de la majorité des individus appartenant à ce groupe. Toutes les variétés possibles s'y rencontrent. Bien plus, nombre d'individus que l'on fait entrer dans le peuple ou la nation ne rentrent pas dans la classe. Ils sont des exceptions inexplicables si on ne les envisage pas comme individus. Ici la statistique est nécessaire pour introduire plus d'exactitude dans l'ethnographie. S'il était possible d'enregistrer les idées, les intérêts, l'énergie nerveuse, on pourrait parler avec plus d'exactitude des fins ou des facultés d'un peuple. Un peuple n'est pas en décadence, ce sont des individus du groupe qui sont en décadence : peut-être, à un moment donné, ces individus sont-ils en majorité, mais, en vertu de la loi de survivance des plus aptes, ils ne restent pas longtemps la majorité. Un petit groupe d'individus doués d'une énergie virile et qui sont peut-être les leaders intellectuels et scientifiques de leur temps ont plus d'importance au point de vue des destinées humaines qu'une majorité de valeur inférieure. L'ethnographie peut être d'un grand secours pour la préhistoire, parce qu'elle étudie la vie sauvage contemporaine, les conditions et les caractères de cette vie primitive dont la reconstruction cause tant de peine à ceux qui étudient nos ancêtres préhistoriques. L'ethnographe, ayant en main quelques objets datant des temps préhistoriques, peut rechercher s'il existe des objets semblables chez les tribus sauvages actuelles, et, de cette façon, reconstituer les arts qui les ont produits et les usages auxquels ils servaient. Finalement, de l'état statique d'une tribu qui fait actuellement usage de ces objets préhistoriques, on peut tirer des conclusions au sujet des arts et des caractères individuels qui ont dû exister concurremment avec les objets en question. De la même manière, on pourra, dans une large mesure, considérer la vie et la civilisation d'une tribu de nos jours comme l'image d'une phase préhistorique. Mais, d'autre part, il faut avoir bien soin d'éliminer dans le cas des tribus actuellement existantes les éléments provenant de l'influence, non seulement évidente, mais même possible, des races civilisées. La meilleure chose serait d'étudier les races primitives avant qu'elles ne soient transformées par les races blanches. Des nations comme les États-Unis, qui peuvent employer les moyens dont dispose un gouvernement pour étudier à fond les tribus de ce genre vivant sous leur domination, doivent, pour la postérité, faire ce travail aussi rapidement que possible avant que les conditions favorables d'étude aient disparu sans retour.

Reportons pour un moment nos regards sur la préhistoire, science qui étudie les débuts de la vie humaine et des institutions humaines. Elle a les défauts communs à toutes les sciences nouvelles : ses fondateurs sont souvent plus enthousiastes, rêveurs et audacieux qu'exacts dans leurs habitudes scientifiques. Dans la préhistoire, on admet comme preuves bien des choses qui ne résisteraient pas à l'examen. La réaction qui s'est produite dans les opinions savantes en ce qui concerne l'évidence de l'homme tertiaire est un trait caractéristique. Cependant, dans le domaine de la préhistoire, les travaux des auteurs de la génération passée font époque. Ces savants ont rejeté la chronologie biblique et établi pratiquement la doctrine de l'évolution de l'homme remontant aux animaux les plus inférieurs. Cependant tous ne sont pas convaincus que l'anneau intermédiaire ait été trouvé. Les résultats qui pourront en découler en morale et dans la religion ont une portée trop grande pour qu'on ait pu jusqu'ici les atteindre. D'après ce que nous avons dit, on voit que les divers buts que peut se proposer la préhistoire sont : retrouver les intermédiaires manquants ou s'entendre définitivement à ce sujet ; reconstruire la vie préhistorique en la comparant à la vie primitive de notre époque ; organiser des explorations scientifiques dans des régions différentes de celles qui ont déjà été explorées et plus riches peut-être en choses à découvrir ; enfin appliquer la doctrine de l'évolution à la morale, à la religion, aux arts sociaux.

Nous pouvons consacrer quelques instants à l'archéologie, sœur aînée de la préhistoire, quoiqu'elle lui soit inférieure en dignité. Il est nécessaire de lui transfuser le sang plus jeune de l'esprit moderne tout plein des découvertes de la préhistoire. Bien des sociétés et bien des savants qui, par des recherches en Syrie et en Palestine, s'efforçaient de corroborer l'autorité des données bibliques, ont beaucoup travaillé pour elle. Collaboratrice de l'histoire, et collaboratrice importante, l'archéologie doit bien se pénétrer de l'esprit du nouveau programme d'histoire que nous indiquons plus loin. Elle doit reconstituer non seulement l'architecture et les beaux arts du passé, mais devra prêter plus d'attention aux documents rélatifs aux arts utiles, à la vie mentale et aux institutions des peuples.

La linguistique, de son côté, ne pourra-t-elle pas rendre de nouveaux services à la science générale de l'homme ? Comme elle a à s'occuper davantage de la question des origines ethniques et de l'évolution, elle peut reconstruire la vie mentale d'un passé fort lointain. Elle peut étudier les mots en les considérant comme des fossiles d'idées et pénétrer dans l'esprit de l'homme primitif, comme la préhistoire pénètre dans ses sciences et ses industries. Dans la reconstitution finale de ces âges, les données de la linguistique ne seront pas les moins importantes. Il semble que la linguistique soit la dernière de toutes les sciences qui puisse trouver son application dans les besoins pratiques de l'humanité. Mais il est certain qu'il est nécessaire de perfectionner les langues existantes, sinon d'établir une langue universelle : et la linguistique, faisant faire un pas de plus aux arts de prévision et de pratique, n'a qu'à appliquer les lois de l'évolution du langage, qu'elle a si bien établies, pour nous montrer la route qui mène à un langage plus parfait.

Comme nous l'avions déjà indiqué dans le chapitre qui traite de la classification, l'histoire et la statistique doivent traverser dans leur développement les sections du cube représentant le domaine de toutes les sciences anthropologiques qui étudient les activités de nutrition, de protection, etc. Ces sciences ne pourront d'aucune autre façon recueillir et enregistrer les données nécessaires à la sociologie et à l'anthropologie générale.

Elles ne sont que des collaboratrices très humbles

de cette dernière, et leur existence serait fort peu justifiée sans la lumière que leurs recherches répandent sur l'évolution des phénomènes humains et sur la direction probable du progrès futur. Une histoire complète, si tant est qu'on en écrive jamais une, devra comprendre l'histoire non seulement des événements politiques et des guerres, des constitutions, de la législation, mais celle de l'industrie, des inventions, de la science, de l'art, de la littérature, des coutumes, de la vie familiale, de l'éducation, de la morale et de la religion. Il suffit d'énumérer tous ces sujets d'études pour faire entrevoir à l'historien spécialiste quel champ immense il aura devant lui. Lorsqu'il voudra entreprendre ce travail, il comprendra aussi tout le cas que feront de lui non seulement les sociologues, mais tous les intellectuels, étant donnée toute l'importance de son œuvre et la lumière qu'elle répandra sur l'évolution des diverses activités, étant donnée aussi la somme d'enseignements qu'on peut tirer de l'expérience des générations disparues et leur portée dans les grandes questions pratiques du temps présent. Combien de spéculations audacieuses, combien de théories extravagantes ont été prônées par des gens qui se disaient des spécialistes en pédagogie, et cela parce qu'ils ignoraient les expériences et les erreurs du passé. Ne peut-on pas en dire autant des faiseurs de théories gouvernementales, non seulement des anarchistes et des socialistes, mais souvent aussi des législateurs nationaux : la méthode historique a été appliquée très rarement à la religion et à la famille, au moins dans ses applications pratiques aux questions vitales qui ont inspiré aux hommes tant de pensées vives et de bruyantes déclamations. En lisant le chapitre vii qui traite des activités primaires, on verra combien on a fait peu de choses, d'une façon véritablement scientifique, en ce qui concerne l'histoire d'une des fonctions les plus importantes de la vie humaine, et combien il est nécessaire de reviser et de réformer nos théories et nos programmes pratiques avant de pouvoir accomplir cette œuvre.

En histoire comme en statistique, il semble que les spécialistes aient eu dans leurs travaux la vue très courte : ni unité de travail, ni unité de direction. Ne manquons-nous pas d'informations exactes sur nombre de phénomènes sociaux d'importance capitale. Les spécialistes ont été longtemps unanimes à déclarer que les recensements aux États-Unis, aussi bien les recensements nationaux que les statistiques partielles de chaque État, étaient très imparfaits pour ce qui est des phénomènes aussi importants que les naissances et les décès, et que nous avions à cet égard beaucoup à emprunter aux autres nations. Cependant, pour certaines activités de contrôle social, il faut, ce que l'on n'a pas encore fait, y introduire l'emploi de la statistique afin de donner plus de précision à leur étude. On a considéré le gouvernement et la religion comme des sujets d'étude se prêtant peu à des investigations approfondies. Dans ces domaines, il nous est nécessaire d'arriver cependant à la précision des inductions mathématiques, ainsi que dans l'étude des activités intellectuelle, esthétique, ethnique et cérémonielle. Certainement le chemin à suivre n'est pas encore déterminé d'une façon bien nette. Il nous faut établir d'autres méthodes de statistique. Nous devrions peut-être identifier davantage la statistique, en tant que science, avec les autres sciences descriptives, et mettre sous une forme plus scientifique la vaste somme de renseignements qui pourraient être recueillis si les savants avaient le temps de le faire, dans les relations de voyages, les romans, les ouvrages de géographie, les rapports faits pour le compte du gouvernement, les rapports des expositions universelles et la grande masse de publications descriptives, répandues chaque jour par la presse. Ne nous faudrait-il pas une démographie de ce genre, qui nous présentât, sous une forme aussi scientifique que possible, les différentes phases de la vie individuelle et sociale de l'époque actuelle ? Finalement, comme nous l'avons déjà dit, les comparaisons statistiques de décades successives constituent un des plus importants moyens de recherches statistiques.

En dehors des contributions apportées par la statistique à notre connaissance de la situation actuelle, la science nous a donné des généralisations qui s'appliquent à l'anthropologie dans son ensemble : par exemple « la loi des grands nombres », qui se formule ainsi : « La possibilité d'erreur est en raison inverse du nombre des cas observés. » La statistique a eu beaucoup à faire pour amener la sociologie à considérer les phénomènes sociaux comme des phénomènes gouvernés par des lois uniformes, et non pas assujettis aux variations du prétendu libre arbitre des individus.

Il nous faut parler ici même de la philosophie de l'histoire et de l'histoire de la culture, dans le sens où les Allemands prennent ce mot, car certains auteurs ont considéré pratiquement ces deux sciences comme des équivalents de la sociologie ; mais il suffira de rappeler au lecteur la définition que nous avons donnée de la sociologie pour voir qu'elle embrasse dans ces études statiques et ethniques quelque chose qui ne rentre pas, à proprement parler, dans l'étude historique des peuples. La philosophie de l'histoire ne s'applique qu'à l'histoire elle-même, et c'est à peine si elle pénètre dans le domaine de la préhistoire; l'histoire de la civilisation doit se borner aux études du présent et ne peut pas avoir une vue philosophique s'étendant au domaine entier de l'art et de la statique, pas plus que de la dynamique de la vie humaine. Les travaux importants qui ont été accomplis par l'histoire sous ces deux formes sont plutôt du domaine de l'anthropogénie et de l'anthropodynamique.

On considère généralement que la médecine embrasse non seulement certaines sciences, comme l'anatomie et la physiologie, mais aussi certains arts ayant pour base ces sciences. Ici, comme dans quelques sujets précédents, nous trouverons que ce sont les arts plutôt que les sciences qui sont le plus négligés à l'époque actuelle. Par exemple, la nouvelle science de la bactériologie est bien établie. Le travail qui reste à accomplir dans ce domaine est maintenant clairement indiqué : rechercher sans cesse les causes d'autres maladies. La valeur de la bactériologie appliquée à l'art de la médecine est démontrée par la statistique, qui signale une décroissance dans la mortalité à la suite de la diphtérie et d'autres maladies semblables. Mais l'hygiène et la salubrité publiques ne semblent pas l'apprécier comme elle le mérite, ni appliquer les résultats de ses études.

Les efforts privés et publics en vue de la salubrité redoubleraient dans chaque pays si ce sujet était exposé comme il doit l'être et introduit dans les manuels de physiologie et d'hygiène. Ce sujet ne mérite-t-il pas d'attirer l'attention autant que la question des boissons alcooliques? Le grand principe à observer en médecine est celui-ci : « Mieux vaut prévenir que guérir. » Il faut donner aux masses l'éducation suffisante pour qu'elles prennent les mesures publiques et privées nécessaires à la mise en pratique de ce principe.

La chose la plus immédiatement nécessaire en physiologie, ce n'est donc pas de se livrer à des recherches plus approfondies, mais d'appliquer sans hésiter les résultats déjà obtenus aux sujets dont l'étude a été jusqu'ici entravée par des préjugés. Par exemple, en biologie, on a pu se rendre compte clairement de l'influence dominante de l'hérédité sur l'individu et sur la race. Mais peu de gens ont trouvé à appliquer ces notions pour arriver au résultat désirable de restreindre la propagation d'une hérédité fâcheuse et d'assurer la survivance de la meilleure hérédité. Peu de législateurs ont osé, comme ceux des états de Michigan, d'Ohio et d'Oregon, introduire des projets de loi limitant la descendance des criminels et autres individus indignes de procréer des rejetons. Mais le progrès moral amènerait les gens à considérer plus attentivement cette question, étant donné que l'hérédité et l'éducation sont les deux principaux facteurs du progrès.

De même, la psychologie physiologique et la neurologie doivent tirer hardiment des conclusions dans des questions comme celles de la nature et de l'immortalité de l'âme et autres doctrines acceptées par les religions orthodoxes et la philosophie idéaliste. Possédons-nous le libre arbitre? Il est nécessaire d'étudier plus profondément les phénomènes de volition et de sentiment que ceux d'action intellectuelle pour répondre à cette question et à quelques autres d'importance capitale au point de vue de la morale et de la philosophie pratique. Inutile de répéter, car cela devient de plus en plus l'opinion générale, que l'ancienne méthode introspective de la psychologie doit être complétée par les méthodes expérimentale et comparative et que ces méthodes doivent être appliquées à la vaste classe de phénomènes qui ont été rangés sous les titres de psychologie de l'enfant, psychologie animale, psychologie de la race et psychologie anormale, c'est-à-dire psychologie des phénomènes d'hypnotisme, de folie, de somnambulisme, d'intoxication, etc. La psychologie de l'enfant est arrivée, en Amérique, à un degré de développement où une synthèse des travaux accomplis aurait des avantages importants et immédiats dans les applications qu'elle fournirait à la pédagogie.

D'après tout ce que nous avons dit, il apparaît clairement que, dans les sciences sociales, ce sur quoi il faut insister, c'est sur leur forme en tant qu'art. Dans ce domaine les travaux vraiment scientifiques sont peu nombreux. Que répondre aux spécialistes qui veulent absolument restreindre leurs études au côté scientifique et restent muets sur les applications que l'on pourrait faire de leurs sciences? Le général Walker, par exemple, que l'on peut regarder comme l'économiste le plus distingué de l'Amérique, défend cette façon de voir, comme d'ailleurs Laughlin et la plupart des économistes européens, à l'exception de Wagner et de quelques autres de l'école historique allemande. On trouvera dans les pages précédentes toutes les objections que l'on peut faire à une telle théorie. Si l'économie politique et les autres sciences sociales doivent être mises au service de l'humanité et trouvent leur justification précisément dans ce service, quels sont les individus les plus aptes à en faire usage? Ceux qui les ont étudiées strictement comme spécialistes, ou encore les législateurs, les journalistes, les électeurs qui, d'après ces spécialistes, doivent en faire l'application dans leurs discussions et leurs actes politiques. Voilà la question clairement posée, et celui qui connaît le journaliste, le député ou l'électeur tel qu'il est aujourd'hui sait combien, en réalité, ces gens font peu d'usage des résultats abstraits de l'économie politique. Ils n'en sont d'ailleurs pas capables, et peut-être n'en seront-ils jamais capables. Le côté pratique de ces questions doit être traité par des hommes qui ont travaillé sur ce sujet pendant leur vie entière. Eux seuls auront une idée adéquate de l'immense complexité des expériences économiques et industrielles de la race ; ils pourront ainsi observer les erreurs qui ont été commises dans ce domaine et saisir clairement le courant de l'évolution dans l'industrie, tel qu'il se manifeste dans ses moindres détails, et tout sera ainsi dans l'avenir en harmonie avec l'évolution. Pour répéter une maxime qui, de notre temps, devrait être assez familière à tous, chaque art a besoin de la science pour arriver à son développement complet. Pour agir sagement il nous faut savoir. Qui, sinon les spécialistes, possède la connaissance de l'art de l'économie politique ? Il ne faut pas en conclure que tous les économistes devraient s'attacher au côté pratique du sujet. La division du travail est aussi désirable dans ce domaine que dans toutes les sciences sociales à cause du travail immense qu'il faut entreprendre et des aptitudes particulières de chaque individu. Si certains croient devoir se borner à étudier seulement le côté scientifique, s'ils sont persuadés qu'ils ne feront d'excellente besogne que dans cette voie, ils ne doivent pas s'attaquer à autre chose. Mais si, en dehors des connaissances scientifiques, ils possèdent les qualités nécessaires pour appliquer ces connaissances aux événements particuliers, s'ils ont le don de la création et celui de l'invention, s'ils ont beaucoup d'ingéniosité dans l'adaptation des moyens aux fins poursuivies, si, en un mot, ils ont assez d'imagination pour lire dans l'avenir, s'ils ont le don naturel de la philosophie pratique, ou sens commun, qui leur permettra d'embrasser tous les domaines d'études qui modifieront les phénomènes étudiés, il est certainement de leur devoir de consacrer leurs labeurs à appliquer la science économique à la vie pratique. Et ne pouvons-nous pas dire que tout savant dont l'opinion fait loi dans ce domaine devrait consacrer une notable portion de son temps à l'étude de cette question : nous avons trop longtemps confié la politique et l'industrie à des charlatans ignorants. En tant que peuple, nous avons voulu trop longtemps nous occuper des éternelles questions de tarifs douaniers ou de bimétallisme, au lieu de laisser des spécialistes de valeur reconnue examiner la gravité de notre état.

Ce que nous avons dit de l'économie politique s'applique tout aussi bien à la science sociale et à la pédagogie, et peut-être aussi aux sciences qui étudient la religion, la famille et la vie cérémonielle. Nous examinerons plus tard cette question. Toutes les sciences sociales n'existant qu'en vue des arts sociaux, elles se donneront comme but de leur aspiration finale l'éthique sociale, l'art dans lequel rentrent tous les autres. C'est ici que l'on trouvera les raisons capitales de la vie et l'estimation hiérarchique des diverses classes d'activité sociale. Quelle est l'importance de l'économie en tant qu'étude sociale par rapport à la religion ou à l'éducation? La réponse sera fournie par l'éthique sociale, par le spécialiste qui a une vue d'ensemble sur le domaine tout entier. Nous étudierons, en particulier, dans le chapitre x, la réponse de l'éthique sociale et ses contributions à la science sociale, mais nous pouvons dès maintenant donner à entendre que l'on a un besoin urgent de certaines contributions nouvelles fournies par les savants qui exploitent ce domaine, aussi bien que par ceux qui cultivent les autres sphères.

L'éthique sociale comme les autres arts repose sur une science et doit, dans une large mesure, dépendre du développement de cette science. Cette science est la sociologie. Il est donc très important que cette nouvelle science soit délivrée de ses premières erreurs et de ses entraves. Il faut qu'elle sorte de la phase des simples débuts, des questions de définition et de méthode, et qu'elle atteigne les lois nouvelles et bien établies de l'effort social. Mais cette philosophie sociale, à son tour, doit attendre le complet développement d'un certain nombre des sciences sociales. Certaines sont plus anciennes et plus complètement développées que la sociologie elle-même. Certaines, par contre, n'existent que de nom. Nous allons les passer en revue.

Nous nous sommes déjà assez étendu sur le refus des économistes à pénétrer dans le domaine de l'art économique, refus qui les a exposés aux reproches des foules et qui a donné à l'économie politique le renom d'une science sans pitié et cruelle. Les lois de fer qu'elle a laborieusement et solidement établies ont été rejetées, parce qu'en les appliquant on n'avait ni habileté, ni largeur de vues. L'économie pratique doit s'unir à tout ce qu'il a de bon et de certain en morale et en politique et dans toutes les sciences qui s'occupent de phénomènes aussi étroitement liés avec les siens dans la vie actuelle. Il est particulièrement absurde de voir certains économistes prétendre que leur science est la science sociale même, que toute science sociale usurpe leur domaine, et que, comme l'a dit un économiste américain distingué, à l'Association économiste américaine, « un sociologue ne devrait point être autorisé à professer dans une université sans l'autorisation des économistes [1] ». On ne saurait répéter assez souvent à ces gens que leur science n'est qu'une science de second ordre. Elle n'est qu'une partie de la sociologie et n'est justifiée que par les services qu'elle rend à la morale en cherchant les moyens propres à atteindre la fin morale.

En étudiant la science politique et l'art de la politique, nous nous proposerons de parler plutôt des désidérata que des services rendus. L'art de la politique en Amérique a été à la hauteur de sa tache, mais la science a été d'une insuffisance notoire. Puisqu'en notre pays règne la liberté de penser, il est difficile de comprendre pourquoi ceux qui étudient la science du gouvernement sont restés, vis-à-vis de certaines formes et de certaines idées, dans un état d'esprit aussi superstitieux, aussi dénué de critique. Non seulement nous avons le culte de la constitution, comme von Holtz l'a montré clairement, mais nous avons professé un véritable fétichisme pour l'idée de démocratie. Nul n'a eu la hardiesse de rechercher si la république était la meilleure forme du gouvernement. Nous avons fait de

1. Cité par l'*American Journal of Sociology*, vol. IV, janvier 1899, p. 545.

la déclaration d'indépendance notre Bible politique. Ce n'est pas le résultat que nous critiquons ici, mais l'attitude intellectuelle qui a conduit à ce résultat. Il faudra naturellement apporter autant d'indépendance de pensée dans la discussion et l'application des méthodes historiques aux questions pratiques du gouvernement qu'il en faut dans tout autre domaine de l'intelligence. Par suite de notre attitude peu scientifique, un manque déplorable d'intelligence se révèle dans l'art de la législation, et il viendrait difficilement à l'esprit du peuple américain que les fonctions du gouvernement dussent être confiées à des spécialistes comme les autres fonctions de la vie humaine moderne.

Dans la science et l'art de l'éducation, domaine qui appartient, par profession, aux membres les plus instruits de la communauté, prévalent l'attitude et les opinions les plus routinières. Il y a peu de sphères de la pensée sociale où l'on rencontre autant d'empirisme ignorant et dangereux que dans les écrits et les congrès annuels de nos éducateurs. Les revues pédagogiques sont les moins scientifiques de toutes les publications professionnelles et sont consacrées, pour la plus grande partie, à des détails d'une banalité extraordinaire sur des méthodes d'instruction particulières, nées des spéculations peu scientifiques de quelques débutants ou de quelques pédagogues qui ont une marotte. Elles sont une honte pour cette profession. Si les systèmes pédagogiques des civilisations n'avaient joué un grand rôle dans les phases évolutionnelles en rejetant les éléments inaptes à survivre, et si leurs intérêts n'étaient pas conservateurs et hostiles à tout changement, ils auraient certainement perdu beaucoup de leur prestige actuel. On n'a pas encore su mettre la science de l'éducation en harmonie avec les résultats des recherches scientifiques. On n'a pas vu que l'éducation constituait une des subdivisions des sciences sociales, et, comme toutes les autres, ne trouvait sa justification que dans les services qu'elle rend à l'art de vivre d'une façon complète. Comment expliquerons-nous que tant de siècles n'aient pu réussir à déterminer son domaine et ses méthodes ? Comme nous le démontrerons dans un des chapitres qui vont suivre, elle doit être considérée comme une fonction, non pas seulement comme la fonction de l'enseignement par l'école, mais comme la fonction de tous les moyens et de tous les contrats sociaux qui préparent l'individu à vivre d'une façon complète. En tant que science, elle doit étudier tous les phénomènes qui ont contribué à la formation du caractère ou à l'acquisition des connaissances. Son histoire dépasse de beaucoup l'histoire des écoles et des écrivains pédagogiques. A ce point de vue, on n'a jamais écrit d'histoire de l'éducation dans le sens large de ce mot, et on n'a jamais recueilli de matériaux sur lesquels on pourrait baser des généralisations adéquates ; on ne s'est jamais occupé de l'importance relative du milieu physique, du milieu social de la vie de tous les jours et des travaux de l'école même. A cette question on n'a pas encore donné de réponse scientifique, et cependant, sans la solution de ces questions, on ne pourra déterminer les moyens et les méthodes à employer dans l'art de l'éducation.

Beaucoup de personnes honorables seront choquées de l'idée que les questions relatives à la religion et à la famille puissent être soumises à une critique scientifique et examinées au point de vue d'une amélioration de leur forme et de leur efficacité comme moyens pour atteindre certaines fins. Mais pourquoi pas? Ne sont-ce pas là des parties de la vie humaine? Ne doivent-elles pas être considérées comme les autres parties de l'existence si nous voulons avoir une idée exacte de l'ensemble? Ne faut-il pas les mettre impartialement en balance avec le reste pour juger de leur importance et de leur valeur? Ces quelques questions suffisent à indiquer la tâche colossale qu'il reste à accomplir dans ce domaine. Beaucoup de ce qui, dans ce champ d'étude, a été fait du côté scientifique en séparant la science de l'art a été fait par des hommes que l'on regarde comme des adversaires de la foi ou de l'institution sacrée de la famille. On a écrit d'excellentes histoires des religions et de la famille, histoires qui ont été acceptées par les savants comme exactes au moins dans leurs grandes lignes. Mais là où gît la difficulté, c'est quand il faut porter des jugements équitables sur la valeur comparative des différentes formes de religion et sur les institutions domestiques, principalement quand on a proposé de modifier ou de faire évoluer les formes que chaque peuple regarde comme les seules vraies et justes. On peut voir combien les questions morales relatives à la famille ont été examinées d'une façon peu scientifique, si l'on songe, d'une part, aux théories étroites et bornées de certains communistes, d'autre part, aux discussions exaltées de certaines associations hostiles au divorce.

Ce que nous avons dit précédemment s'appliquera parfaitement à toutes les autres sphères d'activité de la vie sociale. Ce n'est pas tant l'hésitation que l'ignorance qui a empêché jusqu'ici l'étude scientifique des autres fonctions de la vie cérémonielle, du langage, de la science et de l'art. Herbert Spencer[1] et quelques autres ont beaucoup fait pour l'étude scientifique du cérémonial. Mais l'art de la vie cérémonielle semble avoir ignoré complètement la nécessité de quelques modifications. Depuis des siècles, on a beaucoup travaillé la science du langage, tout au moins la partie de cette science qu'on nomme la linguistique et la philologie. Mais il n'est jamais, semble-t-il, venu à l'esprit des penseurs les plus originaux qu'il serait extrêmement désirable de développer pour l'avenir immédiat l'évolution du langage qui a été si caractéristique dans le passé. Au contraire, les savants se sont montrés conservateurs et ont gardé les vieilles formes et les vieux mots. Il serait facile de démontrer qu'un des principaux moyens de réaliser une vie humaine plus idéale sur le globe tout entier, ce serait de faire, par évolution, disparaître certaines langues et d'en faire naître d'autres dont l'usage deviendrait international.

Ce qu'il importe le plus de signaler aux spécialistes dans chacune des voies où peut s'engager la réforme sociale, c'est la nécessité d'étudier les sciences qui servent de *substratum* aux arts. L'art tient une trop grande place par rapport à la somme de connaissances sur lesquelles doit être basé un art. Si les écrivains et les praticiens qui s'occupent de la charité, des réformes pénitentiaires, de la tempérance, de la question du travail, de la question des Peaux-Rouges, de la réforme du divorce et de l'éducation industrielle, étaient plus versés dans l'anthropologie et la sociologie, on commettrait moins de fautes sous le nom de charité, par exemple, et moins de regrettables erreurs dans

---

[1]. *Principles of Sociology*, New-York, 1893, vol. II, part. IV.

toutes ces diverses questions. Socialistes et anarchistes deviendraient plus modérés et plus philosophiques dans leurs vues s'ils étudiaient mieux les faits sociaux et les lois sociales qu'ils veulent donner pour base à leurs théories de reconstruction sociale. Ces théories abandonneraient beaucoup de leurs errements, deviendraient plus rationnelles et serviraient mieux la cause de la bonne réforme.

CHAPITRE V

LA RACE (LES SCIENCES ANTHROPOLOGIQUES CONCRÈTES)

C'est à la fois avec plaisir et avec inquiétude que l'auteur passe de l'examen préliminaire de la méthode et des matériaux, qui fait le fond des chapitres précédents, à l'étude des matériaux eux-mêmes, qui occupera les chapitres suivants. Il est satisfait de ne pas se perdre dans une discussion trop minutieuse et trop prolixe, mais il se sent inquiet en face de la foule des matériaux et de l'importance capitale des questions qu'implique une véritable anthropologie philosophique. Inutile de dire que ce livre n'est pas un système d'anthropologie philosophique. Il est sans doute encore trop tôt pour que nous puissions avoir un système établi par des écrivains plus compétents que l'auteur. L'ouvrage présent servira, en quelque sorte, d'introduction à l'étude de l'anthropologie. La partie essentielle du travail est accomplie maintenant, si, du moins, nous avons en partie déterminé la méthode et les classifications de ce champ d'études. Les chapitres suivants renferment plutôt des hypothèses et des suppositions, qu'un ouvrage ultérieur examinera. Quelques-unes peuvent résister à l'examen et entrer dans un système final d'anthropologie philosophique : pour d'autres, ce n'est pas possible. Bien qu'il n'y ait là que des fragments, nous les réduisons en système d'après les indications précédentes, mais seulement dans le but de faciliter les références.

Le chapitre que voici a un double but : 1° passer en revue les théories relatives à l'origine et à l'évolution de l'homme, tâcher d'y découvrir la loi de son évolution et déterminer ainsi son avenir ; 2° examiner les principaux peuples et les principales forces du temps présent, examen qui fournira un autre point d'appui aux prévisions. Incidemment, la question de l'origine de l'homme nous fournira des conclusions touchant sa nature, conclusions d'une importance incalculable pour une psychologie adéquate et pour une étude nouvelle de la morale et de la religion. Par suite, ce chapitre, dans son ensemble, correspondra à une étude des sciences concrètes de l'homme, historiques et descriptives, et à l'application de leurs résultats à l'éthique et aux arts anthropologiques. Il faudrait plusieurs chapitres, sinon plusieurs volumes, pour épuiser ce sujet. La race, pour employer le mot usuel inscrit en tête de ces pages, sera considérée au point de vue de son extension dans le temps et dans l'espace, sans négliger son avenir. Nous parlerons des sciences anthropologiques abstraites, comme la physiologie et la psychologie, dans le chapitre traitant de l'individu et des activités primaires et secondaires.

Si nous nous souvenons que les questions relatives à la nature et à la destinée de l'homme sont la clef de voûte de toute anthropologie et de toute sociologie, nous nous rendrons compte de la nécessité des notions que seules peuvent fournir la préhistoire et l'ethnologie. Nos vues relatives aux possibilités d'avenir de l'homme seront rendues plus larges par cette idée que le progrès de l'évolution l'a fait passer de l'état de singe à sa condition actuelle. Nos opinions au sujet de certaines institutions du présent et du passé dépendent d'une connaissance plus étendue de leur utilité à différentes phases de l'évolution humaine. Nos opinions sur la fin morale et la relativité de cette fin, si on la compare à la fin absolue envisagée par des systèmes de morale antérieurs, dépendront de l'exactitude des comparaisons que nous établirons entre les races et les peuples et les divers idéals qu'il est impossible d'atteindre. Nous pouvons conclure qu'un principe excellent à un instant donné de l'évolution des races et des individus doit avoir une valeur moindre à un instant ultérieur de cette évolution; ce qui est parfaitement juste en morale à une époque peut être mauvais à une autre époque. Nos opinions sur les devoirs des races civilisées vis-à-vis des races inférieures, notre politique internationale, nos conclusions relatives à l'utilité de la guerre ou de la paix entre certaines tribus, tout cela dépend de l'idée que nous nous faisons de l'importance relative des tribus et des peuples dans l'évolution, et du rôle que chacun de ces éléments doit jouer dans la lutte pour la survivance des plus aptes. Bien plus, nous deviendrons plus conservateurs en fait de réformes quand nous verrons le nombre d'âges même qu'il a fallu pour modifier le caractère et les institutions de certains peuples, pour les « réformer ». Nous n'allons donc pas essayer, en l'espace d'une génération, de réformer un peuple ou une tribu, mais de nous rendre compte de la gradation lente qu'il faut suivre, comme dans la marche de toute évolution. Enfin nous nous poserons la question la plus abstraite de la morale : L'homme est-il l'être le plus élevé de l'univers et le sujet capital au point de vue éthique ? Son intérêt est-il l'intérêt suprême ? Dans quelle mesure est-il limité par l'influence de la vie et de la nature ambiante.

Il est beaucoup de personnes devant qui on ne peut aborder la question de l'évolution humaine sans susciter en elles un sentiment d'hostilité. Quelle devra être, dans cette discussion, notre attitude en tant que savants et chercheurs ? Tout d'abord, la science, comme tous les efforts humains, devra être contrôlée par l'instinct éthique, le désir d'être utile à l'homme. Mais le rôle particulier de la science est de lui être utile même si l'on doit combattre ses croyances les plus chères et les plus anciennes. Il suffit de parcourir l'histoire de la science pour être frappé de la fréquence de ce fait : qu'on se souvienne simplement des découvertes de Galilée en astronomie et les doctrines que professent les géologues modernes relativement à l'âge de la terre et l'origine des êtres vivants. Le rôle particulier et le devoir capital de la science est de découvrir la vérité. Dans cet effort, il est essentiel pour l'humanité que la science ne se laisse détourner de sa voie par aucune considération de gain, ou de bonne volonté individuelle. La science, pourtant, doit être prudente et conservatrice. On ne doit répudier les anciennes croyances que lorsqu'on possède contre elles des témoignages irréfutables, et parfois on n'y arrive qu'après les laborieux travaux de plusieurs années ou de plusieurs générations. La science doit être droite et judicieuse dans son attitude. Elle doit accepter tous les témoignages, recueillir toutes les opinions et raisonner avec beaucoup de prudence. Cependant, en certaines occasions, les savants doivent admettre telle ou telle opinion sur la foi de tel ou tel autre savant. Quand ils sortent du domaine de leur spécialité, ils doivent reconnaître à d'autres un meilleur critérium de jugement et des conclusions plus exactes que les leurs. Enfin la science doit trancher les questions. Surtout dans les problèmes qui ont une importance vitale, dans les applications des sciences relatives à l'homme, surtout des sciences sociales, nous ne pouvons attendre qu'on soit sur tous les points arrivé à la certitude totale. Ce n'est pas ainsi que nous pratiquons dans la vie journalière de l'individu. Dans toutes les conjonctures humaines et sociales, l'humanité agit conformément aux principes qui lui paraissent les plus probables, et elle ne peut atteindre la certitude absolue. De même en morale : il nous faut prendre des hypothèses pour point de départ et trancher d'une façon provisoire, parfois un peu prématurée, beaucoup de questions de sociologie et d'anthropologie. La science pure ne tient compte que de la raison et non des sentiments. Peu lui importe qu'en faisant remonter l'homme au singe on fasse perdre à l'homme une partie de sa dignité. Mais ceux qui ont besoin d'être rassurés sur ce point pourront lire les hypothèses grandioses de Henry Drummond, un des plus distingués parmi les savants chrétiens, et qui, sur le fait même de l'évolution humaine, fonde de grandes espérances dans ce que pourra devenir l'homme par la suite. Enfin tout se résout en une question scientifique et non en une question religieuse. La science n'est point basée sur la religion, et l'économie de la nature n'a pas voulu qu'il en fût ainsi. Toute science naît d'inductions, et toute notre tâche consiste à remonter à des faits contrôlables qui puissent servir de base à nos conclusions. On a souvent pensé que la Bible était un obstacle à cette opinion et à d'autres opinions scientifiques. En cela, l'attitude de certains personnages dont la parole fait autorité en religion est plus louable quand ils disent que la Bible doit bien enseigner la religion, mais non l'histoire, ni la science.

La science peut s'y prendre de plusieurs manières pour approfondir la question de l'origine de l'homme. La zoologie peut comparer l'homme aux autres animaux; la paléontologie peut trouver dans les pierres des témoignages de l'existence de l'homme fossile; l'archéologie préhistorique peut recueillir les instruments ayant appartenu aux races primitives et les autres vestiges des premiers âges de la civilisation; la géologie peut, dans la mesure de ses moyens, fournir des témoignages relatifs à l'évolution de la vie animale en général. La philologie peut comparer les langues humaines, remonter à leur origine commune et mesurer le temps qu'a duré leur évolution. La mythologie et le folklore peuvent comparer les récits, les légendes et les croyances des divers peuples et discuter les témoignagnes de leur origine commune et de leur antiquité. L'histoire de la civilisation peut, grâce à ses études sur les institutions et les mœurs, tirer des conclusions sur l'âge et l'origine de l'humanité. Examinons ces questions chacune à son tour.

Les zoologistes sont unanimes à admettre que l'homme doit être classé parmi les animaux. Le genre *Homme* appartient au type des Vertébrés, à la classse des Mammifères et à la division des animaux à placenta. Il appartient en outre à un groupe particulier de cette division. « Son corps est composé des mêmes espèces de tissus que celui des autres animaux supérieurs... même squelette, mêmes muscles, même système nerveux, même appareil digestif, mêmes vaisseaux sanguins, mêmes organes de sécrétion et d'excrétion, le même nombre de membres et de doigts, d'yeux et d'oreilles, fonctionnant de même façon; et tout cela, ordonné et agissant de même, remplit les mêmes fonctions[1]. »

Ce qui distingue l'homme du singe, c'est la plus grande largeur du cerveau, une station droite, des bras moins longs par rapport au reste du corps, l'absence relative de poils, une double incurvation de l'épine dorsale et l'incapacité des pieds à saisir les objets. De ces différences, la première, qui est une différence de degré, est la plus notable, cependant aucune n'est inexplicable pour les zoologistes. D'après Huxley[2], il y a moins de différence de structure entre l'homme et le gorille ou le chimpanzé qu'entre le gorille et les singes appartenant aux espèces inférieures. Il y a quelques années, on soutenait une théorie suivant laquelle, bien que l'homme descende physiquement des espèces inférieures d'animaux, son esprit et son âme auraient fait l'objet d'une création spéciale. On a souvent refusé l'intelligence aux animaux inférieurs. Mais depuis les ouvrages scientifiques de Romanès, on ne peut plus mettre en doute qu'entre l'esprit de l'homme et l'esprit des animaux il n'y ait qu'une différence de degré dans les caractères essentiels. Romanes[3] trouve chez les animaux inférieurs toutes les fonctions mentales que l'on observe chez l'homme, à l'exception peut-être de trois ou quatre sentiments dits sentiments supérieurs.

1. Lester F. Ward, *Dynamic Sociology*, New-York, 1883, vol. I, p. 413.
2. Th.-H. Huxley, *Man's Place in Nature*, dans *Collected Essays*, vol. VII, London, 1894, p. 144.
3. Geo. J. Romanes, *Mental Evolution in Man*, London, 1888, pp. 7-9.

L'embryologie fournit des renseignements curieux sur cette question. L'embyron humain traverse dans sa croissance des phases qui semblent reproduire en raccourci l'évolution de la race et présentent des traits caractéristiques héréditaires ayant survécu à la disparition de formes antérieures. Dans une des premières phases de son existence, l'embryon est doué d'un appendice caudal, les os coccygiens qui sont réunis chez l'adulte étant alors libres. Les bras sont plus longs par rapport au reste du corps. Du cinquième au septième mois, le fœtus est couvert de poils, et l'homme, dans la première enfance, peut se servir de ses pieds beaucoup plus qu'il ne pourra le faire dans le reste de sa vie si l'on retient l'usage qu'il peut faire de ses mains. Bien plus, l'embyron, au début de son existence, présente beaucoup des caractères communs aux races de poissons et de reptiles, car il possède des branchies parfaitement conformées qui se transforment plus tard en autres organes.

Tous les savants de quelque valeur, botanistes, zoologistes, biologues, admettent ce principe que l'évolution s'applique à tous les règnes inférieurs de la vie animale ou végétale. Agassiz a été l'un des derniers spécialistes de distinction qui ait été opposé à cette idée. Mais ses disciples, parmi lesquels on compte un grand nombre de maîtres de la science en Amérique, l'ont, généralement, tenue pour vraie. L'anthropologiste, surtout le sociologue, peut avoir trop peu de connaissances spéciales en biologie et en géologie pour trancher par lui-même cette question. Dans l'état actuel de la discussion, il semble qu'il ne puisse faire autrement que d'accepter une solution basée sur l'autorité de spécialistes dans les limites où leur science particulière y est intéressée.

Et leur science y a en effet un intérêt capital. En une certaine mesure, et comme hypothèse directrice, cette idée de l'évolution jette une vive lumière sur d'autres questions d'anthropologie ; elle est précieuse pour la suggestion des idées, car elle ouvre de nouveaux aperçus et de nouvelles voies d'investigation. L'hypothèse évolutionniste, a, de nos jours, pénétré toutes les sciences : la philosophie de Spencer et de ses disciples en est toute imprégnée. Il est même devenu plus banal de parler de l'évolution de la société que de celle de la vie animale. Comme la nature semble être dominée par la grande loi de l'évolution que formula Herbert Spencer, on aurait peine à concevoir que l'homme puisse constituer une exception unique à cette loi. Cela serait en contradiction flagrante avec notre croyance à l'uniformité des phénomènes de la nature, opinion sur laquelle repose toute œuvre scientifique. La probabilité philosophique d'une telle uniformité est trop grande pour que l'on admette cette unique exception sans preuve irréfutable du contraire. Mais autant qu'on peut connaître l'opinion des savants sur les preuves demandées, ils sont d'accord avec les philosophes sur l'évolution de l'homme, sauf quelques savants allemands distingués qui ont critiqué certains détails de cette théorie. La science est très positive dans ses opinions. L'anthropologiste n'a rien de mieux à faire que de considérer provisoirement ces opinions comme l'expression probable de la vérité en attendant de nouveaux témoignages.

Où faut-il localiser la première apparition de l'homme ? On peut dire, en général, que les plus anciens vestiges humains ont été découverts dans les mêmes régions que les vestiges les plus anciens des races de singes les plus élevées, c'est-à-dire dans l'ouest de l'Europe et le nord de l'Afrique, dans l'ancien continent de l'Eurafrique, comme l'appelle Brinton[1], partie occidentale de ce que plusieurs géologues modernes ont appelée l'Eurasie[2].

En Amérique, en Australie et en Asie, au nord de l'Himalaya, où l'on n'a rencontré aucun vestige de singes sans queue ou à court nez, ni de grands signes anthropomorphes, on n'a découvert non plus aucun vestige de l'homme primitif[3]. Les restes humains appartenant, pour le développement, aux degrés les plus inférieurs de l'espèce qui aient été découverts jusqu'ici sont ceux de la race Neanderthal, dans l'Europe occidentale[4], et les restes trouvés récemment à Java. Ces derniers sont plus distinctement humains que simiesques, et, sauf certains écrivains qui se sont un peu hâtés de conclure, aucun ouvrage sur la découverte de Java n'a pu prétendre encore que l'anneau intermédiaire dans la chaîne unissant l'homme au singe ait été retrouvé[5].

C'est dans l'Eurafrique également qu'on a recueilli en

1. D.-G. Brinton, *Races and Peoples*, New-York, 1890, p. 84.
2. Voir la définition du mot Eurasie dans Brinton, *op. cit.*, p. 89. Voir aussi E. Suess, *das Antlitz der Erde*, Leipzig, 1885, vol. I, p. 768; Th.-H. Huxley, *Physiographie*, Paris, 1882, p. 338. Sur la réunion de l'Europe et de l'Afrique à l'époque quaternaire, voir G. de Mortillet, *le Préhistorique*, Paris, 1883, p. 187.
3. D.-G. Brinton, *Races and Peoples*, p. 85; Ch. Darwin, *Descent of Man*, New-York, 1883, p. 155.
4. G. de Mortillet, *le Préhistorique*, p. 247.
5. Sont partisans de cette dernière hypothèse : Dr.-E. Dubois, (Voir le compte rendu de sa découverte dans *The Scientific Transactions of the Royal Dublin Society*, vol. VI, February 1896 : *On Pithecanthropus Erectus*, p. 18), et L. Manouvrier, *Bulletin de la Société d'anthropologie de Paris*, t. VI, 1895, p. 649. Pour la thèse contraire, voir R. Virchow, dans *Zeitschrift für Ethnologie*, Berlin, 1895, p. 748.

plus grand nombre que partout ailleurs les ustensiles les plus simples ayant servi à l'usage de l'homme : instruments en pierre brute trouvés dans les alluvions quaternaires de la Tamise, de la Seine, de la Somme et de la Garonne[1]. Dans la province d'Oran, Afrique septentrionale, ces instruments les plus anciens ont été trouvés sous d'épaisses couches de travertin. Dans les vallées supérieures de la Garonne, on a rencontré également des vestiges du singe anthropoïde, qui a beaucoup de ressemblance avec l'homme[2].

Il n'y a guère de preuves à l'appui de la vieille théorie, d'après laquelle le berceau de la race humaine serait l'Asie centrale[3], pas plus qu'à l'appui de celle qui faisait naître l'homme dans les régions arctiques. Quand cependant les recherches auront été faites en Asie-Mineure et dans l'Inde avec autant de soin qu'en France, alors peut-être trouvera-t-on dans ces régions des vestiges humains remontant à la plus haute antiquité[4].

On a beaucoup agité la question de savoir si l'humanité descend d'une seule espèce de singes ou si les différentes races humaines ont chacune un ancêtre simiesque différent. C'est, sous sa forme ancienne, la « question de l'unité de la race humaine ». C'est, en dernière analyse, la question du monogénisme et du polygénisme[5], et, pour quiconque admet la théorie de l'évo-

---

1. G. de Mortillet, *le Préhistorique*, pp. 158-168.
2. D.-G. Brinton, *Races and Peoples*, p. 84.
3. D.-G. Brinton, *Races and Peoples*, pp. 83, 85 ; R. Collignon, *les Ages de la pierre en Tunisie*, Bull. Soc. d'anthropologie de Paris, 1886, p. 676.
4. Emile Cartaillac, *l'Age de la pierre en Asie*, Lyon, 1880, p. 19.
5. Paul Topinard, *Eléments d'anthropologie générale*, Paris, 1885, chap. III et IV ; M. Zaborowski, *l'Homme préhistorique*, Paris, 6ᵉ édition, Bibliothèque utile, p. 166.

lution, l'une et l'autre hypothèse s'expliquent assez facilement. On pourrait aisément rendre compte des variations des diverses races de l'humanité, même en admettant qu'elles aient eu un ancêtre commun, si l'influence des divers climats sous lesquelles elles vivaient avait eu le temps d'agir sur elles. D'autre part, il est très probable que le passage du singe à l'homme ne s'est pas accompli par un saut brusque, mais par une transition telle que, pendant une longue période, il eût été difficile de déterminer si la forme de transition obtenue devait être appelée singe ou homme. Et, dans cette modification graduelle de certaines espèces de singes, il serait tout naturel de supposer que les diverses races humaines eussent leurs origines dans diverses familles de singes anthropoïdes arrivées à peu près à la même phase d'évolution, mais n'habitant pas nécessairement la même région. Les évolutionnistes admettent que l'homme remonte à des espèces de singes qui n'existent plus, mais que l'homme et les singes des races les plus élevées descendent d'un ancêtre commun.

Les couches géologiques contenant les premiers os humains et les premiers instruments sont les terrains quaternaires anciens et, selon quelques-uns, les terrains de la dernière époque tertiaire.

Les géologues admettent sans l'ombre d'un doute que l'antiquité de l'homme doit être comptée par des dizaines de milliers, sinon par des centaines de milliers d'années. Mortillet dit que l'homme dut apparaître « en Europe avec le commencement du quaternaire. Il y a au moins 230.000 à 240.000 ans[1] ». Verneau conclut en

---

1. G. de Mortillet, *le Préhistorique*, p. 628.

ces termes sur cette question : « Il est probable qu'il vivait à l'époque miocène... C'est par des centaines et peut-être par des milliers de siècles qu'il faudra désormais compter[1]. » Le Dr Wilson dit de son côté : « La première apparition de l'homme, quoique relativement récente, remonte, en réalité, si loin dans le passé qu'on peut franchement la faire dater d'il y a au moins 20.000 ou 100.000 années[2]. » M. Ward écrivait récemment : « A combien d'années estime-t-on la durée de l'existence historique et préhistorique de l'homme ? Les estimations les plus exagérées ne dépassent pas 500.000 années. Quelques autres, plus certaines, se contentent de 200.000. Ainsi l'homme semble n'avoir participé à la vie du globe terrestre que pendant la 500e partie de cette vie. Et même ce court espace de temps, il l'a passé dans un état presque complètement animal. Il n'est arrivé à un degré d'intelligence constatable que dans les 25.000 dernières années de l'époque actuelle, et les témoignages irréfutables du développement de son intelligence ne remontent pas plus haut que les quarante ou cinquante derniers siècles[3]. » On lit de même dans Spencer : « Les 20.000 années environ pendant lesquelles l'homme a vécu dans la vallée du Nil semblent une période relativement courte, étant donné que l'homme a été le contemporain des mammifères disparus des terrains quaternaires[4]. » Quant à l'espace de temps qu'il a fallu aux diverses races pour se développer sous l'influence physique des différents climats,

---

1. Verneau, *l'Enfance de l'humanité*, Paris, 1890, p. 47.
2. Daniel Wilson, *Anthropology*, New-York, 1885, chap. v.
3. Lester F. Ward, *Sociology and Cosmology*, dans *The American Journal of Sociology*, vol. I, sept. 1895, pp. 139-140.
4. Herbert Spencer, *Principles of Sociology*, vol. I, p. 16.

voici l'opinion de Brinton : « Cet espace va de la fin de la période glaciaire à la période protohistorique. C'est un laps du temps suffisant. Cela donne, au minimum, 20.000 années, certains mêmes disent 100.000 années. » Brinton dit ailleurs : « Il y a plus de 6.000 ans, les traits caractéristiques des races noire, blanche et jaune et des subdivisions de ces races étaient aussi marqués et aussi ineffaçables qu'ils le sont aujourd'hui[1]. » Ces évaluations sont corroborées par d'autres sciences, par exemple par la philologie, qui montre quelle immense période a dû nécessairement s'écouler avant que, par une lente évolution, les dialectes aient pu se détacher du tronc de la langue même pour donner naissance aux divisions et subdivisions que nous rencontrons de nos jours[2]. Cela est affirmé également par l'histoire. Pour aucune nation aucun témoignage historique ne remonte au-delà du 4.000 à 5.000 années avant Jésus-Christ. Les monuments égyptiens nous montrent que les habitants de l'Égypte étaient dans un état de civilisation relativement élevé 4.000 ans avant Jésus-Christ. Il a fallu au moins 4.000 ou 5.000 autres années pour que l'Égypte s'élevât de l'âge de la pierre à ce degré de culture[3]. Certains auteurs font remonter à 3.000 ans avant Jésus-Christ seulement les plus anciens souvenirs historiques de l'Égypte et de

1. D.-G. Brinton, *Races and Peoples*, p. 93.
2. Gaston de Saporta, *la Paléontologie appliquée à l'étude des races humaines*, dans la *Revue des Deux Mondes*, 15 août 1868.
3. « Quant à l'Égypte, c'est elle qui a les origines les plus anciennes, et, d'après notre illustre compatriote, Mariette Bey, il y a soixante-dix siècles les Égyptiens savaient déjà graver ces signes dont l'obélisque de la place de la Concorde est recouvert, et qui ne sont autre chose qu'une écriture que Champollion nous a appris à déchiffrer. » Verneau, *l'Enfance de l'humanité*, p. 3.

la Chaldée, l'émigration étant supposée avoir eu lieu en 3.000 ou 2.000 avant Jésus-Christ. On fixe aux migrations de l'Inde la date de 2.000 avant Jésus-Christ ; et pour la Chine on a des témoignages historiques remontant à 2.800 ans avant Jésus-Christ. En 1.300 avant Jésus-Christ, eut lieu l'Exode. L'histoire de la Grèce commença avec l'année 776 ; d'après la légende, la fondation de Rome ne peut être antérieure à 753 avant Jésus-Christ[1]. La vieille chronologie biblique de l'évêque Usher place la création de l'homme en l'année 4.004 avant Jésus-Christ.

Le mot race est employé pour désigner non seulement l'espèce humaine dans son ensemble, mais chacune de ses principales variétés. La question de savoir si ces divisions ne constituent pas par elles-mêmes de véritables espèces a été beaucoup discutée jusqu'à dans ces dernières années. Quelques anthropologistes comme Nott et Gliddon, Morton aussi peut-être, encourent le reproche de s'être laissés influencer par des considérations politiques et par les idées professées au sujet des esclaves des gens du Sud, aux yeux desquels « l'homme blanc est d'une autre race que le Nègre [2] ». A en juger d'après un principe qui a beaucoup de valeur dans les classifications zoologiques, c'est-à-dire la fécondité des unions mixtes, on arriverait à des conclusions directement opposées[3]. Cependant des anthropologistes de valeur comme Broca et Virey ont écrit de longs travaux pour prouver l'inconsistance de la théorie de l'in-

---

1. Ces dates sont empruntées à *Fisher's Universal History*, pp. 71 et suiv.
2. Daniel Wilson, *Anthropology*, chap. IV.
3. M.-A. Milne Edwards, *Éléments de l'histoire naturelle*, Paris, 1882, Ire partie, p. 40.

fécondité des unions hybrides[1]. Bien plus il n'y a pas de race mêlée qui soit complètement inféconde : au contraire, il semble que les mulâtres par exemple soient plus féconds que les races mères. Si l'on en juge par les caractères physiques qui sont quelque chose de plus frappant, il est encore plus difficile de diviser des hommes en espèces différentes. Les corps en effet sont entièrement semblables dans leurs traits les plus caractéristiques : largeur du cerveau, position rectiligne du corps. Il y a entre eux bien moins de différence qu'on n'en rencontre entre les espèces d'animaux les plus semblables. On a appliqué plusieurs principes de classification à la division des hommes en espèces. La plus ancienne division est la division d'après la couleur. C'est ainsi qu'on divisait les races, plusieurs siècles avant Jésus-Christ en Égypte, comme il appert de témoignages écrits et de gravures peintes qui ont conservé leurs couleurs jusqu'à l'époque où on les a découvertes. La vieille classification en races blanche, noire, jaune et cuivrée a été peu modifiée par Blumenbach[2], dont la classification eut beaucoup de succès dans le monde savant. Il considère une cinquième race, la race malaise. En partant de ce principe, on peut développer encore le système de classification, par l'échelle des séries de couleurs de Broca[3]. Dans ces classifications, on

1. Paul Broca, *Recherches sur l'hybridité animale en général et sur l'hybridité humaine en particulier, considérées dans leurs rapports avec la question de la pluralité des espèces humaines*, Paris, 1860, p. 634.
J.-J. Virey, *Histoire naturelle du genre humain*, Paris, 1824, vol. I, p. 430.
2. F. Blumenbach, *Generis humani varietate nativa*, Gottingae, 1795, p. 286.
3. *Instructions générales sur l'anthropologie*, II° partie ; *Usage du tableau chromatique*, dans *Mémoires de la Société d'anthropologie de Paris*, Paris, 1865, t. II, pp. 69-205.

a considéré non seulement la coloration des cheveux et de la peau, mais l'aspect des cheveux selon qu'ils sont plats ou crépus ; on a aussi pris pour base, dans une certaine mesure, la hauteur du corps, bien que la stature soit évidemment la même en moyenne chez les races et les peuples les plus différents. Il y a cependant des contrastes frappants entre tribus voisines comme les Patagoniens et les habitants de la Terre de Feu. On a pris pour base de classification les proportions du corps, le visage, la constitution, les capacités physiques, la langue, les résultats de l'adaptation au climat. Mais une base bien plus sérieuse, c'est la forme et le volume du cerveau. On a tellement pris l'habitude de parler d'individus dolichocéphales, brachycéphales et mésocéphales qu'il nous faut ici définir ces mots. Ces divisions ont pour principe l'indice céphalique employé par Retzius, le cerveau étant coupé verticalement et le plus grand diamètre perpendiculaire au front étant considéré comme égal à 100 ; la proportion entre ce diamètre (D) et le petit diamètre (d), ou diamètre transversal, déterminera le groupe auquel appartient ce cerveau. Si la proportion est inférieure à 80/100, le cerveau est dit cerveau long (dolichocéphale) ; si elle est supérieure à 80/100, le cerveau est dit cerveau court (brachycéphale) ; si elle est exactement 80/100 ou, plus exactement, entre 77 ou 78 et 80/100, c'est le cerveau moyen (mésocéphale[1]). La capacité cubique du cerveau s'obtient ordinairement en remplissant la boîte crânienne avec des plombs de chasse ou de la graine de moutarde blanche que l'on évalue ensuite. On mesure

---

1. Paul Broca, *Instructions crâniologiques*, Paris, 1875, p. 170.

aussi les divers angles formés par le cerveau et la face. Les races prognathes ont les mâchoires saillantes, tandis que les mâchoires des races orthognathes possèdent la forme ordinaire en Europe et décrivent un angle plus aigu avec le front et le cerveau.

La classification de Blumenbach mentionnée plus haut distinguait cinq races : la race caucasique, mongole, éthiopienne, américaine et malaise et tenait compte de la constitution du corps, des cheveux et de la forme du cerveau. Cette classification diffère peu de celle de Linné : 1° Race européenne (blanche); 2° Américaine (cuivrée); 3° Asiatique (brune); 4° Africaine (noire). D'autres classifications ont été établies par Buffon, Cuvier[1], Lesson[2], Duméril[3], Desmoulins[4], Bory de Saint-Vincent[5], Prichard[6], Agassiz[7], Nott et Gliddon[8], Topinard[9], Virey[10], Quatrefages[11], Geoffroy Saint-Hilaire[12]. Topinard par exemple admet dix-neuf races

---

1. Dans *Fragments biographiques*, par Geoffroy Saint-Hilaire, Paris, 1838, p. 317.
2. R.-P. Lesson, *Histoire naturelle générale et particulière*, Paris, 1829, vol. II et III. — *Races humaines, orangs et gibbons*.
3. A.-M. Duméril, *Zoologie analytique*, Paris, 1806.
4. A. Desmoulins, *Histoire naturelle des races humaines*, Paris, 1828.
5. M. Bory de Saint-Vincent, *l'Homme, Essai zoologique sur le genre humain*, 1827.
6. J.-C. Prichard, *The Natural History of Man*, London, 1885.
7. Dans *Types of Mankind*, par Nott et Gliddon.
8. J.-C. Nott and G.-R. Gliddon, *Types of Mankind*, Philadelphie, 1854, p. 80.
9. Paul Topinard, *Éléments de l'anthropologie générale*, Paris, 1885, chap. III, IV et VIII.
10. J.-J. Virey, *Histoire naturelle du genre humain*, Paris, 1824.
11. A. de Quatrefages, *l'Espèce humaine*.
12. Geoffroy Saint-Hilaire, *Histoire naturelle des êtres organisés*, Paris, 1854.

de souches différentes, Nott et Gliddon reconnaissent soixante-quatre familles divisées entre huit races. Brinton est l'auteur d'une division toute récente et extrêmement intéressante. Il nomme les races d'après les divisions géologiques des terrains quaternaires qu'elles sont supposées avoir occupés. Ces races sont rangées de la façon suivante :

1° Eurafricaines, Méditerranéennes méridionales, Méditerranéenes septentrionales ;

2° Austrafricaines, Negrillos, Nègres, Négroïdes ;

3° Asiatiques, Chinoises, Sibériennes ;

4° Américaines septentrionales, centrales, méridionales ;

5° Insulaires et Littorales, Nigritiques, Malaises et Australiennes [1].

Une des meilleures classifications est celle de Huxley, qui est la suivante : Australoïdes, Négroïdes, Mongoloïdes, Xanthochroïques et Melanochroïques. Tous ces mots s'expliquent d'eux-mêmes, sauf peut-être le terme de Xanthochroïque, qui désigne une variété plutôt qu'une race, les nègres blancs, les Arabes, etc.

L'anthropologiste devra étudier non seulement l'évolution de l'homme partant des espèces les plus basses dans l'échelle des êtres, mais encore l'évolution qui va de la civilisation primitive à la civilisation actuelle. En observant les principaux éléments de ce développement graduel et les principales modifications qui se sont produites, nous pourrons mieux prévoir la route que suivra l'évolution dans l'avenir. Les archéologues ont été longtemps unanimes à diviser les étapes de la civilisation en quatre périodes :

---

1. D.-G. Brinton, *Races and Peoples*, pp. 98-99.

I. Période paléolithique ou quaternaire. C'est la première phase de la vie humaine, celle où l'on rencontre les instruments en pierre taillée de la forme la plus simple. Cette période peut se diviser en trois époques : époques préglaciaire, glaciaire et postglaciaire. Pendant la période préglaciaire, les animaux des tropiques abondaient en Europe occidentale, par exemple l'hippopotame et l'éléphant d'Afrique. On trouve leurs ossements pêle-mêle avec ceux de l'homme et avec ses instruments dans les mêmes couches géologiques[1]. L'homme se servait alors d'un seul instrument en pierre pour tous les usages. Pendant l'âge glaciaire, les animaux des tropiques disparurent et firent place au rhinocéros à laine, à l'éléphant à longs poils, et à la faune septentrionale[2]. La supériorité intellectuelle de l'homme lui permit de survivre sous ces nouveaux climats et de lutter avec les changements survenus dans sa condition. Cette lutte fut peut-être un facteur important de son évolution. Ses instruments se spéciaisent[3] dans certains usages, quoiqu'ils se composent uniquement de pierres[4]. Nous voyons alors l'homme chercher un refuge dans les cavernes et allumer du feu pour se chauffer. Il commence aussi sans doute à faire usage de vêtements[5]. Ensuite s'ouvre l'ère postglaciaire, douée d'une faune différente. Les instruments qu'em-

1. G. de Mortillet, *le Préhistorique*. Voir Tableau des époques quaternaires, p. 131. — M. Ph. Salmon, *Exposé méthodique des divisions industrielles aux âges de la pierre*, Extrait du *Bulletin de la Société d'anthropologie de Bruxelles*, 1891, p. 10.
2. G. de Mortillet, *op. cit.*, p. 322.
3. G. de Mortillet, *op. cit.*, p. 253.
4. G. de Mortillet, *op. cit.*, p. 256.
5. Marquis de Nadaillac, *les Premiers Hommes*, Paris, 1881, vol. I, pp. 106-112.

ploie l'homme se différencient de plus en plus. Les os sont utilisés concurremment avec la pierre. L'art commence à apparaître, signe que l'homme est devenu assez maître de la nature et a assez amélioré ses conditions matérielles pour pouvoir, dans ses loisirs, exercer ses facultés esthétiques. Le volume du cerveau, à cette époque, comparé à celui des cerveaux actuels, indique un degré d'intelligence aussi élevé que celui qu'ont atteint certaines des races actuellement existantes.

II. A cette période succéda la période néolithique, âge des armes en silex poli. Les vestiges les plus importants de cette époque sont les habitations lacustres de la Suisse et les kjoeddenmeddings ou amas d'ossements et de coquilles trouvés en Danemark et en Écosse. Les objets de pierre ont une forme plus travaillée et plus compliquée, haches polies, marteaux, etc. On ne fait pas encore usage des métaux. L'or seul est employé à la fabrication de bijoux. C'est l'âge des monuments funéraires en pierres non taillées comme les cromlechs et les kairns de l'Écosse et des habitations souterraines.

Cette phase correspond à l'état sauvage chez les différents peuples, bien que commence déjà l'ère des métaux et des premiers arts. Déjà aussi, d'après certains écrivains, l'homme cultivait la terre et domestiquait les animaux[1].

III. L'époque du bronze[2], qui apparaît ensuite, peut être comparée à l'époque de la barbarie, distincte de l'époque sauvage proprement dite. Le cuivre natif est reconnu comme métal malléable. Puis on découvre

1. Voir chap. VII, p. 217-219.
2. Ernest Chantre, *Age du bronze. Recherches sur l'origine de la métallurgie en France*, Paris, 1875-1876.

l'art de fondre le cuivre et les autres métaux bruts. De cette découverte naît l'art de donner à ces métaux les formes désirées et de pratiquer les alliages, ainsi que d'obtenir différents degrés de dureté. On voit maintenant apparaître, en grande quantité, les bijoux travaillés, bracelets et colliers. Cette époque nous a laissé de beaux boucliers, des épées, des pointes de lances en bronze que les historiens supposent avoir été importés de Phénicie ou de Rome et d'autres contrées plus anciennes en civilisation, mais cette hypothèse est détruite par la découverte des moules qui ont servi à couler les objets et des autres vestiges d'ateliers. En Amérique, les riches gisements de cuivre du Lac Supérieur ont servi à fabriquer de grandes quantité d'armes; on en retrouve jusque sur les bords de l'Hudson. L'usage de la forge à feu n'était pas connu alors, bien que chez certaines races demi-civilisées du Pérou et du Mexique il ait été assez répandu. Les poteries de cette époque sont de qualité supérieure. Les ornementations qui les couvrent et qui se composent de figures géométriques se ressemblent étrangement en Amérique et en Europe.

IV. L'époque du fer nous conduit jusqu'à la période actuelle. C'est à ses débuts que remontent les premiers souvenirs historiques. Le fer prend la place du bronze dans la fabrication des armes, haches, couteaux, bien que le bronze ait continué à être employé dans l'ornementation. Le silex et la pierre continuent à être employés à certains usages, par exemple, pour faire les têtes de flèches dont ont dû se servir les soldats asiatiques de Darius. En Bretagne, l'usage du fer n'était certainement pas antérieur au débarquement de César. Parmi les vestiges les plus intéressants de l'époque néolithique, il faut ranger les ruines découvertes par Schliemann de l'ancienne Troie, en Asie-Mineure. On y a retrouvé des couteaux et des scies en silex, des haches en pierre polie, des marteaux, des pointes de lance, tandis qu'à une profondeur plus grande on rencontrait des instruments de bronze et une meilleure qualité de poteries. On peut en conclure que la civilisation primitive a succombé aux assauts d'une horde asiatique encore dans la phase néolithique.

A un certain point de vue, on a divisé les phases de la civilisation en époque de chasse, époque pastorale et époque agricole. Chez presque tous les peuples, il semble que le développement de l'homme ait passé par ces trois degrés d'évolution. Dans la période de la chasse et de la pêche, il mène une vie nomade : il fallait à chaque famille ou à chaque tribu de vastes territoires pour vivre. Dès que les tribus commencèrent à être plus nombreuses, il devint nécessaire de lutter pour la vie et d'adopter de nouveaux moyens d'existence qui indiquaient un plus haut degré de civilisation et d'intelligence. On apprivoisa les animaux, qui fournirent ainsi la nourriture à un plus grand nombre d'hommes. L'homme vivait encore dans un état semi-nomade, suivant ses troupeaux ou changeant de contrée selon le progrès des saisons. Grâce aux besoins qui naissaient de cette existence, et aux habitudes de réflexion qu'elle faisait naître, apparurent les premiers éléments de la science et de la philosophie primitive. On attribue aux pasteurs de l'Asie l'origine de l'astronomie. Les familles et les tribus continuant de s'accroître, on en arrive à cultiver le sol ; ce fut l'avènement de l'époque agricole, qui s'étend jusqu'à l'époque présente inclusivement. Pour l'Égypte et pour certaines parties de l'Asie, cette période remonte à plusieurs milliers d'années avant Jésus-Christ. L'archéologie a cherché non seulement à suivre le développement des sciences les plus anciennes comme l'astrologie, l'astronomie, la géométrie, l'alchimie, etc., et des arts utiles comme la poterie, la métallurgie, le tissage, mais a fait encore d'intéressantes tentatives pour indiquer l'ordre dans lequel les beaux arts ont fait leur apparition[1]. Le Dr Holmes, dans son discours sur l'évolution de l'esthétique, les fait naître dans l'ordre suivant : peinture, sculpture, architecture, musique, poésie, drame, roman, art des jardins[2]. Il fixe les débuts de la peinture à la phase préhistorique de l'état sauvage, dans la période qu'il appelle la période de l'art préesthétique. Cette période a vu naître également la sculpture, l'architecture et la musique. La poésie fait son apparition au commencement de l'époque sauvage historique, suivie en même temps du drame et du roman. Mais ce n'est que dans l'époque postérieure à la période barbare que l'ornementation des jardins est considérée comme faisant partie des beaux arts.

Dans une revue des divers peuples vivant à l'époque actuelle, il serait intéressant de trouver un principe de classification. Il faudrait que nous puissions les ranger d'après leur importance relative, au point de vue de la civilisation, au point de vue de l'évolution du plus haut type d'humanité que produira l'avenir, et enfin au point de vue de la survivance. Des idées professées à ce sujet dépendra en grande partie notre attitude en face des questions pratiques d'une

---

1. Thomas Wilson, *Prehistoric Art or The Origin of Art as Manifest in the Works of Prehistoric Man*, Washington, 1898.
2. *American Association for the Advancement of Science*, 41e année, p. 249.

portée internationale et humanitaire ; la question de la conduite que nous devons observer vis-à-vis des races inférieures ou non civilisées, ce que doit être notre attitude politique et commerciale avec les races qui ont le même degré de civilisation que nous. L'esclavagiste partait de ce principe que certaines races inférieures, de même que certaines races d'animaux, avaient été créées pour son propre usage et étaient, en quelque sorte, les matériaux servant de piédestal à sa civilisation. L'évolutionniste fait admettre de plus en plus que les races inférieures doivent céder la place aux races supérieures dans la lutte pour l'existence, et non seulement abandonner leur territoire à ceux qui pourront en faire un usage meilleur, mais disparaître pour ne pas être un obstacle au progrès de l'humanité. Cette philosophie justifie l'expression des gens du Far West : « Les seuls Peaux-Rouges qui vaillent quelque chose sont ceux qui sont morts. » La réponse de l'anthropologiste à ces questions et à d'autres de ce genre est jusqu'ici assez incertaine, car il s'en est encore peu occupé. L'anthropologie a manqué de ce côté pratique qui sera un puissant aiguillon dans les investigations futures. D'ailleurs toute tentative pour établir, dès maintenant, une hiérarchie des races serait prématurée, bien que les principes sur lesquels pourrait se baser cette classification pussent être entrevus. Nous ne les classerons pas à l'exemple de l'ethnologiste d'après les caractères physiques, la couleur, les cheveux, la taille, etc., mais nous devons être capables d'apprécier les qualités physiques et les facultés mentales aussi bien que les aptitudes matérielles dont dépend directement la civilisation. Ne peut-on pas dire que la somme de connaissances scientifiques acquises par chaque race sur les questions les plus essentielles au bien-être humain déterminera sa place dans la hiérarchie des races? L'étude des idées que les races ont possédées a été poussée très loin par Bastian et Spencer et pourrait prendre un caractère de prévoyance bien plus grand encore si les anthropologistes et les ethnologistes s'attachaient autant aux phénomènes psychiques qu'aux phénomènes physiques. Sous ce rapport, ce sont les races ayant un langage écrit que l'on peut apprécier avec le plus de précision. Car on peut dire très nettement que la place de chaque race dans la civilisation varie avec le nombre des livres qu'elle publie. Une seconde chose à considérer est la somme des connaissances scientifiques et techniques de la masse de la population et le chiffre de la minorité lettrée.

Classer les races existantes, ce n'est pas identifier leur évolution avec les phases de la civilisation du passé; les termes de sauvage, barbare, civilisé, sont appliqués par des écrivains de valeur aussi bien aux peuples historiques qu'aux peuples actuels[1] : ce serait supposer l'identité des deux séries, ancienne et moderne, et ce serait une hypothèse *a priori* qu'on doit écarter dans une classification scientifique. Il peut y avoir là de grandes analogies comme nous en trouvons entre le développement de la race et celui de l'enfant. Mais dans l'un et l'autre cas, l'analogie n'est pas complète. Raisonner d'après des analogies ici comme dans d'autres sujets nous conduirait à de graves et nombreuses erreurs. Les divisions du passé auront leur base et leur justification dans les faits, les événements eux-mêmes. On peut désigner les périodes de la pré-

---

1. E.-B. Tylor, *Anthropology*, New-York, 1890, p. 24.

histoire de la France d'après les parties du sol où des dépôts caractéristiques ont été découverts ou étudiés d'une façon approfondie. Mais il n'est pas certain que la succession d'ustensiles chelléens, moustériens, solutréens, magdaléniens, se rencontre aussi dans la préhistoire d'autres contrées. Il est aussi peu possible de dire d'une façon scientifique que telle ou telle tribu existante en est à la période de la pierre. Le contact des races supérieures peut l'avoir dotée d'idées, peut-être d'instruments comme les armes à feu qui rendent sa civilisation entièrement différente de la civilisation à l'âge de la pierre. Certains individus de cette tribu peuvent même avoir reçu une instruction supérieure et appartenu plutôt à la vie civilisée qu'à la vie sauvage.

On pourrait proposer une méthode assez audacieuse de classer les peuples et les nations modernes. Ne pourrait-on pas trouver dans le degré de complexité des procédés mentaux, c'est-à-dire dans le degré d'indirection de la mise en œuvre des fonctions biologiques que nous avons indiqué comme étant le trait le plus caractéristique d'une civilisation avancée, une méthode plus exacte pour marquer le degré de civilisation. Nous ne voulons pas établir maintenant une définition plus minutieuse des degrés d'indirection qui sont assez nombreux, ni établir une terminologie nouvelle et bizarre, et les termes usuels que nous allons employer répondent parfaitement à nos besoins et peuvent caractériser très suffisamment dix degrés de civilisation. Nous aurons alors la progression suivante : (1) état sauvage inférieur, (2) état sauvage moyen, (3) état sauvage supérieur, (4) état de barbarie inférieure, (5) état de barbarie moyenne, (6) état de barbarie supérieure, (7) civilisation inférieure, (8) civilisation moyenne, (9) civilisation élevée, (10) civilisation supérieure.

L'âge de la pierre, l'âge de la chasse et toutes les époques historiques correspondent, jusqu'à un certain point, à ces divisions des peuples existants. Par « période éclairée », nous entendons la période de civilisation élevée et de civilisation supérieure, et par « période demi-civilisée » l'époque de la civilisation naissante. Ne peut-on pas aller jusqu'à affirmer que, sur une telle base, on pourra arriver, dans l'avenir, à un degré d'exactitude mathématique et établir une nomenclature mathématique dont on se servira pour déterminer le degré d'utilité ou la valeur des individus et des nations. Les degrés inférieurs de l'activité individuelle dans la satisfaction d'une fonction biologique peuvent être sans peine exprimés en termes mathématiques par des puissances de la fonction en question. La première phase de la fonction de la nutrition sera désignée pas N^1. La seconde phase, dans laquelle les moyens les plus simples sont employés à la mise en œuvre de cette fonction, sera désignée par N^2, la troisième phase ou phase des moyens secondaires, par N^3, etc. Il sera difficile, mais non impossible, de dire à quelle puissance de N et des autres fonctions dont la somme peut être représentée par H correspond l'état sauvage inférieur. Souvenons-nous que le degré d'indirection ne croîtra point en progression égale dans chacune des fonctions en question. Certains individus et certains peuples orienteront toute leur force de réflexion et tous les efforts sociaux vers la nutrition, d'autres vers la guerre, d'autres vers l'innervation. Le degré réel d'activité humaine atteint par chaque peuple pourrait être représenté par une équation dans laquelle le terme homme (M), ou vie humaine complète, serait élevé à la puissance moyenne exprimée par ses facteurs : nutrition (N), défense (D), sexe (S), parent (P), innervation (I), etc. Ainsi une tribu sauvage imaginaire pourrait être représentée par l'équation : $H^4 = N^6 + D^5 + S^6 + P^3 + I^2$, etc. Il faut remarquer que le même degré d'indirection dans les activités nutritives d'un peuple n'indique pas nécessairement qu'il possède les mêmes formes d'industrie ou utilise les mêmes moyens indirects. Quoique dans le même état de civilisation, ils accuseront tous deux des phénomènes différents du même degré par suite de la différence des milieux, par suite des différences aussi de l'hérédité, qui se résout elle-même en une influence graduelle du milieu sur des générations successives et dans les tendances constitutionnelles qui s'établissent par ce fait même.

Après avoir dit ce qu'il paraissait nécessaire pour atteindre à une grande exactitude dans l'estimation des progrès futurs de la civilisation, et après avoir brièvement résumé les notions que nous possédons, nous arrivons à la question suivante : comment estimer l'avenir des races et des éléments de notre civilisation actuelle qui ont le plus de chance de se développer et de survivre. Pour y arriver il ne faut pas seulement avoir recours à l'étude des civilisations de l'époque actuelle et des éléments de ces civilisations qui semblent rendre la vie la plus complète possible, mais aussi à l'étude de l'évolution des civilisations et des tendances qui semblent le plus en harmonie avec l'évolution universelle et la vie complète. Jetant nos regards sur le passé lointain de l'humanité et nous rappelant comment l'homme a dépassé le singe, son ancêtre, nous souvenant aussi que jamais sa civilisation n'a évolué plus rapidement qu'au cours des dernières générations, nous sommes de plus en plus convaincus que la race a devant elle un merveilleux avenir. De même que nos prédécesseurs d'il y a quelques générations, qui n'auraient pu nullement pressentir certains éléments qui composent la phase électrique actuelle de notre civilisation, de même nous ne pouvons par avance nous former la moindre idée de ce qui constituera peut-être le trait caractéristique des phases prochaines de l'avenir. Allons plus loin: des facultés nouvelles ont pris naissance chez l'homme à diverses époques au cours de l'évolution qu'il a suivie pour passer de l'état de brute à l'état actuel, en traversant les divers phases de la vie animale; de même l'avenir mystérieux pourra peut-être voir naître une nouvelle espèce, supérieure à l'espèce humaine, une espèce d'êtres dont les facultés psychiques sinon physiques dépasseraient les nôtres autant que nos facultés dépassent celles des animaux qui furent nos ancêtres. Certains astronomes audacieux de notre temps supposent qu'un ordre de vie supérieure peut bien exister dans Mars ou dans un autre monde que le nôtre. D'autres planètes en effet ont atteint un plus grand âge que la nôtre, et il est possible que le plus long processus de l'évolution y ait donné naissance à un ordre d'intelligence plus élevé. Des astronomes de valeur comme M. Lowell voient, dans le système compliqué des canaux de figure géométrique qui couvrent la surface de Mars, des travaux dépassant tout ce que nos ingénieurs sauraient accomplir[1]. D'autres savants

---

1. Percival Lowell, *Mars*, London, 1896, pp. 149-200.

de premier rang ont même tenté de se représenter quelle aurait été la plus haute forme de vie sur notre globe si l'évolution avait suivi une progression légèrement différente dans les âges disparus. N'aurions-nous pas pu, suggère Ward, voler comme les oiseaux tout en conservant les dons intellectuels que nous possédons actuellement? Cela n'aurait-il pas été un mode d'existence plus élevé et plus parfait que le nôtre?

Mais laissons de côté ces rêves d'avenir peu scientifiques; nous arrivons à ce qui est plus réel et plus près de nous. Sans aucun doute, un grand nombre de tribus et de peuples sont destinés à disparaître de la surface de la terre comme tant d'autres ont disparu jadis, par exemple de nombreuses tribus des Peaux-Rouges d'Amérique, dont le souvenir est déjà effacé dans la mémoire des hommes actuellement vivants. De nos jours la civilisation assiège toutes les citadelles de la Barbarie : aux États-Unis, la victoire complète est proche; en Europe, la question est depuis longtemps réglée. L'Afrique a été la dernière contrée ouverte aux assauts irrésistibles de l'homme blanc. Le blanc a besoin de l'Afrique, le noir devra céder au moins dans les parties du continent ou le blanc peut vivre aussi bien que le noir. Et même quand les tribus ne disparaissent pas par extinction pure et simple, elles disparaissent par amalgame avec les races blanches, comme cela se voit chez nous dans les États du Sud. La question se pose maintenant en Asie non seulement pour les peuples arriérés de l'Inde, mais pour la grande race mongole. Ces races accepteront-elles la civilisation européenne comme l'a fait le Japon, ou abandonneront-elles leurs territoires à d'autres races qui marchent sous l'étendard de la civilisation moderne?

La dernière guerre entre le Japon et la Chine a démontré clairement aux hommes d'État de ce dernier pays que le moment était venu de choisir entre ces deux alternatives. Dans le nouveau continent australien, la marche de la civilisation a été si rapide qu'il faut s'attendre à la disparition prochaine des misérables tribus indigènes.

Les efforts faits par les missionnaires dans ces cinq cents dernières années ont-ils indiqué la solution véritable de ce problème? Ont-ils réussi à faire évoluer et à transformer assez rapidement les races sauvages pour qu'elles puissent prendre rang dans la marche en avant de la civilisation? On ne peut guère dire que cela ait été le cas dans tous les pays que les Européens ont convoité et occupé. En maints endroits, par exemple dans les parties de notre continent peuplées d'Indiens, ces efforts ont complètement échoué. Les progrès continuels de l'évolution cosmique ont fait disparaître ces tribus dès l'arrivée du blanc, malgré toutes les tentatives faites pour les préserver contre l'anéantissement. Ne serait-il pas charitable de s'incliner devant les lois implacables de la nature, au moins lorsqu'il s'agit de tribus très inférieures, et de faciliter autant que possible leur disparition au lieu de prolonger la lutte? Les peuples civilisés pourraient assumer l'existence des derniers survivants de ces tribus ou de ces peuples s'ils n'avaient pas à redouter une reprise des hostilités provenant des générations futures de la race condamnée.

Ceci, il faut le dire, est le côté le plus sombre du tableau de la lutte des races. Mais, d'un autre côté, si l'on regarde loin dans l'avenir, on verra qu'un jour l'homme aura besoin pour son existence ou pour son bien-être d'utiliser les parties les moins hospitalières des contrées torrides ou polaires. Une spécialisation des races et la survivance de celles qui peuvent le mieux s'adapter aux conditions de ces climats seront non seulement avantageuses, mais absolument nécessaires. Certaines contrées fort riches de l'intérieur de l'Afrique sont inhabitables pour le blanc, tandis que le noir s'y trouve dans les conditions les plus favorables à sa nature. Sous d'autres climats moins extrêmes, les races blanches perdent leur énergie et parfois même disparaissent au bout de quelques générations. Dans les régions de ce genre, il est évidemment désirable de faire atteindre le plus vite possible aux indigènes, aux Hindous par exemple, le niveau de la civilisation moderne, et de leur laisser la possession du pays sous la direction cependant de la race anglaise, plus énergique.

Quand nous arrivons aux questions relatives à l'industrie et aux questions du même genre, nous verrons qu'il y a une lointaine parenté entre la question de la spécialisation des races et la question de la spécialisation des individus. Pour atteindre les résultats les plus complets dans les diverses opérations nécessaires, il faudrait, dans chaque milieu parvenu à une haute civilisation, une différenciation des individus égale aux différences des diverses races. Ici l'ouvrier serait autrement constitué que le marchand, et celui-ci différerait de l'inventeur ou du poète. Pour que chacun fût satisfait de la besogne qui lui incombe et y fût complètement apte, on pourrait avantageusement utiliser les différences de races: la race de couleur sera toujours nécessaire pour cultiver les rizières de la Géorgie et, dans l'accomplissement de cette fonction sociale, sera aussi estimée que le marchand qui se charge de la vente du riz. Si la spécialisation pouvait aller assez loin pour que chaque race ou chaque famille humaine dût exactement accomplir la tâche pour laquelle elle est le plus apte, la société atteindrait son plus haut développement. Si les missionnaires étaient guidés par des idées sociologiques semblables et dirigeaient leurs efforts avec plus de réflexion, leur œuvre aurait des résultats plus précieux et plus durables.

Ici se pose la question suivante : Comment le missionnaire, ou, en général, l'agent civilisé, préparera-t-il les individus d'une race donnée à fournir le travail social le plus efficace? Nous répondrons : par l'éducation, car c'est ainsi que la société moderne prépare tous les spécialistes. Comment devrons-nous agir à l'égard d'une race très inférieure pour la préparer dans son ensemble à participer aux grandes fonctions du monde civilisé? Nous répondons encore : par l'éducation. L'éducation religieuse, si loin qu'elle aille, n'est qu'une partie de l'éducation. L'emploi de la religion comme moyen de civilisation a eu du bon, mais il a eu parfois aussi du mauvais faute de convenir au peuple auquel il était appliqué ou à la phase d'évolution atteinte par ce peuple. Mais, en aucun cas, la religion n'est toute l'éducation. L'éducation laïque, l'éducation qui pénètre aussi profondément que possible dans la vie journalière de chaque peuple est extrêmement nécessaire.

L'éducation aura-t-elle raison des instincts héréditaires d'une race et fera-t-elle immédiatement de simples barbares des individus de civilisation supérieure? Nullement. Toute l'éducation religieuse ou autre que l'on pourra donner aux Australiens n'en fera jamais les égaux des Européens. En comparant les différents

peuples, on constate que l'hérédité a beaucoup plus
d'importance pour l'individu que l'éducation. Mais
d'autre part, au point de vue de l'évolution de la race
entière, l'éducation, c'est-à-dire l'influence du milieu,
compte beaucoup plus que l'hérédité. Au point de vue
de l'anthropologie et de la sociologie, on peut critiquer
les efforts des missionnaires, on a des raisons de dire,
comme on le fait fréquemment, que ces efforts sont
restés, la plupart du temps, sans résultat : peu importe,
ils ont mis en mouvement la grande idée, ils ont
ébauché la grande méthode qui nous permettront
d'amener les races à aimer et à favoriser la civilisation.
Ayons une armée de missionnaires sociaux, animés du
même zèle, du même dévouement à la cause de l'humanité qu'en ont eu les missionnaires pour soutenir la
cause du christianisme : qu'ils emploient l'éducation
comme moyen principal de régénération sociale, et
dans l'espace d'une génération la face du monde civilisé
pourra être changée.

Le Dʳ Brinton ainsi que le Dʳ Orgeas ont affirmé que
l'acclimatation n'existait pas, que jamais une race
n'avait été acclimatée et que dans l'état actuel du monde
aucune race ne pourrait jamais être acclimatée[1].
Cependant il admet « la possibilité de la survivance de
quelques représentants d'une race ». Par là même la
question est tranchée. Au sens biologique, la théorie
de l'évolution repose elle-même sur ce fait que certains
individus sont aptes à supporter des changements de
condition, quoiqu'ils puissent, entre-temps, devenir
une race nouvelle. Ainsi l'acclimatation est possible si

1. D.-G. Brinton, *Races and Peoples*, p. 283. — J. Orgeas, *la Pathologie des races humaines et le Problème de la colonisation*, Paris, 1880, p. 388.

elle se fait assez graduellement, mais cela ne veut pas dire que des peuples entiers puissent être brusquement placés dans des conditions climatériques extrêmement différentes de celles où ils se trouvent sans éprouver de pertes par suite de ce changement, encore moins sans éprouver de modifications dans leurs traits caractéristiques.

Quelques anthropologistes, comme de Quatrefages, ont, de bonne foi, proposé le mélange des races comme un moyen d'utiliser les dons intellectuels d'une race supérieure dans les pays et dans les travaux qui conviennent le mieux aux races inférieures. Et, avec ou sans la sanction de la loi, ce procédé a été appliqué sur une large échelle aux États-Unis et ailleurs. Il est certain que dans certains districts les races mêlées possèdent des qualités des deux souches originelles qui leur permettent de mieux s'adapter aux nouvelles conditions d'existence; c'est le cas des métis, qui font le métier d'éclaireurs et de trappeurs en Amérique. Si ce procédé pouvait être appliqué d'une façon rationnelle en observant les lois de l'hérédité avec autant de soin que les éleveurs les observent, on arriverait sans doute à obtenir d'excellentes races. Mais le stigmate de l'illégitimité et des pires passions des mauvais parents reste attaché aux malheureux enfants, et il ne faut pas être surpris si bien souvent le résultat obtenu est déplorable.

« Cela indique plus ou moins d'imperfection dans l'organisation domestique, l'éducation, la protection légale et l'adoption par la société. Dans l'humanité primitive, les conditions étaient tout autres, et le mélange des races pouvait, à cette époque, s'effectuer sous de plus favorables auspices... » « Les races pures ne peuvent pas se développer en dehors de leur milieu physiologique propre, et même certaines d'entre elles ne sont pas à la hauteur des tâches imposées par la civilisation moderne. A quoi faut-il avoir recours? A des unions entre les races inférieures, particulièrement entre Mongols et Africains. On obtiendra ainsi une race capable de résister aux climats des tropiques et assez intelligente pour exécuter efficacement les ordres de cette race, qui partout et toujours gardera la suprématie aussi longtemps qu'elle restera une race pure, à savoir la race eurafricaine[1]. »

L'application que l'on peut faire de ces conclusions à un problème particulier à l'Amérique, à ce qu'on appelle chez nous la question indienne, semble suffisamment indiquée. Cette formule : « Les Indiens doivent disparaître », semble un décret plus inexorable que cette autre phrase : « Les Chinois doivent disparaître », s'il faut ajouter foi aux enseignements de la science et de l'anthropologie évolutionniste. Des restes de tribus ou des tribus peuvent parfaitement vivre en gardant les troupeaux dans le Far West, car ces individus sont admirablement faits pour ce métier; une famille de sang indien peut survivre même dans l'assemblée des représentants de la nation aussi bien que par le passé; mais ni le projet de loi Dawes, ni le projet de « partage de territoire » ne permettra aux Indiens de s'accroître assez vite pour pouvoir résister à la concurrence des blancs. Les noirs ont plus de chance. Soit qu'ils s'adaptent plus facilement, soit par suite de la discipline de fer que leur ont imposée pendant des siècles les maîtres d'esclaves du Sud, les

---

[1]. D.-G. Brinton, *op. cit.*, pp. 286-288.

nègres sont capables de résister aux blancs, et même d'arracher le pouvoir à leur ancien maître. Dans l'industrie nous ne pouvons rien faire sans eux. Peut-être la vie artistique américaine leur sera-t-elle un jour redevable de beaucoup d'œuvres, si leurs merveilleuses dispositions pour la musique trouvent à se développer complètement.

Dans le problème de l'émigration, la question capitale est également la survivance des plus aptes. L'étude de ces questions nous montre les étroites relations qui existent entre l'anthropologie et la politique pratique, et combien il est nécessaire au futur homme politique d'être profondément versé dans l'anthropologie. Le législateur ne peut gouverner sagement les races qui sont sous sa domination s'il ne connaît les qualités et les limites des forces des races et des nations et l'influence qu'exercent sur elles le climat ou le milieu ambiant. La législation doit-elle avoir en vue la race ou l'individu? Est-ce en cherchant la caractéristique de la race ou par l'étude directe de l'individu que nous pourrons acquérir une connaissance approfondie de la nature humaine? Il suffit de voir la façon inexacte et peu scientifique dont une race est représentée par les écrivains d'une autre race ou une nation par les écrivains d'une nation hostile, la façon dont par exemple les Français représentent le type allemand, et réciproquement, pour comprendre combien Babington avait raison quand il combattait cette tendance à considérer toujours la race[1].

Les anthropologistes sont en partie exposés au reproche de perdre de vue l'individu pour ne considérer

1. Wm. Dalton Babington, *Fallacies of Race Theories as Applied to National Characteristics*, New-York, 1895.

que la masse, la race, l'organisme. Mais Babington va trop loin en cherchant à nier l'existence de la race et en attribuant tous les phénomènes de la vie au milieu ambiant. Il dit par exemple : « Les différences actuelles (entre Anglais et Irlandais) sont suffisamment expliquées par des différences de milieu remontant assez loin, différences de pays rapprochés ou éloignés de climat et de sol, influences sociales, législation et application des lois, histoire politique, religion ou absence de religion... ce sont là des causes suffisantes, et il est inutile d'aller en chercher d'autres[1]. » Ce qu'il appelle « des différences de milieu remontant assez loin » ne peut se rapporter aux particularités individuelles, à moins que l'on ne tienne pas compte de l'hérédité et que de telles variations aux cours des générations successives puissent équivaloir à ce que les évolutionnistes appellent l'origine d'une race nouvelle.

C'est donc l'individu que nous devrons étudier et non pas ce vague fantôme désigné sous le nom de race. Même lorsque la race est étudiée en employant les méthodes les plus précises de statistique et d'observations exactes, toutes les descriptions ayant trait à la race ne sont que des généralisations de vérités s'appliquant aux individus qui la composent.

Il faut remarquer aussi qu'aux termes de race, de nation, de peuple, correspondent des conceptions et des classes d'individus fort différentes. Par Français on entend tantôt les Français de naissance, tantôt les Français sujets du gouvernement français, tantôt tous les sujets français, y compris les étrangers naturalisés

---

1. Babington, *op. cit.* Essai sur *Saxon and Celt*, p. 210.

et les sujets coloniaux, et parfois aussi les seuls Français résidant en France. Le Français type moyen fourni par la statistique est très variable et possède des attributs qui ne sont pas communs à toutes les classes de Français indiquées précédemment. Très différents sont aussi le Français de convention décrit par les romans et les publications scientifiques et le Français légendaire des contes populaires.

CHAPITRE VI

L'INDIVIDU (LES SCIENCES ANTHROPOLOGIQUES ABSTRAITES)

Dans ce chapitre nous ferons entrer l'étude de l'homme considéré comme type, ce qui constitue une science abstraite. Nous nous demanderons ce que sont les qualités humaines, abstraction faite du temps et de l'espace? Quelle est leur action réciproque? Quelle est leur puissance relative? Le but des sciences anthropologiques concrètes est de répondre à ces questions, et ces réponses serviront de base aux arts de la prévision et de la pratique. Les propriétés que nous découvrirons dans la nature humaine seront les forces grâce auxquelles nous déterminerons son avenir. Elles pourront être, en même temps, considérées comme des moyens propres à être utilisés dans les arts sociaux.

Certaines sciences abstraites telles que l'économie politique et la sociologie ont étudié « l'homme économique » et « l'homme social »; la science abstraite dans laquelle rentrent toutes ces autres sciences et qui formera le sujet de ce chapitre est l'étude de l'homme typique dans toutes ses qualités. Disons, en passant, que l'économie politique mérite le rang d'honneur où on l'a placée parmi les sciences anthropologiques abstraites, car le phénomène qu'elle étudie, c'est-à-dire le désir d'acquérir la richesse est le point de rencontre de presque tous les intérêts de la vie humaine. L'argent est le résultat de presque tous les efforts et la source de presque tous les plaisirs. Le désir de la fortune est, par suite, un désir extrêmement général, si on le considère simplement comme la mesure de tous les autres désirs.

Comme nous l'avons déjà dit, l'homme typique, le concept homme dans son sens intensif, se présentera à notre imagination sous la forme de l'être possédant toutes les qualités essentielles que possèdent tous les êtres humains, mais aucune des qualités que quelques êtres humains ne possèdent point. Si notre science abstraite choisit bien le type qu'elle prend comme sujet d'étude, elle pourra déterminer les lois qui régissent la vie humaine d'après l'examen d'un individu isolé aussi bien qu'en étudiant tous les individus qui composent la race. Mais, comme la façon imparfaite dont nous connaissons une classe d'êtres aussi importante ne nous permet jamais d'être certains que le contenant de notre concept corresponde réellement à l'extension géographique de l'homme, il faut compléter l'emploi des méthodes abstraites ou déductives par celui des méthodes inductives. Ainsi la psychologie déductive ou introspective, ou même expérimentale, doit être contrôlée par une étude des extrêmes de la vie psychique observés dans les êtres humains anormaux, idiots, hommes de génie, fous, hypnotisés, races primitives, et par une étude des phénomènes les plus simples de l'innervation dans la psychologie animale. Toutes ces études comparatives nous permettent de savoir si le concept établi par la science abstraite correspond à la réalité.

Les deux chapitres suivants ne seront au fond qu'une

continuation de ce chapitre-ci, car ils poursuivront la discussion abstraite des activités humaines et des lois auxquelles elles sont soumises. Cependant le chapitre présent est la base fondamentale de ces deux chapitres et du reste de ce livre. C'est ici que s'effectuera l'analyse préliminaire. Il ne faut pas, malgré tout, que le lecteur s'attende à trouver dans un ouvrage aussi court les détails les plus minutieux de la psychologie, de la physiologie et de la biologie. Nous supposons qu'il les connaît déjà suffisamment. Au lieu de cela, nous nous attacherons à la solution de quelques questions capitales qui n'ont pas encore été tranchées ou qui n'ont été soulevées que tout récemment. Les chapitres suivants auront donc une base de discussion commune. Nous présenterons au lecteur, sinon la doctrine communément acceptée, du moins les vues de l'auteur sur les questions qui, à son avis, sont déjà tranchées, ou sur celles qui pourront l'être à l'avenir, en particulier sur les sujets suivants : 1° La sensibilité ne forme pas une troisième division de l'esprit en même temps que l'intelligence et la volonté ; 2° Il est nécessaire de classer les idées au point de vue de leur contenu, de classer les activités et de classer les sentiments, ce qui sera une simple répétition de ces deux opérations sous une autre forme ; 3° Analyse du désir dans l'œuvre de l'artiste ; 4° Analyse de la vie complète au point de vue biologique. Telles seront les principales matières traitées dans ce chapitre.

Pour comprendre pourquoi certaines d'entre elles ont été introduites ici et choisies de préférence à d'autres, il faudra admettre comme hypothèse les conclusions auxquelles l'auteur arrive dans les chapitres suivants. En voici les principales : 1° La fin éthique de l'individu sera fixée surtout grâce à l'étude de l'individu, complétée par l'étude de la race et de son évolution, ainsi qu'il est dit au chapitre précédent ; 2° Cette fin, autant qu'on peut la déterminer dès maintenant, est la vie complète, et pour comprendre tout ce que contient ce mot appliqué à l'art de la vie humaine, il est nécessaire d'étudier la vie physique et psychique de l'individu biologique. Ces affirmations devront être complétées par d'autres qui viendront dans les pages suivantes. Il suffira d'ajouter ici que ce chapitre et le précédent se complètent l'un l'autre et fournissent tous les deux des généralisations aux chapitres sur la « Synthèse » et sur l' « Éthique de la vie humaine ». La vie humaine ne peut être comprise en tant que science, ni dirigée en tant qu'art, si nous ne percevons pas l'importance relative de l'individu et de la race. Disons, dès maintenant, que nous découvrirons un antagonisme entre les intérêts de l'un et les intérêts de l'autre, et que, par suite, les intérêts de l'un et de l'autre se limitent mutuellement. C'est en les combinant que nous déterminerons les lois de l'anthropologie et de l'éthique.

S'il existe une science assez vaste pour comprendre tout ce qu'on sait de l'homme individuel, c'est la science de la biologie. D'autres sciences qui étudient des fragments de la vie humaine, la physiologie et la psychologie, pour si importantes et difficiles qu'on les tienne, peuvent être considérées comme des subdivisions de la biologie. On peut en dire autant de l'anthropologie et de l'ethnologie. Les anthropologistes, en général, ont considéré leur science comme une science biologique. Les ethnologistes ont souvent parlé en termes trop vagues des phénomènes de la « race » sans remonter à leur base et à leur explication que fournissait la biologie.

Bastian[1], cependant, est arrivé à des idées plus lucides quand il dit que, « après trente ans d'études, on se convainc que ce qu'il est essentiel d'étudier, ce sont les pensées élémentaires des divers peuples ».

Ward[2], grâce à une idée de ce genre, a beaucoup simplifié son système de sociologie. Il rapporte toutes les actions sociales aux sentiments ou aux besoins des individus qui sont les vraies forces sociales et considère comme forces essentielles les forces préservatrices (goût et protection) et les forces reproductrices (sexe et instinct paternel).

Les psychologues ont eu une tendance à trouver dans les phénomènes psychiques quelque chose de distinct comme origine et comme nature des phénomènes physiologiques et biologiques. Il serait présomptueux de dire, dans l'état actuel de la science, si ce point de vue est faux ou incontestablement exact, mais les conceptions monistes ou même matérialistes de l'univers se sont répandues si rapidement en ces derniers temps dans la philosophie d'Auguste Comte, de Spencer et de quelques autres penseurs d'élite, que cette idée pourrait être présentée comme une hypothèse réalisable venant s'ajouter aux vues professées communément par nos manuels classiques. L'auteur ne donne pas ici cette idée comme sa conviction personnelle ni sa philosophie propre, car la philosophie n'est pas sa spécialité; mais il croit que le déterminisme et même le matérialisme peuvent fournir la base à un système

1. Adolphe Bastian, *Wie das Volk denkt*.
2. L.-F. Ward, *Dynamic Sociology*, New-York, 1883, vol. I, p. 472.

adéquat de morale. Et considérant le nombre croissant de ceux qui partagent cette façon de voir, il croit extrêmement important de démontrer que les conclusions de cette philosophie nouvelle sur ce qui doit être fait et sur ce qui doit être évité seront les mêmes que celles de la philosophie de jadis. La morale relative ne varie point, quelque différente que soit la théorie de la fin éthique. Du côté scientifique aussi bien que du côté éthique, la plupart des idées générales restent vraies, quelle que soit la philosophie adoptée. Poussé à l'extrême, le point de vue moniste pourrait être exposé de la façon suivante :

1° Toutes les actions humaines doivent être attribuées à des idées et à des sentiments d'idéation ;
2° Tous les sentiments d'idéation ne sont qu'un autre aspect des idées et des sensations elles-mêmes ;
3° Idées et sensations ne sont que des vibrations des nerfs sensoriels et des centres nerveux mis en activité par un contact avec le milieu physique environnant ;
4° L'homme n'est par suite qu'un mécanisme, et toutes ses manifestations psychiques et sociales ne sont que sa réaction sur les choses environnantes ;
5° La conception dualiste de l'esprit et de la matière qui se partageraient l'univers en parties égales est fausse. « L'esprit » n'est qu'une manifestation plus haute de la matière.

Cette conception est en harmonie avec les tendances qui se manifestent de plus en plus dans les sciences de la biologie et de la psychologie. Jusqu'en ces derniers temps, on a considéré presque universellement la liberté comme une prémisse nécessaire de la morale. Kant a dit que sans la liberté il ne pouvait y avoir de morale, mais il ajoute que le libre arbitre ne pouvait être scientifiquement démontré[1]. Cependant cette tendance de la science et de la philosophie modernes favorise les vues mécanistes qui nient la liberté de la volonté dans le sens strict du mot. La loi de causalité universelle est une des lois les plus fondamentales en philosophie et semble à la base de toute science sans en excepter la psychologie. Une volonté sans cause et sans motif serait une exception unique dans un univers gouverné par la loi de causalité. On a peine à croire à l'existence d'une telle anomalie, même en présence du témoignage de notre conscience, car notre conscience nous abuse dans bien d'autres circonstances et pourrait bien nous tromper également dans la circonstance présente. Bien que nous nous sentions libres de choisir et d'agir comme nous voulons dans un cas donné, nous ne pouvons peut-être pas savoir, grâce au témoignage de notre conscience, si ce sentiment de la liberté de choisir ne nous a pas été transmis par nos ancêtres chez qui il était héréditaire, et si ce n'est pas là une survivance d'un sentiment qui a été habituel à la race. La conscience peut être impuissante à nous faire connaître tous les anneaux de la chaîne de causalité qui aboutit à cet acte supposé libre de la volonté et qui est la résultante de tous ces éléments. La statistique et les sciences sociales nous fournissent d'importants arguments contre le libre arbitre. Kant ne pouvait expliquer cette anomalie, comme nous sommes en mesure de le faire, d'un sentiment de liberté qui ne correspond à rien de réel, car il ne connaissait pas la loi de l'évolution. Il ne vit pas que le sentiment de liberté pouvait être tout simplement une survivance des sentiments les plus économiques

---

1. *Kritik der praktischen Vernunft.*

ou les plus efficaces, et il ne pouvait soutenir avec autant de force que nous que, si l'animal n'est pas libre, l'homme ne l'est pas davantage par suite de l'évolution qui part de l'un pour aboutir à l'autre. Rien d'essentiellement nouveau n'a été créé dans l'esprit de l'homme; il n'y a que des différences de degré. Kant n'avait pas non plus à sa disposition les preuves évidentes de l'universalité de la loi de causalité que les physiciens et chimistes modernes nous ont fournies. Quant à cet idée de Kant, que sans libre arbitre il ne peut y avoir de morale, l'auteur essaiera de démontrer le contraire[1].

Toutes les fois que l'auteur parle de libre arbitre, devoir, culpabilité, etc., de l'individu, il faut bien se rendre compte qu'il emploie ces expressions pour la plus grande commodité de ceux qui suivent mieux la pensée lorsqu'elle est exprimée en ces termes. Ils impliquent toujours l'idée que le sujet se considère comme libre ou coupable[2], etc., mais ils ne veulent pas dire qu'il l'est réellement dans le sens usuel du mot. L'auteur ne veut pas dire, avec certains déterministes, que le sujet est libre en une certaine mesure. Ce fait que le sujet se sent lui-même libre ne modifie en rien la loi de causalité universelle; à plus forte raison nous ne pouvons pas dire que l'univers est libre jusqu'à un certain point.

Si la volonté est déterminée, est-ce par les idées ou

1. Voir le chapitre de la Morale, p. 299.
2. Que le lecteur ne s'indigne pas à la pensée que nous rejetons l'idée de culpabilité. En se rapportant à un passage de ce livre qui étudie cette question (chapitre de la morale, page 303), il se convaincra que nous ne voulons nullement modifier le jugement que l'ancienne morale prononçait contre des actes criminels.

par les sentiments ? Herbart pense que c'est par les sentiments : dans la lutte entre les sentiments, l'un d'eux ou une combinaison de quelques-uns d'entre eux l'emporte sur les autres et détermine une action. La volition n'est qu'une réaction portant sur un ou plusieurs sentiments. Cependant certains philosophes de notre époque nient que le sentiment existe à l'état distinct de l'intelligence et de la volonté. Mais ici notre philosophie et notre morale sont arrêtées par l'incertitude de notre science. Nous avons déjà dit que Ward ramenait toutes les activités sociales à certains sentiments. Si nous acceptons la théorie de Ward, il est nécessaire d'établir une classification des sentiments. Si nous ne l'acceptons pas, il nous faut savoir ce qu'on doit substituer à ces sentiments. Envisageons d'abord la deuxième hypothèse. Quelle est la nature du sentiment ? La conscience affirme qu'un sentiment accompagne toute idée, toute sensation et toute impulsion motrice. La question est de savoir s'il peut se produire un sentiment en d'autres circonstances. Dans le cas d'une sensation, il semble évident que ce sentiment n'est qu'un phénomène simultané de l'élément intellectuel, si tant est qu'il soit possible de diviser la simple vibration des nerfs sensoriels en ces deux éléments. Ne pourrait-on pas dire justement que sentiment et sensation sont une seule et même chose ; que la première vibration produite par le nerf sensoriel est plutôt un sentiment qu'une idée, d'après la définition de ces termes ; que l'idéation commence lorsque les centres de la mémoire sont mis à leur tour en vibration ; que la coïncidence ou non-coïncidence des deux vibrations donne naissance à ce que nous appelons l'élément critique de la perception, ou ce que d'autres ont appelé la correspondance ou non-correspondance entre deux idées et que ces dernières constituent ce que nous désignons par les mots de plaisir ou de douleur ?

Si ce qui précède est exact, la souffrance peut exister dans les organisme les plus bas sans qu'il existe une conscience capable de formuler cette affirmation : Je souffre. Cet élément subjectif, la conscience, tel qu'on l'observe chez l'homme, semble être par lui-même non un élément émotionnel mais idéationnel. C'est comme si certaines cellules idéationnelles centrales percevaient le sujet lui-même. La coordination douloureuse ou désagréable du sujet peut avoir un siège anatomique dans une des quatre régions suivantes et comme telle être perçue par les cellules conscientes. Ce peut être un état douloureux d'une région sensorielle de la périphérie comme dans les sensations intenses, ou de la région centrale correspondante, comme dans la non-coïncidence dont nous venons de parler et qui s'observe dans les processus du jugement. Ce peut être aussi un état de la région motrice de la périphérie, et dans ce cas le jugement se formule ainsi : « mon effort est douloureux » ; ou encore de la région motrice centrale, et ici le jugement se formule de la façon suivante : « mon désir est douloureux ». On pourrait dès lors expliquer le désir comme élément moteur ou volitif par rapport à l'endroit où il est localisé et penser qu'il trouve, lorsque rien ne s'oppose à sa libre action, une voie dans les nerfs moteurs. Si cependant l'objet du désir est vague ou impossible à atteindre, le flux moteur provenant d'une activité économique peut se répandre dans d'autres régions motrices et produire soit des cris, soit des convulsions hystériques, etc. Nous pouvons noter en passant qu'une expression de désir aussi vide de sens qu'un cri peut, si elle devient habituelle, acquérir une valeur économique et avoir pour résultat un secours social ; par exemple le cri d'un enfant qui a faim.

Si cet essai assez bref de réduire la sensibilité à l'intelligence et à la volonté est correct dans ses traits essentiels, de même que l'explication que donne Spencer du processus de la connaissance par l'action des reflex, toute la vie éthique sera expliquée par les idées de l'individu. Et ses idées, à leur tour, seront expliquées comme un résultat de l'action du milieu ambiant soit sur son être sensoriel ou intellectuel, soit sur celui de ses ancêtres.

Dans ce dernier cas, il hérite des expériences de la race. Si l'on peut ainsi réduire les phénomènes de la vie à l'unité, Ward, un des monistes les plus convaincus, n'a pas été assez loin dans sa classification des sentiments considérés comme forces sociales ou causes de tous les phénomènes sociaux[1].

Nous pouvons reproduire ici sa table pour faire la comparaison :

FORCES ESSENTIELLES

Forces préservatrices..	Positive : goût (recherche du plaisir).
	Négative : protection (fuite de la douleur).
Forces reproductrices..	Directe : Désirs érotiques.
	Indirecte : Affection de parenté et de consanguinité.

FORCES NON ESSENTIELLES

Forces esthétiques;
Forces émotionnelles (morale);
Forces intellectuelles.

[1]. L.-F. Ward, *op. cit.*, vol. I, p. 472.

Les sentiments essentiels sont l'origine d'un grand nombre d'autres sentiments plus complexes et qui contribuent aux mêmes buts. Les sentiments les plus étroitement unis avec les affections de parenté sont les sentiments de bienveillance en général; l'amour de la famille, en s'élargissant, devient l'amour de la tribu ou de la nation, et finalement de la race, et il existe non seulement un amour paternel, filial, ou fraternel, mais l'orgueil des ancêtres ou de la race, l'esprit de communauté, le patriotisme et les instincts humanitaires. Il n'est peut-être pas très nécessaire de citer ici quelques-unes des nombreuses classifications que les psychologues ont essayé d'établir. Selon le mot de Ladd [1], on n'a fait jusqu'ici aucune classification des sentiments qui mérite d'être adoptée généralement. Une des classifications récentes les plus sérieuses, celle de Bain [2], bien que basée sur l'hypothèse évolutionniste, est sévèrement critiquée par Spencer, qui lui reproche de ne pas rendre suffisamment compte de l'origine des diverses formes de sentiments et de la façon dont elles sont dérivées des sentiments d'ordre plus simple.

Si les sentiments doivent être examinés en les distinguant des idées, il faut classer soigneusement ces dernières en prenant pour base la fonction biologique. Sans aucun doute on trouvera leur explication et leur justification dans la façon dont elles satisfont les besoins fondamentaux de l'organisme. Mais, si la théorie du sentiment exposée précédemment est

1. G.-T. Ladd, *Elements of Physiological Psychology*, New-York, p. 408.
2. Alexandre Bain, *les Émotions et la Volonté*, traduit de l'anglais sur la 3ᵉ édition, par P.-L. Le Monnier, Paris, 1885.

exacte, la classification la plus scientifique sera celle qui correspondra à la division établie entre la conscience et la volonté et leurs subdivisions. Comme nous l'avons déjà indiqué, chaque division aura deux subdivisions correspondant aux sièges cérébraux ou périphériques des sentiments.

Voici quelles pourront être nos divisions : 1° sentiments idéationnels : *a.* émotions, *b.* sentiments sensoriels ; 2° sentiments volitifs : *a.* désir, *b.* sentiment de l'effort [1]. Puis nous diviserons les sentiments volitifs d'après les régions motrices centrales ou périphériques. Il en sera de même des sentiments idéationnels. Mais comme les notions acquises sur la localisation des fonctions cérébrales ne nous permettent pas encore de déterminer la fonction de toutes les cellules ou de toutes les régions centrales d'idéation, nous arriverons au même résultat et nous aurons une classification plus complète si nous rangeons le sentiment idéationnel d'après les objets de la pensée. Nous aurons ensuite autant de divisions que d'objets de désir, et nous pouvons, *a priori*, nous attendre en réalité à une progression continue dans le nombre de ces sentiments de l'enfance jusqu'à la vieillesse, et depuis l'état sauvage jusqu'à la civilisation, progression parallèle à celle des idées.

On a très peu cherché à classer les idées et les volitions en se plaçant à un point de vue biologique. C'est pour l'avenir un sujet d'études tout trouvé ; il n'offre pas extrêmement d'intérêt, mais il a une grande importance. L'art et l'éthique pratique étudiant les individus, il ne suffit pas de connaître la constitution de

---

1. Ce terme se rencontre dans James, *Psychology*.

l'homme type ; il faut aussi connaître les idées que
possède chaque individu en particulier. L'observation
concrète et les sciences concrètes, l'ethnographie par
exemple, auront pour tâche de compléter cette étude.
Mais la science abstraite peut suggérer une classification des idées. Classer les idées d'un individu est un
travail difficile, car il est impossible de connaître ces
idées exactement et complètement ; mais la masse des
ouvrages écrits ou imprimés que possèdent les différents peuples civilisés nous indiquent leurs principales idées sous une forme condensée, tandis que les
mythes, les traditions, le Folklore et toutes les ressources du langage parlé peuvent être mis à contribution pour l'étude de la pensée des peuples primitifs. Le
chemin a été ouvert aux travailleurs de l'avenir par
l'œuvre monumentale de Bastian *Wie das Volk
denkt*. La psychologie et la logique se sont contentées
trop longtemps d'étudier les formes de la pensée sans
s'occuper de son contenant lui-même. Comme dans la
science on tend de plus en plus à considérer le contenu des idées comme le mobile des actions humaines [1],
on comprend combien cette étude peut-être une introduction importante non seulement aux études morales,
mais à tous les arts sociaux et à toutes les sciences
sociales. Les idées comme les sentiments seront divisées en idées simples et idées complexes, idées primitives, idées dérivées. Certaines idées et sensations sont
d'une nécessité capitale pour la nutrition et produisent
les actes et les séries d'actes nutritifs les plus simples.
Même l'écoulement des sucs digestifs dépend de l'excitation d'un nerf sensoriel causée par la présence de la

---

[1]. Voir Alf. Fouillée, *l'Evolutionnisme des idées-forces*, Paris, 1890.

nourriture. L'idée qui nous permet de reconnaître comme aliment une certaine substance et nous suggère le moyen de la prendre et de l'utiliser pour apaiser les souffrances de la faim doit être aussi rangée parmi les idées nutritives et directes, mais les idées qui ont rapport à la nourriture encore éloignée de nous dans l'espace, et les idées concernant les moyens de nous procurer ces substances et de les préparer à notre usage devront être appelées idées de nutrition indirectes et complexes. C'est dans ces idées que nous pouvons trouver l'origine de l'industrie.

La classification des actions humaines présente moins de difficultés. Ici nous avons affaire à des phénomènes visibles et commensurables pour la plupart. La principale difficulté consiste à reporter les actions aux fonctions biologiques auxquelles elles se relient le plus directement, mais on peut y arriver avec une exactitude extrême.

Nous avons proposé le mot de praxéologie pour désigner la science de l'action[1]. Dans la praxéologie rentrerait toute la science de la conduite au sens le plus large du mot. Cette science se diviserait en plusieurs parties qui seraient semblables aux chapitres de Spencer[2], sur « la conduite en général », « l'évolution de la conduite », etc. Ce ne serait pas simplement la science de la conduite humaine, car la conduite humaine et l'éthique humaine ne signifient rien sans l'étude préliminaire de la conduite et de l'éthique animale. Cette science serait évidemment la base essentielle d'un système de morale. D'importants matériaux ont été recueillis par les anthropologistes et les ethnologistes sur les

1. Voir p. 38.
2. Spencer, *Principles of Ethics*, New-York, 1891.

différentes formes d'activité humaine et pourront compléter les maigres travaux des biologistes dans ce domaine. Ils ont décrit la façon dont les différents peuples et les différentes tribus se procurent de la nourriture, des vêtements et autres choses essentielles, comment ils règlent les cérémonies des cultes et la façon dont ils mettent en œuvre toutes les diverses activités nécessaires à la vie. Il faudra en partie classer et combiner de nouveau ces matériaux pour montrer l'évolution de ces activités et remonter plus profondément qu'on ne l'a fait à leur base biologique. Les sciences sociales ont également, mais d'une façon moins complète, décrit et classé les activités sociales.

Cette science des activités ne pourra arriver à tout expliquer avant que les sciences des sentiments et des idées dont elle dépend ne soient plus amplement développées ; cependant elle peut les précéder jusqu'à un certain point. Car les phénomènes qu'elle étudie sont plus saisissables et plus faciles à observer que les idées et les sentiments. Il est inutile de se demander tant au sujet des actions que des idées si elles ont une existence réelle et indépendante ; il ne peut y avoir de doute également sur leurs relations avec les fonctions biologiques et le bien-être individuel, car leurs résultats peuvent être observés souvent de façon précise et immédiate.

On pourrait classer de la façon suivante les activités humaines :

A) ACTIVITÉS BIOLOGIQUES PRIMAIRES ET DIRECTES. — Ce sont les activités les plus essentielles à l'organisme humain ; elles se décomposent ainsi : 1° *Activités des organes de nutrition.* En premier lieu, les activités du système digestif, qui modifient chimiquement les aliments introduits dans le corps et les rendent plus assimilables. Ensuite vient l'action du système circulatoire, qui met ces substances transformées en contact avec les différentes parties du corps et contribue ainsi à la croissance de ces parties. Mais avant que l'assimilation soit possible, les tissus doivent être oxygénés, et le système respiratoire vient fournir à l'organisme l'oxygène nécessaire. Enfin les produits inutiles doivent être rejetés par l'action des glandes d'excrétion.

2° *Activités reproductrices.* — Ces activités sont aussi nécessaires pour la survivance de l'espèce que les activités classées précédemment le sont pour la continuation de la vie individuelle ; il faut par suite les classer parmi les activités simples ou non dérivées.

3° *Activités défensives.* — Comme nous l'avons déjà expliqué, elles sont nécessaires à l'organisme pour maintenir la santé et la continuation de l'existence.

B) Activités biologiques indirectes primaires. — 4° *Coordination des activités simples.* — C'est la fonction de l'innervation qui a pour organe un système spécial, connu sous le nom de système nerveux. Il ne suffit pas en effet que les diverses activités ci-dessus nommées restent en jeu ; il faut qu'elles s'exercent en tenant compte les unes des autres ; c'est pourquoi il faut nécessairement qu'il y ait pour les réunir un système coordinateur.

5° *La locomotion* et 6° *la fonction esthétique* sont moins essentielles que les activités constitutionnelles précédentes.

C) Activités indirectes, secondaires et sociales. — Si nous examinons les activités indirectes appliquées à la recherche des aliments, nous voyons qu'elles deviennent évidemment des fonctions secondaires à l'égard de celles qui utilisent les aliments déjà recueillis. Cependant il y a là pour l'individu une nécessité absolue, une nécessité de chaque jour. Ces activités se distinguent clairement des autres activités directes en ce qu'une division sociale du travail devient possible. Bien que l'organisme doive préparer lui-même ses aliments, ces aliments peuvent lui être fournis par d'autres organismes, comme cela a lieu pour les enfants, pour des membres de la société se trouvant dans un état de dépendance ou dans un état exceptionnel et, jusqu'à un certain point, pour tous les individus quand une industrie est arrivée à un degré très élevé de différentiation. C'est une des caractéristiques de la civilisation moderne : la nourriture, les vêtements, les habitations, toutes les choses nécessaires à l'individu ne sont plus l'œuvre de l'individu lui-même, mais d'autres individus qui les lui donnent en quelque sorte en compensation pour les services qu'il rend dans sa spécialité. Nous pourrons ici établir une ligne de démarcation entre les activités sociales et les activités individuelles. Dans sa forme la plus simple, l'industrie peut être plutôt individuelle que sociale, et, dans ce cas, elle ne pourrait être exactement un sujet d'études pour la science sociale. Toutes les activités complexes classées[1] dans le chapitre II de cet ouvrage constituent dans notre classification les divisions des activités secondaires. Les principales formes de suggestion et de contrôle sociaux que nous indiquons sont : la communication des idées, l'éducation, le gouvernement, la religion et le cérémonial. Toutes tendent vers la même fin, soit la vie complète de l'individu, ou simplement la survivance.

1. Voir pp. 51-55.

Si nous analysons les phénomènes qui, avons-nous dit, sont du domaine de la science des activité humaines, nous trouvons qu'il y a parmi eux plus que des phénomènes de volition. Il serait bon, surtout au point de vue de la psychologie, de créer une science traitant de la volition abstraite de l'idéation et de la sensibilité, qui peut-être classerait et expliquerait les phénomènes volitifs comme nous l'avons fait dans la discussion qui précède. Nous ne pouvons en effet expliquer l'art, la morale pratique ou même les activités biologiques les plus simples à titre de phénomènes de pure volition. Il nous faut reconnaître que l'activité motrice est constamment accompagnée d'activités sensibles ou idéationnelles qui en dépendent ; que les unes et les autres ne sont que des anneaux de la chaîne de causalité et que la chaîne entière est inexplicable si nous ne voyons que les anneaux volitifs. Enfin ces derniers ne constituent pas à eux seuls ce qu'on appelle l'art, l'ensemble des beaux arts et des arts utiles. Nous nous ferons mieux comprendre en prenant comme exemple l'art de la sculpture. Analysons la série des désirs qu'il comporte. Ces désirs, comme nous l'avons déjà dit, se manifestent dans l'ordre suivant :

1° Désir de la fin ; 2° désir des moyens, ce dernier se divisant en : *a.* désir des matériaux ; *b.* désir des instruments ; *c.* désir de la mise en œuvre des matériaux par les instruments. Tous les actes extérieurs de la sculpture sont expliqués comme s'ils dépendaient uniquement de ces désirs internes qui, à leur tour, dépendent d'une série d'idées.

Parlons tout d'abord de la fin. L'artiste désire réaliser sous une forme tangible une belle conception. La sublimité de cette conception, sa perfection idéale, la difficulté de l'atteindre avec les ressources dont il dispose, pourront, un certain temps, paralyser ses efforts. Mais son violent désir d'atteindre le but, ne trouvant pas à se satisfaire d'une façon naturelle par un acte physique, soulève tout son être. Son visage, ses mouvements expriment la puissance du désir qui l'envahit. Sa nature intellectuelle tout entière est touchée par l'aiguillon de ce désir, elle est grosse d'idées qui se rapportent aux moyens d'atteindre le but. Enfin l'idée du meilleur moyen s'offre clairement à l'artiste. Maitenant vient le désir d'exécuter ce moyen lui-même. Si ce moyen est applicable, le désir passe à l'état d'action des nerfs moteurs ; l'artiste se procure ses matériaux, un bloc de pierre d'une certaine qualité et de certaines dimensions, et le place dans une position déterminée. Il conçoit ensuite l'idée et le désir des outils appropriés à ce travail et les prend en main. Puis à l'idée et au désir des procédés nécessaires succède leur mise en exécution. L'activité artistique du sculpteur dans son ensemble comprend une combinaison si rapide de l'idée, de la sensibilité, de la volonté, et ses volitions sont si variées, tantôt cause tantôt effet de ses autres processus mentaux, que l'on peut considérer ces trois choses comme rentrant toutes les trois dans l'art. Ainsi l'art et la morale pratique comprennent toujours les activités de l'intelligence, de la sensibilité et de la volonté.

Ce que nous avons dit suffit à ébaucher les grandes lignes de la science de la praxéologie. Ses subdivisions peuvent être transportées dans la pratique, l'art de vivre et l'éthique. La conclusion qui s'impose naturellement, c'est que les activités qui nous ont paru d'une importance capitale pour l'organisme seront considé-

rées comme telles en éthique. La science abstraite qui
embrasse toute la biologie précédente ou l'anthropobiologie ne peut pas être étudiée plus longuement ici.
D'ailleurs, ce que nous avons dit plus haut des activités
humaines donne de cette science une idée assez systématique. On peut en avoir une idée encore plus nette
en relisant l'analyse des fonctions au chapitre II[1], analyse qui rentre plutôt dans le chapitre présent, puisqu'elle fait partie de la science abstraite de la vie
humaine, mais qui a été introduite dans le chapitre II
pour servir de base à une classification des sciences
anthropologiques abstraites. Les deux chapitres suivants contiendront la suite de la discussion de ces
mêmes activités. Nous nous contenterons, pour cette
fois, de donner ces quelques références de manière à
guider le lecteur et de faire quelques citations des
derniers volumes de biologie parus et qui peuvent
appuyer la thèse que nous soutenons.

Ce chapitre-ci admet par avance ce que le chapitre X
démontrera, à savoir que la vie complète est la fin
éthique, mais un chapitre sur la fonction de la vie
individuelle serait incomplet s'il ne faisait pas bien
ressortir tous les détails de la vie individuelle qui constituent la vie complète. Pour interpréter cette phrase,
l'éthique devra se reporter à la physiologie, à la biologie et à la psychologie. La réponse est facile à prévoir. La vie complète de l'individu ne peut être que la
vie de chacune des parties qui le constituent, de sa
nature physique et de sa nature morale, l'exercice parfait et bien équilibré de chaque fonction biologique
simple ou dérivée. Mais ici nous nous trouverons cer-

---

1. Voir p. 45 et suivantes.

tainement en face d'un conflit d'intérêts. Le plus grand exercice possible d'une fonction entravera évidemment l'exercice d'une autre fonction. Il faut établir entre elles une certaine harmonie. Quelles sont celles auxquelles l'individu doit prêter le plus d'attention et consacrer le plus de temps? Il y aura ici deux choses fort importantes à faire : 1° Ranger les fonctions par ordre hiérarchique, en tenant compte de leur importance éthique, en plaçant en haut de l'échelle celles qui sont les plus essentielles. Au point de vue biologique, la classification des activités[1] semble devoir indiquer également leur importance éthique ; 2° Il faudra déterminer la loi de limite d'exercice minimum et maximum, c'est-à-dire déterminer la somme d'exercice nécessaire à chaque fonction dans la mesure où la biologie et la psychologie pourront l'exprimer en formules mathématiques. Quelle est la somme moyenne d'exercice réclamée par une certaine fonction? Quelle est la limite maximum de son exercice au-delà de laquelle il se produirait une désagrégation des tissus par suite de la présence d'un excès de matières non assimilées? D'autre part, quel est le minimum au-dessous duquel il n'y aura plus qu'affaiblissement des tissus par suite d'insuffisance dans la nutrition? D'un côté, il faut éviter l'excès d'exercice ; de l'autre, il faut éviter l'excès contraire. La physiologie a déjà déterminé d'une façon très précise les limites de l'exercice sain et normal de certaines fonctions. On ne doit pas priver un individu de nourriture au-delà d'un certain nombre de jours ou d'heures, sans quoi il périra ; on ne doit pas non plus lui en faire absorber de force, ou trop à la fois, ou trop

1. P. 44.

souvent, car l'activité digestive qu'on l'obligerait alors à fournir serait désastreuse pour sa santé. On peut être aussi précis en parlant de l'activité musculaire et des autres fonctions fondamentales de la vie humaine. La psychologie physiologique est portée à affirmer que les mêmes lois peuvent s'appliquer à toutes les activités psychologiques ; c'est qu'ici on a affaire à des tissus soumis aux lois inévitables du maximum et du minimum d'exercice. C'est un champ d'études pratiques et étendues qui s'offre aux recherches particulières des physiologistes et des psychologues s'ils veulent déterminer exactement ces différentes limites.

CHAPITRE VII

LES ACTIVITÉS PRIMAIRES

Les activités primaires que nous allons examiner dans ce chapitre sont, comme nous l'avons déjà dit, celles qui ont leur siège dans l'organisme individuel et sont, par suite, les plus essentielles à la vie humaine : nutrition, reproduction, protection, innervation, locomotion, fonction esthétique. A propos de chaque fonction il conviendra d'étudier, autant que le permettront les limites de ce chapitre, les questions relatives à son origine, aux principales phases et aux tendances de son évolution, les lois qui régissent ses manifestations et ses rapports avec les autres activités primaires. Les rapports avec les activités secondaires, communication, éducation, gouvernement, religion, cérémonial, seront étudiés en partie dans le chapitre suivant. Pour certaines questions, nous nous permettrons de passer dans nos discussions de la science à l'art, et des faits ou des lois à leur application dans l'éthique et dans le gouvernement. Cela forme, à proprement parler, la matière du chapitre final relatif à l'éthique, mais les limites de ce chapitre ne permettront point de donner tant de détails. Au lieu d'étudier les fonctions dans l'ordre de leur importance au point de vue de la survivance, ordre suivi précédemment, nous nous occuperons en premier lieu de la reproduction. Car il vaudra mieux ensuite passer directement des formes indirectes de la nutrition et de la protection que nous rencontrons dans l'industrie aux lois de l'innervation, de la science et de l'art dont l'industrie dépend immédiatement. De plus la reproduction est un sujet bien moins compliqué que la nutrition ou la protection, et pour la satisfaction de ce désir beaucoup moins d'arts sont nécessaires que dans le cas de la nutrition ou de la protection.

Les phénomènes du mariage et de la vie familiale, au sens le plus large du mot, seront examinés dans ce chapitre, et l'on admettra qu'ils comprennent les deux fonctions suivantes : rapports sexuels et sollicitude des parents pour les enfants. Le mot de famille embrassera toutes les relations existant, non seulement entre parents et enfants, frères et sœurs, et les parents les plus éloignés de la famille patriarcale, mais atteignant aussi les serviteurs et autres membres de ce qui a été appelé, chez certains peuples, la famille patriarcale. Dans le terme de reproduction, on pourra sans peine renfermer l'idée des soins à donner aux enfants, car, pour la continuation de l'espèce humaine, ils sont aussi nécessaires que la mise au monde de nouveaux individus. Sans les soins des parents, la reproduction de la vie adulte est impossible dans l'espèce humaine, bien qu'elle soit possible dans certaines formes de la vie animale.

La fonction de reproduction a pratiquement la même base dans la vie humaine que chez les précurseurs de l'homme ou chez l'homme demi-civilisé : subjectivement, la satisfaction du désir sexuel ; objectivement, la continuation de la race. L'homme, comme toutes les autres formes de la vie animale, possède héréditairement de violents instincts qui le poussent à accomplir une fonction essentielle à la race. La loi de la survivance des plus aptes a inévitablement fait de ce qui est profitable à la race un plaisir et une nécessité pour l'individu. Cette activité, comme toutes les autres activités, doit obéir à la loi des limites d'exercice minimum et maximum. Les excès, dans un sens comme dans l'autre, sont dangereux pour l'individu et funestes pour la race.

Il est bien entendu que nous emploierons, au cours de ce chapitre, le mot du mariage comme une expression courte et commode désignant toutes les formes de rapports sexuels. Les consociations sexuelles comme toutes les autres consociations peuvent être rangées en deux catégories, celles qui naissent d'une contrainte, celles qui naissent d'un contrat. Ces termes mettront en opposition les deux modes fondamentaux que revêtent à leur début une action ou une coopération sociales. D'un côté la volonté d'un individu est imposée à un autre sans l'entier consentement de ce dernier; dans l'autre cas, il s'établit une activité mutuelle par suite d'un accord tacite ou exprimé entre les deux contractants. La consociation de contrainte est caractérisée par l'emploi de la force, la coercition, un certain despotisme, des relations hostiles. La consociation contractuelle, au contraire, est caractérisée par des relations amicales, une bonne entente, un consentement volontaire. Ces deux genres de relations dans leur forme extrême deviennent ce que Spencer a désigné sous les noms d'inimitié et d'amitié.

Il est probable que le mariage par contrainte a été la forme caractéristique dans l'état sauvage ou demi-civilisé. Il caractérise en grande partie la procréation chez les animaux. Le mâle étant plus fort que la femelle, et prenant l'initiative par le fait même de sa constitution, cherchait sa propre satisfaction, sans égards pour la femelle. Ses désirs n'étaient que surexcités par la poursuite et la victoire, et la femelle n'entrait dans les relations conjugales qu'avec crainte et répulsion, et en ayant une tendance naturelle à s'enfuir. Cette tendance primitive a fait place aux sentiments de timidité, de modestie et peut-être de pudeur. Ces qualités chez la femme sont devenues un attrait pour l'homme, et même lorsque le mariage commence à être un mariage de consentement plutôt qu'un mariage d'obligation, la femelle cherche à fuir et à éviter le mâle. Le mariage, à la suite de capture ou d'achat, est décrit par différents auteurs comme existant dans certaines tribus à un état de civilisation plus avancée, et n'est qu'une forme plus récente d'un mariage primitif par contrainte.

On peut inférer que le mariage par consentement mutuel a existé en même temps que le mariage par contrainte de ce fait que les relations conjugales sont agréables pour la femme aussi bien que pour l'homme. Mais, en général, la forme primordiale était caractérisée par la coercition et devint ensuite naturellement une forme contractuelle dans laquelle il y eut plus d'égalité entre les deux parties[1]. Le mâle cependant prenait toujours l'initiative et cherchait, par des avantages personnels, des actions d'éclat, son habileté ou sa force, par des paroles et par tous les moyens propres à éveiller les sens, à faire naître chez la femelle un sentiment favorable de sympathie, et finalement un désir répondant

---

1. Guillaume De Greef, *Introduction à la sociologie*, Ire partie, pp. 109, 133.

au sien. Alors se produisirent les résultats importants de la sélection sexuelle[1], que Darwin considère comme un des facteurs décisifs dans l'évolution humaine et dans l'origine des espèces. Ce fait n'était pas limité à une partie seulement de la consociation. La femelle, de son côté, tâchait de se rendre attrayante aux yeux de l'homme, et de ces efforts mutuels ont résulté de plus hauts degrés de force, d'activité, de courage, de beauté virile dans le mâle, de beauté et de modestie chez la femelle.

Nous arrivons à un état d'« indirection » plus grande dans l'activité quand l'homme, ne se contentant plus de ses qualités individuelles, travaille à se procurer les présents qu'il offrira à la femme pour se concilier plus facilement son amour. Ainsi peu à peu l'homme a pourvu aux divers besoins de la femme, vêtements, nourriture, habitation, ornements ; finalement il l'a prise entièrement à sa charge en qualité d'épouse.

En ce qui concerne la question très controversée de l'évolution des formes du mariage humain, il est peu probable que l'homme ait commencé partout par la très primitive forme de la promiscuité pour arriver à l'ordre régulier en passant par la polygamie et la polyandrie pour arriver à la monogamie, car nos ancêtres animaux ont possédé ces diverses formes avant nous. Toutes les formes ont coexisté et coexistent encore chez le primitif aussi bien que chez le civilisé. Il est cependant instructif de noter que les animaux qui se rapprochent le plus de l'homme, c'est-à-dire certaines espèces de singes, se font remarquer

---

1. Charles Darwin, *The Descent of Man*, sections 984 à 1006.

par leurs habitudes de monogamie, et que, chez eux également, la sollicitude des parents devient si intelligente et si efficace qu'elle ressemble presqu'à celle de l'homme et qu'elle parvient parfaitement à protéger la vie du nouveau-né. Les différents écrivains de valeur qui ont étudié ce sujet sont loin de s'entendre sur ce qui est le trait le plus caractéristique de la vie sauvage. Des auteurs illustres de nos jours ont soutenu cette opinion que la promiscuité était la caractéristique des premières phases de la civilisation. Parmi ceux-ci, mentionnons Spencer, John Lubbock, Mc Lennan, Bachofen, Ward, Morgan, Bastian, Lippert, Letourneau. Cependant la plupart reconnaissent, avec Letourneau, que toutes les formes ont dû exister dès le début dans une mesure appréciable[1].

La conclusion la plus logique et la plus probable dans l'état actuel des recherches scientifiques semble être que la promiscuité a été la condition la plus répandue dans les phases semi-humaines et sauvages de la civilisation, bien que toutes les formes précédemment indiquées, polygamie, polyandrie, monogamie, se soient rencontrées dans chaque phase et dans toutes les phases. Il semblerait impossible que la cause réelle du mariage, le désir individuel, ait abouti sans excep-

---

1. Herbert Spencer, *Principles of Sociology*, vol. I, p. 745; Charles Letourneau, *l'Evolution du mariage et de la famille*, Paris, 1888, p. 429-430; John Ferguson Mc Lennan, *Primitive Marriage*, London, p. 168; John Lubbock, *The Origin of Civilisation*, London, 1889, p. 70; Lewis Henry Morgan, *Systems of Consanguinity and Affinity of the Human Family*, Washington, 1871, p. 480; Adolph Bastian, *Der Mensch*, Leipsig, 1860, p. xviii; J. Lippert, *Kulturgeschichte der Menschenheit*, vol. II, p. 7; Charles Letourneau, *Sociology based upon Ethnography*, London, 1893, p. 376; Lester F. Ward, *Dynamic Sociology*, New-York, 1883, vol. I, p. 616; Charles Darwin, *The Descent of Man*, section 983.

tion à la même forme d'union, même parmi des peuples possédant le même degré de civilisation. Le désir conduit simplement à l'union ; la permanence ou la complexité de cette union dépendront du degré de jouissance qu'elle procure et de cent autres conditions de santé, de vie, de milieu, d'abondance de la nourriture, des conditions sociales de paix ou de guerre, des coutumes, comme par exemple l'infanticide, le cérémonial et les formalités auxquelles le hasard semble avoir donné naissance. Il est impossible, à l'heure actuelle, de ramener tous les individus à une absolue uniformité de vie en ce qui concerne les questions sexuelles : il semble que ce soit également impossible pour aucune époque du passé. On ne peut douter que, dans les conditions les plus primitives, le simple désir des deux individus n'ait conduit parfois à une union relativement durable, sinon à une union durant jusqu'à la mort, et qu'ainsi, dans l'état de liberté la plus complète, on ait rencontré déjà la monogamie sous sa forme la plus stricte. Cela posé, on ne peut douter non plus que le mariage monogamique n'ait eu une tendance à se généraliser depuis les époques les plus reculées de la civilisation[1]. La forme monogamique apparaît donc comme la forme la plus élevée du mariage et celle qui donne les meilleurs résultats. Il y a à cela des bonnes raisons. Cette forme permet le mieux d'atteindre le grand but de la famille, qui est la continuation de la race et le bonheur de l'individu. Il y a et il y a toujours eu le même nombre d'individus des deux sexes, quelque disproportion qu'il y ait

---

1. Letourneau, *l'Evolution du mariage et de la famille*, p. 430 ; Morgan, *Ancient Societies*, p. 389.

eu dans les genres d'union. Dans l'état de la question, ni la polygamie ni la polyandrie ne pourraient satisfaire le désir de vie matrimoniale de chaque individu aussi parfaitement que cette forme d'union où un seul homme est marié à une seule femme. De plus, une foule de sentiments sont venus s'ajouter à la passion primitive, si bien que l'amour moderne ne ressemble en rien au brutal désir de la vie animale. Les motifs, les conditions, les nécessités d'une union sont devenus de plus en plus compliqués, et l'union est devenue, par conséquent, plus permanente. Il serait impossible, même si cela devait être désirable, de trouver beaucoup d'individus pouvant se convenir mutuellement, comme cela était possible dans un état plus primitif. Parallèlement à cette complexité croissante des motifs s'est développée une fixité croissante des lois et des coutumes, si bien qu'enfin le mariage monogamique est devenu une des conditions les plus inévitables et les plus nécessaires de la vie moderne. La sélection sexuelle et le contrôle social rendent de plus en plus impossible aux non-aptes de perpétuer leur espèce. Des lois relatives aux malades et aux criminels ont été récemment promulguées et les parents et les autres forces sociales ont fait beaucoup d'efforts pour découvrir les défauts de ceux qui sont inaptes au mariage.

Si l'on examine l'intérêt de l'enfant et le bien de la race, les bienfaits de la monogamie sont encore plus évidents. Il est absolument nécessaire de fournir à la race des individus nouveaux en âge de subvenir eux-mêmes à leurs besoins. On arrivera parfaitement à ce résultat dans l'état monogamique par les efforts combinés du père et de la mère. La sollicitude des parents pour les enfants se continue souvent dans la vie moderne après leur majorité. Mettez en regard de cela les conditions qui s'offrent à l'enfant dans l'état de simple promiscuité, où les soins paternels manquent généralement et où les soins maternels se bornent à ceux de la vie animale et se prolongent peu après la période de l'allaitement.

La mortalité infantile doit être inévitablement plus grande dans cette dernière forme de mariage, et le résultat naturel, c'est que les tribus ou familles pratiquant la monogamie ont le plus de chances de survivre. La polygamie et la polyandrie ne seraient guère meilleures si elles se généralisaient. Dans la polygamie, le grand nombre des enfants serait un trop grand fardeau pour le père : dans la polyandrie beaucoup de femmes resteraient sans époux, et la tribu serait moins prolifique.

Nous avons vu le champ des relations conjugales s'élargir au point d'embrasser non seulement la vie de l'adulte, mais une série très complexe d'activités économiques, morales, intellectuelles et esthétiques. Dans la famille actuelle, on trouve, pour ainsi dire, le résumé de toutes les activités modernes. La famille bien constituée est par elle-même une société complète, mettant ou pouvant mettre en jeu toutes les activités nécessaires à une existence indépendante. Le mariage sous sa forme la plus haute a pour origine moins l'instinct primordial que des considérations portant sur les qualités morales et intellectuelles, la religion, la santé physique, la force, la beauté, la situation économique, et une foule d'autres détails, parfois trivials et ridicules, mais dont quelques-uns ont une importance vitale pour le bien-être de la société. Mais il est vrai aussi que souvent la femme entre dans le mariage sans avoir songé suffisamment à ce qui, au point de vue biologique et éthique, est la principale justification du mariage, c'est-à-dire la procréation en vue de la survivance de l'espèce. Comme on ne s'en tient plus au plaisir bestial qu'il faut satisfaire le plus vite et le plus facilement possible, c'est-à-dire par force, mais que l'on fait entrer en considération des intérêts et des rapports plus étendus et plus permanents, on réfléchit plus mûrement au sujet du mariage, et on se livre à un choix plus sévère. Le mariage par consentement réciproque étant celui qui offre les meilleures garanties de durée des relations conjugales, la femme a peu à peu exercé son choix et fait usage de sa liberté autant que l'homme avant de contracter un mariage. Graduellement, on est arrivé à demander à la puissance de l'Église, puis à celle de l'État, de sanctionner et de rendre permanente la forme contractuelle. Dans le catholicisme, le mariage contractuel atteint les dernières limites. Longtemps il a refusé le divorce pour d'autres causes que l'adultère; Il a refusé de sanctionner un second mariage même après divorce pour adultère, si les anciens époux sont encore vivants. Nous nous trouvons peut-être ici en présence d'un système d'une rigueur contre nature que le pouvoir et l'autorité artificiels des institutions religieuses ne peuvent rendre durables. Ce système a élevé la nature humaine à un point où elle ne peut rester. Là où les rigueurs de la loi ne se relâchent point, on trouve la prostitution et d'autres moyens dangereux d'échapper aux prescriptions de l'Église.

On peut observer dans les siècles une tendance marquée à adoucir la réglementation relative au divorce. Dans certains états de l'Amérique, où, à l'époque de la révolution, on ne reconnaissait que deux ou trois causes légales de divorce, on en admet maintenant six, huit, ou dix.

Il est probable que tout dans ce mouvement ne constitue pas une tendance permanente, car il va à l'opposé de la direction que nous avons indiquée et qui nous mène à une monogamie de plus en plus stricte. Il faut plutôt le considérer comme une réaction passagère contre le point de vue artificiel auquel on s'est placé pour rendre le mariage permanent en s'appuyant sur l'autorité et les croyances religieuses. D'un côté, la sévérité moindre des lois sur le divorce est en harmonie avec une tendance croissante vers une forme plus pure du mariage, qui, dit Spencer[1], existera lorsque « l'union par affection viendra en premier lieu, l'union légale ne venant qu'en second lieu ». Nous ajouterons seulement une page ou deux au sujet des lois qu'on peut observer dans le jeu des activités de reproduction et qui suivent de leur côté le passage de la contrainte au contrat. Nous trouvons ce que Letourneau[2] appelle le passage de l'esclavage à l'égalité, et qui n'est qu'une phase du premier changement mentionné et que l'on peut désigner ainsi : le passage de l'égoïsme à l'altruisme. Il est certain que la contrainte reste la forme de l'esclavage et correspond à l'égoïsme le plus profond de la part du mâle, tandis que le contrat implique une égalité et peut être accompagné par une assez haute prise en considération des intérêts d'autrui. Aucune forme d'altruisme ne s'élève aussi haut que la forme parentale ou conjugale[3], où il n'est pas rare de voir

1. *Principles of Sociology*, vol. I, p. 753.
2. *L'Evolution du mariage et de la famille*, p. 430.
3. Herbert Spencer, *Principles of Ethics*, New-York, 1893, vol. I, p. 243.

accomplir le sacrifice de ce qu'on a de plus cher et même de la vie en faveur de l'être aimé. A cette idée générale que le monogamie semble une survivance des formes les plus aptes correspond cette loi que la monogamie est, comme l'a fait remarquer Letourneau [1], le moyen le plus économique d'atteindre la grande fin que se propose le mariage. Mais on peut affirmer avec raison que cette règle n'a qu'une exactitude relative et ne s'applique pas à toutes les phases de la civilisation passée [2], ni à tous les cas qui pourront se présenter dans l'avenir [3]. En d'autres termes, il y a eu des lieux et des époques où la polygamie et la polyandrie étaient plus économiques, en ce qu'elles s'adaptaient mieux aux conditions existantes.

Nous avons ici un exemple des grandes lois de l'influence du milieu [4] et de l'hérédité [5] appliquées aux activités reproductrices. On peut montrer que l'hérédité, c'est-à-dire la constitution physique et mentale et les idées que chaque génération lègue à la génération suivante, ont autant d'influence que le milieu pour déterminer les relations matrimoniales de beaucoup de peuples. On a pu réunir les deux lois de l'influence de l'hérédité et du milieu sur les activités de reproduc-

1. *L'Evolution du mariage et de la famille*, p. 435.
2. Letourneau, *l'Evolution du mariage*, pp. 431, 443; *Sociology based upon Ethnography*, p. 376; Spencer, *Principles of Sociology*, vol. I, pp. 600, 710.
3. Letourneau, *l'Evolution du mariage*, pp. 443 et suiv.; *Sociology based upon Ethnography*, pp. 378-379; Ward, *Dynamic Sociology* (sur stirpiculture), vol. II, pp. 463, 467; De Greef, *Introduction à la sociologie*, IIe partie, p. 116.
4. Spencer, *Principles of Sociology*, vol. I, section 319; Letourneau, *l'Evolution du mariage*, pp. 442-443.
5. Spencer, *Principles of Sociology*, vol. I, p. 639; Letourneau, *l'Evolution de la morale*, Paris, 1894, p. 456.

tion en une seule loi : nous dirons que ces activités suivent la direction offrant le minimum de résistance. Cette expression renferme autre chose que le milieu physique et l'hérédité biologique. Elle comprend le milieu social, c'est-à-dire les lois, les coutumes, la religion et autres facteurs déterminants, le caractère et les qualités de l'individu, au moment où il va mettre en jeu ces activités, qualités acquises autant par l'éducation que par l'hérédité. Mais tout cela cependant peut se ramener au milieu et à l'hérédité. Une étude complète de la reproduction nous ferait atteindre des lois spéciales qui ne s'appliquent point aux autres activités. Nous citerons comme exemple cette vérité apparente que la fécondité croît en raison inverse de la complexité, autrement dit accompagne l'évolution. Cela est vrai de l'évolution des organismes inférieurs, on l'a suffisamment prouvé [1]. Spencer [2] prétend que c'est également vrai en principe de l'évolution des races inférieures vers les races supérieures de l'humanité.

Pour compléter ce qui a été dit de la dépendance réciproque des activités, nous pouvons indiquer ici les trois formes que peut revêtir cette dépendance. Il y a une dépendance réciproque des activités primaires de reproduction et des autres activités primaires vis-à-vis les unes les autres. Spencer montre que la reproduction dépend de la nutrition, les nations les mieux nourries accusant la plus haute proportion de naissances et de mariages [3]. D'autre part, par la division du travail dans

---

1. Herbert Spencer, *Principles of Biology*, New-York, 1890, vol. II, p. 411; Guillaume De Greef, *Introduction à la sociologie*, Paris, 1886, Ire partie, pp. 120-127.
2. *Principles of Biology*, vol. II, pp. 389, 492; *Principles of Sociology*, vol. I, p. 599.
3. *Principles of Biology*, vol. II, pp. 483, 487, 493.

la famille et l'excitation que reçoit l'énergie humaine, la nourriture procurée est plus abondante et meilleure. Nous avons dit un mot de l'influence réciproque de la reproduction et des activités intellectuelles et esthétiques. La sélection sexuelle[1] favorise l'évolution de ces dernières, qui servent à leur tour de moyen aux activités reproductrices et autres. Nous discuterons plus tard cette loi que l'évolution des idées est la cause principale de toutes les modifications qui se produisent dans les activités humaines[2]. Nous pourrions ensuite signaler l'influence de la famille sur l'origine et la durée des activités secondaires, questions qui rentrent plutôt dans le chapitre prochain. L'éducation peut être limitée tout d'abord à la famille; elle est presque toujours partagée entre la famille et les autres agents éducateurs tels que écoles, universités. D'après l'opinion populaire, le maître chargé de l'instruction n'est là que *in loco parentis*. Les coutumes de chaque génération prennent leur origine dans les années d'imitation de l'enfance et ont beaucoup de relations avec la vie familiale; elles passent ensuite dans le gouvernement et dans la religion, car, d'après la théorie courante[3], le Gouvernement est né de la famille patriarcale[4] et la religion du culte des ancêtres. Enfin, comme nous l'avons déjà fait remarquer, ces activités secondaires ont une influence sur les activités reproductrices, et le mariage est réglé par les coutumes, la religion, les lois.

---

1. Charles Darwin, *The Descent of Man*, sections 984 à 1000.
2. Walter Bagehot, *Physics and Politics*, New-York, 1880, p. 167; Lester F. Ward, *Dynamic Sociology*, vol. II, p. 468.
3. Henry Maine, *Ancient Law*, pp. 133, 141; E.-B. Tylor, *Anthropology*, New-York, 1896, p. 426.
4. E.-B. Tylor, *Anthropology*, pp. 352, 258-259.

Pour plus de commodité nous étudierons en même temps les industries communes à la nutrition et à la protection. Les lois des industries directes et indirectes sont les mêmes, quelle que soit celle de ces deux nécessités à laquelle elles s'appliquent. Ici les relations sont d'un genre si complexe que la même industrie peut servir à la fois les activités fondamentales, les activités indirectes, esthétiques et intellectuelles, et les activités sociales, gouvernementales et religieuses, si différentes qu'elles soient dans leurs rapports réciproques. L'industrie consiste dans la production des moyens qui peuvent être employés à satisfaire certains besoins. Pour plus de commodité, on établit une division entre les industries proprement dites et les professions se rapportant au droit, à la théologie, à la médecine, à l'éducation. L'art de ces dernières consiste en une action plus indirecte exercée sur les individus. La nutrition est l'acquisition d'énergie puisée dans le milieu ambiant, la transformation d'énergie non humaine en énergie humaine. La protection consiste à empêcher la perte de l'énergie une fois acquise.

Nous avons ramené toutes les formes plus complexes des activités humaines, au moins pour ce qui est d'une partie de leurs phénomènes primaires, aux activités nutritives et protectrices. Considérées comme moyens, elles sont plus à leur place ici que parmi les activités reproductrices. La forme de protection que nous appelons le gouvernement est fondée en grande partie sur le droit de propriété et le besoin de défendre cette propriété, aussi bien que sur le besoin de faire régner la justice entre les membres d'une société industrielle coopérative. L'État, par suite, trouve son origine, au moins en partie, dans l'institution de l'industrie et dans les activités nutritives. Les activités intellectuelles et communicatrices, c'est-à-dire les sciences, les arts, et les langues, sont, naturellement, nécessaires à tout développement important des activités industrielles. Grâce à elles s'est multipliée mille fois la capacité qu'a l'homme de se procurer la nutrition nécessaire. Les formes supérieures de protection et les activités plus indirectes qui ont leur origine dans le besoin de nourriture sont un aiguillon qui excite constamment les activités intellectuelles et de communication. Les mêmes rapports existent entre les activités de nutrition et les activités d'éducation. L'éducation n'est qu'un moyen indispensable d'atteindre tant à la vraie existence qu'au développement supérieur de toutes les activités humaines. Le désir de la nourriture est ce qui excite le plus l'homme à acquérir l'éducation.

Les activités plus complexes et plus indirectes sous les formes religieuse, cérémonielle, esthétique, ont aussi, on peut le démontrer, de profondes racines dans les besoins nutritifs. Le rôle de la religion est, en partie, une forme spéciale de l'éducation, étant donné qu'il est nécessaire d'exercer sur les adultes plutôt que sur les enfants une influence telle, de les préparer d'une façon telle qu'ils puissent devenir des membres plus utiles à la communauté dans laquelle ils vivent. La vie cérémonielle est étroitement liée aux intérêts de la religion et du gouvernement; elle inspire le respect de ceux qui détiennent l'autorité. Elle entretient, également, ce sentiment d'union et de communauté d'intérêts entre égaux qui est nécessaire dans tout effort coopératif d'un degré supérieur. Bien que la fonction esthétique n'apparaisse pas comme ayant une aussi grande portée au point de vue des intérêts de l'industrie, elle a son origine presque uniquement dans des opérations industrielles. Les beaux-arts sont, dans beaucoup de cas, une simple différentiation des arts utiles. De tous les beaux-arts, c'est peut-être la musique qui se rapporte le moins directement aux activités nutritives. Nous pouvons supposer que c'est plutôt la sélection sexuelle, combinée avec une autre fonction primaire de la vie, qui a contribué au développement du chant dans la race humaine aussi bien que parmi les oiseaux.

Étudions maintenant plus en détail les principales formes des activités protectrices. Ce sont les industries qui fournissent aux hommes des maisons et autres abris, des vêtements, du feu, et la profession médicale qui lui permet de lutter contre la maladie. Contre ses ennemis du monde animal et social, il dispose des activités, qui s'exercent dans la chasse, la lutte, l'art militaire et les industries qui se rattachent à ces activités comme la fabrication des armes. La protection contre les objets inanimés est étroitement unie à la nutrition. Les processus chimiques de l'assimilation et de la désassimilation ne peuvent s'accomplir que sous certaines limites de température. L'ingéniosité de l'homme a augmenté pour lui le nombre des cas où il peut vivre, c'est-à-dire a agrandi pour lui le milieu habitable, grâce à l'invention des abris, des vêtements, du feu. Il peut, pour se nourrir, mettre à contribution une plus grande partie de l'univers. Ces arts divers rendent seuls possible une grande partie de la civilisation. Surtout les délicates opérations mentales qui constituent et caractérisent la civilisation la plus élevée nécessitent l'égalité de température que ces arts procurent. La vie peut être mise en danger d'une autre façon : les relations organiques existant entre les diverses parties du corps peuvent être détruites, ou la structure des tissus peut être endommagée. Ce peut être le résultat du contact avec le milieu physique environnant. Mais les dangers de ce genre les plus sérieux et les plus fréquents auxquels l'homme est exposé, ce sont les attaques d'autres agents conscients, animaux ou humains. La façon la plus ordinaire de résister aux ennemis, animaux ou humains, est la lutte, la guerre qui n'est qu'une lutte sur une plus grande échelle, l'appui du gouvernement qui, en dehors des opérations militaires qu'il peut diriger, fait intervenir la législation et les tribunaux pour rétablir la paix entre adversaires. En passant en revue les formes de protection que nous avons mentionnées, nous remarquons que les formes primaires : les abris, les vêtements, le feu et l'art médical, constituent les moyens les plus directs et plus immédiats, sans parler des opérations nutritives qui assurent l'existence de l'espèce. A peu de distance viennent ensuite les moyens de défense personnelle, lutte, guerre en coopération, et moyen de protection gouvernementale. Tous ces agents de protection ont pour but de conserver le produit de la nutrition, l'énergie.

Il faut faire une distinction dans toutes les activités de protection entre l'action individuelle et l'action sociale. Il est facile à voir qu'abri, vêtements, feu, soins médicaux, peuvent résulter des efforts d'un seul et même individu qui se trouve en avoir besoin, et, dans ce cas, nous sommes en présence non d'un phénomène social, mais d'un phénomène individuel. Au contraire, la lutte et les activités gouvernementales, guerre et cours de justice, sont des activités de nature éminemment sociale. La lutte peut consister en efforts isolés tentés par un individu pour se défendre contre un ennemi de même espèce que lui, mais elle n'en est pas moins un fait social. Le terme social désigne ici l'activité d'un individu dirigée contre un individu de la même espèce. Bien que la lutte soit un fait antisocial au sens restreint, elle est un fait social au sens sociologique du mot.

Il nous faut dire quelques mots encore de la médecine et du gouvernement. Il ne sera pas question des professions dans ce chapitre qui est consacré aux industries de la nutrition et de la protection. Comme le gouvernement a d'autres fonctions que les fonctions défensives, nous l'étudierons dans le chapitre VIII avec les autres agents sociaux. La loi de la survivance des plus aptes, telle que Darwin l'a formulée, proclame que la guerre est une fonction presque aussi nécessaire dans l'évolution des formes supérieures de la vie que la fonction de nutrition et la fonction de protection contre la nature inanimée. Elle ne diffère pas essentiellement de cette dernière. Le froid détruit l'organisme aussi sûrement que les ennemis, animaux ou humains, qui l'attaquent. Les mêmes moyens de protection servent dans l'un comme dans l'autre cas. Maisons ou forteresses protégeront à la fois contre l'ennemi humain et contre les éléments. La médecine est en quelque sorte une guerre contre certaines formes inférieures de la vie animale. Comme l'ont prouvé les recherches de Pasteur et de quelques autres savants modernes, la plupart des maladies les plus répandues et les plus dangereuses sont une conséquence des attaques dirigées contre l'organisme humain par les microbes et les bactéries, c'est-à-dire par de minuscules organismes végétaux ou animaux. Les animaux les plus grands attaquent le corps à l'extérieur ; eux l'attaquent à l'intérieur. Les leucocytes et les antitoxines, qui aident la médecine à combattre les ennemis du dedans sont semblables aux armées et aux munitions de guerre employées contre les ennemis du dehors. Peu d'anthropologistes se sont avisés de mettre le gouvernement au même rang que les maisons et les vêtements et autres moyens de protection dont nous avons parlé dans ce chapitre. Nous croyons cependant qu'une analyse approfondie de ses fonctions essentielles lui assignerait, en effet, cette place dans une classification. Bien que le gouvernement de la communauté civilisée ait des fonctions très complexes, nous pensons que, dans la majorité des cas, il a eu pour origine le besoin d'être protégé contre les ennemis humains. De bonne heure, on a compris l'avantage des guerres faites en coopération sur les efforts isolés de l'individu. Même des animaux, comme les loups et les singes, non seulement s'unissent pour l'attaque comme pour la défense, mais même se soumettent, jusqu'à un certain point, à la direction d'un chef. Tel est l'essence du gouvernement : la soumission d'un individu à la volonté d'un autre, ou l'action d'un individu accomplie conformément aux ordres d'un autre. Nous donnons ici au mot gouvernement un sens plus large que celui de gouvernement politique. Dans chaque forme d'activité sociale, il peut y avoir un tel gouvernement. Et, selon nous, ce n'est qu'en étudiant, à ce point de vue, les formes primitives des gouvernements qu'on peut comprendre exactement les formes primitives du gouvernement politique. Mais un gouvernement d'une espèce supérieure protège non seulement en dirigeant les opérations militaires, mais par la justice distributive et sous une forme encore plus élevée par le mécanisme de la législation. C'est simplement un moyen d'atteindre d'une façon moins directe au but que se propose la lutte, et le résultat est le même : la survivance des plus aptes.

Revenons maintenant aux industries nutritives et protectrices. En premier lieu nous pouvons remarquer que tous les phénomènes économiques et industriels ne sont pas des phénomènes sociaux. En effet tout, dans la science économique, n'est pas du domaine de la science sociale. Non seulement dans la vie primitive, mais partout autour de nous dans l'époque actuelle nous découvrons que les activités économiques les plus simples et les plus directes ayant un rôle dans la nutrition sont mises en jeu par l'effort individuel et non par l'effort social. Par exemple la série des mouvements nécessaires pour amener la nourriture à portée du système digestif, pour approcher la nourriture de la bouche, constitue une fonction évidemment individuelle. Mais, si nous passons à des activités plus indirectes, la cuisson de la nourriture ou la recherche même de cette nourriture au moyen de la cueillette des fruits ou de la chasse, ou même de l'agriculture, nous voyons s'élargir sans cesse le cercle des activités de plus en plus indirectes, qui peuvent toutes être mises en jeu sans qu'il y ait pour cela coopération sociale. Bien que le paysan emploie ordinairement les produits d'un autre individu, nous pouvons concevoir cette coopération très indirecte comme non nécessaire en certains cas. Et même cet échange de produits peut être évité dans les conditions spéciales de la vie des frontières. Une des lois fondamentales régissant les activités nutritives et protectrices est la loi de l'influence du milieu. L'industrie et tous les rouages sociaux qui en dépendent voient en grande partie leur localisation et le degré de leur développement déterminés par la faculté qu'a le milieu de produire une quantité convenable de nourriture.

Quoique nombre de considérations puissent éclipser celle du ravitaillement, la salubrité du climat et les ressources naturelles des industries protectrices et indirectes de l'humanité, cependant la possibilité de ces disponibilités de vivres est le principal facteur qui détermine l'établissement de colonies et la croissance de la population. C'est une simple question d'économie que l'humanité a en vue dans la mise en jeu de cette fonction fondamentale et essentielle de la vie humaine. C'est là où il est possible de trouver de la nourriture avec le moindre travail possible qu'émigreront les hommes[1].

Un des faits les plus importants, dans lesquels on peut voir une application de ce principe, c'est que l'homme tend à habiter les régions les plus favorables à son plus haut développement intellectuel. Là où une intelligence supérieure, soutenue par les moyens indirects de production, peut produire en abondance de la nourriture, sous un climat et dans un milieu qui favorisent la vigueur intellectuelle, là nous rencontrerons les plus belles races. S'il n'y avait pas une foule d'aspirations à satisfaire et si la nature intellectuelle et émotionnelle de l'individu ne demandait pas leur satisfaction, nous ne verrions se manifester aucune activité intellectuelle chez les individus. Il ne se manifesterait

---

1. Herbert Spencer, *Principles of Sociology*, vol. III, section 725.

surtout aucune de ces activités plus ingénieuses et plus complexes qui résultent de ce fait que, pendant des siècles, la pensée humaine a travaillé à atteindre certaines fins, à satisfaire certains besoins. Ici nous pouvons noter au passage l'influence d'une autre loi complémentaire : « Un nouveau milieu, de nouvelles expériences produisent de nouveaux besoins qui donnent naissance, à leur tour, à de nouvelles industries. » La nouvelle loi qu'il nous faut maintenant signaler est la suivante : les moyens employés pour atteindre un but sont déterminés par l'intelligence, et leur complexité et leur « indirection » sont en raison directe de la complexité de structure et de l' « indirection » des activités de l'intelligence. Ici nous arrivons à un autre corollaire. Plus les changements de milieu ont élargi la sphère de sensation de l'homme et par suite le cercle de ses connaissances, et augmenté sa puissance intellectuelle, plus nous devrons nous attendre à rencontrer des processus complets et savants dans les races qui ont accompli beaucoup d'émigrations et ont transmis à leurs descendants les notions acquises dans des habitats variés et au cours des changements des saisons dans une zone tempérée. Ayant subi alternativement le froid et la faim pendant l'hiver et la chaleur brûlante pendant l'été, ces races ont enrichi leur mémoire d'impressions très vives, qui leur donnent plus de prévoyance pour l'avenir et d'habileté à se procurer des vivres ou des vêtements. Examinons encore un autre corollaire. L'industrie, dans sa forme supérieure, réagit sur l'intelligence humaine ; grâce, en effet, à l'emploi des machines et aux perfectionnements des méthodes qui permettent de satisfaire tous les besoins essentiels de l'individu avec une dépense moindre d'énergie mentale, l'intelligence a plus d'occasion de s'élargir, dans les processus systématiques de l'éducation et de la vie complète. Ce supplément de puissance intellectuelle a fait à son tour l'office de stimulant et a multiplié les processus complets qui caractérisent la période industrielle moderne. Le résultat de ce nouveau développement mental a été l'apparition de nouveaux besoins d'une nature secondaire et plus ou moins artificielle, comme le besoin esthétique de nouvelles formes d'art, le désir de nouvelles jouissances et de nouveaux stimulants physiques; et tout cela a donné naissance à de nouvelles industries.

Les moyens les plus économiques de satisfaire les désirs humains sont choisis par l'intelligence et se perpétuent selon la loi de la survivance des plus aptes. C'est là la seconde grande loi qui détermine l'évolution de l'industrie. Les fins restent à peu près les mêmes. Les besoins biologiques fondamentaux de l'organisme humain, en particulier, ne varient point à travers les diverses phases du développement de l'homme. Les moyens cependant varient d'une façon étonnante. Comme on l'a démontré déjà à l'époque d'Aristote, les moyens peuvent varier ainsi qu'un ou plusieurs des facteurs qu'ils comprennent, la cause matérielle, la cause formelle, la cause efficiente et la cause finale. La cause matérielle et la cause finale varient fort peu comparativement à la cause formelle et à la cause efficiente. La pierre et le fer, par exemple, dont l'homme se sert pour les outils ou les machines ont peu changé depuis que la race humaine existe. La cause finale dans l'industrie, si l'on entend par là le but ou résultat atteint dans la satisfaction des derniers besoins humains, reste, comme nous l'avons vu, à peu près identique à travers les âges. Naturellement il y a une cause dernière au-dessus de toute activité humaine et de tous les phénomènes que nous supposons absolument invariables. Mais chaque série de causes industrielles peut être considérée comme une cause finale ou un moyen efficient, et, en s'éloignant des fins biologiques qu'elle sert à atteindre, elle devient de plus en plus instable et soumise au choix de l'ouvrier. La cause efficiente varie donc beaucoup plus que la cause finale ou la cause matérielle. Mais c'est la cause formelle qui est de toute la plus changeante. L'idéal industriel de l'inventeur est rarement réalisé. Les formes qui existent dans l'esprit de l'inventeur sont beaucoup plus nombreuses que les moyens efficients employés dans leur réalisation. Ne revenons-nous pas ici à une loi que nous avons déjà posée, suivant laquelle les progrès de la civilisation se font en raison directe de la complexité des idées? Donc le progrès industriel de la civilisation dépend de la cause formelle ou intellectuelle beaucoup plus que de toute autre cause qui pourrait être mentionnée. Les moyens employés à réaliser ces idéals leur sont naturellement subordonnés. Cela est plus vrai encore des matériaux dont il sera fait usage et de la fin industrielle qui sera atteinte.

Enfin nous arrivons à une loi sociologique et non plus seulement anthropologique, d'après laquelle la coopération est un moyen industriel des plus économiques, en grande partie parce qu'on ne peut arriver au maximum d'habileté mécanique qu'en répétant constamment un nombre restreint de mouvements, comme cela se fait d'une façon caractéristique dans la division moderne du travail[1]. Ce dernier principe

1. Herbert Spencer, *Principles of Sociology*, vol. III, section 729.

de l'économie de l'effort humain est la base de toutes les lois sociologiques relatives à l'industrie. Toutes les lois indiquées précédemment ont cependant leur côté social aussi bien que leur côté individuel. Par exemple, toute consociation nutritive trouve son origine dans le désir de l'homme. Tous les moyens sociaux employés en vue de la nutrition sont déterminés par l'intelligence. Certains de ces moyens sociaux survivent et d'autres disparaissent d'après la loi de la survivance des plus économiques. Les corollaires relatifs à la consociation : *a*) d'un nouveau milieu naissent de nouveaux besoins qui produisent à leur tour de nouvelles activités ; *b*) un nouveau milieu procure de nouvelles expériences et une sagesse qui donne naissance à son tour à de nouvelles activités sociales : tous ces corollaires et les autres principes de consociation nutritive peuvent être exprimés en termes plus généraux par la loi de l'évolution. Il se produit une différentiation constante du milieu, des expériences intellectuelles, des désirs et des inventions et, par conséquent, des procédés industriels et des résultats. La chose importante à retenir, c'est que l'évolution des procédés et des instruments ne s'explique pas par elle-même et ne suit pas nécessairement la loi de complexité croissante. Il n'y a pas de rapports d'évolution directs et nécessaires d'une machine à l'autre, il y a seulement une évolution des idées ayant présidé à la fabrication de ces machines, ou une évolution de causes encore plus lointaines. Il y a encore moins d'évolution par ordre constant de complexité croissante dans les produits de l'industrie, instruments ou formes de nourriture. Une poignée de sel consommée aujourd'hui ressemble exactement à une poignée de sel consommée par nos ancêtres sauvages, bien que les procédés industriels et commerciaux qui nous ont procuré ce sel soient infiniment plus complexes. Derrière ces procédés nous rencontrerons un accroissement décisif de complexité dans les processus intellectuels qu'implique cette industrie. De même, bien que les machines et les outils semblent devenir plus complexes en vertu de quelque loi directe et aient été considérés comme la caractéristique des progrès de la civilisation, il faut, pour retrouver la complexité fondamentale, remonter aux processus intellectuels qui ont nécessité ces machines et les ont produites. C'est l'évolution des idées et du système nerveux qui détermine toutes les autres évolutions dans le progrès de la civilisation.

Le lecteur pourra trouver lui-même la contre-partie de la loi de l'évolution. Parallèlement à cette différentiation croissante, on peut observer aussi une intégration croissante. Du côté purement social, on rencontrera une spécialisation toujours plus grande des activités individuelles et des systèmes de coopération de plus en plus complets. En général, on remarquera que le progrès s'effectue grâce à un passage de l'individualisme à la coopération. Des activités sociales plus lointaines, l'éducation, par exemple, auront une influence déterminante sur l'évolution du facteur fondamental, sur le progrès intellectuel de la race. Mais ces moyens sociaux indirects et quelques autres encore seront étudiés dans le prochain chapitre. A un autre point de vue, on peut dire que la civilisation, le progrès, consistent en ceci : l'homme domine de plus en plus la nature. De plus en plus, le milieu est mis à contribution non seulement pour satisfaire les besoins essentiels grâce à la nourriture et aux vêtements, mais encore pour satisfaire les différents désirs qui peuvent naître. Mason a donné, d'après les œuvres des divers anthropologues, une vue générale très large de l'évolution des inventions : « Les modifications des objets et des inventions, considérées au point de vue de leur puissance et de leurs résultats, dit-il, permettent de formuler la loi d'évolution suivante : 1° Dans la vie très primitive, les inventions ont été des objets naturels, nullement modifiés dans leur matière ou dans leur forme et employés à l'usage auquel ils sont naturellement destinés ; les épines, par exemple, servaient à percer des trous ; les dents des rongeurs à ciseler ; 2° Puis les objets naturels sont légèrement modifiés dans leur structure afin de leur permettre de mieux remplir leur office dans l'accomplissement des mêmes travaux. On fixe les dents à un manche et on aiguise les épines ; 3° Les objets naturels un peu modifiés dans leur forme servent à de nouveaux usages. Les pierres sont employées comme marteaux, des branches d'arbres comme armes ; 4° Les formes naturelles et les objets naturels sont copiés, avec des matières variées, pour une multitude d'usages, par exemple on imite les gourdes en bois, en vannerie, en argile ; 5° Les objets naturels et la matière naturelle modifiés dans leur forme sont employés à divers usages. C'est ici la série la plus nombreuse ; elle n'a cessé de croître en complexité ; 6° Évolution du pouvoir moteur : homme, ressorts élastiques, pesanteur, animaux, vent, eaux courantes, vapeur, forces chimiques et électriques ; 7° Imitation de l'activité humaine par les machines ; 8° Multiplication de la force humaine par la force mécanique, plans inclinés, coins, rouleaux, roues, roues à axe, poulies et vis ; 9° Appareils de coopération nécessitant la présence d'un certain nombre d'hommes et exécutant plusieurs fonctions à la fois[1]. »

Si nous prenons l'industrie à sa phase demi-humaine et si nous la suivons dans ses grandes lignes jusqu'à l'époque actuelle, nous observerons, comme nous l'avons déjà fait pour les associations de reproduction, une évolution graduelle partant de formes de consociation par contrainte pour aboutir à la forme contractuelle, qui est une caractéristique de l'époque présente. La cause subjective de ce changement a été le progrès de l'intelligence générale et, par suite, l'accroissement de l'égalité et du désir de liberté[2].

Au point de vue objectif, la forme forcée de la coopération constituait à l'origine un avantage économique pour la race et a survécu presque jusqu'à la génération actuelle, en Amérique, sous la forme de l'esclavage. Mais elle a cédé finalement la place à la forme plus économique du contrat et de la coopération libres. La forme de la contrainte a probablement son origine dans la famille primitive. Les parents trouvaient convenable, économique et agréable de disposer du travail de l'enfant, et, comme il était naturel et facile à l'enfant, dans son jeune âge, d'obéir à la volonté plus ferme, à l'esprit plus développé de son père, il continua à le faire une fois devenu un adulte. Telle est l'origine du gouvernement patriarcal. Tantôt le père conserve son autorité jusqu'à sa mort, tantôt, aussi longtemps seulement qu'il reste en possession de ses forces physiques ou est toujours capable de gouverner. L'homme primitif imposait

---

1. Otis-T. Mason, *The Origins of Inventions*, London, 1895, p. 411.
2. Herbert Spencer, *Principles of Sociology*, vol. III, sections 773, 817.

sa volonté non seulement à ses enfants, mais à sa femme ; les relations conjugales avaient enseigné à la femme la soumission ; elle allait maintenant subir le joug plus pesant de l'industrie. Il lui fallait fendre du bois, puiser de l'eau, accomplir les pénibles obligations de l'existence pendant que son mari se livrait aux divertissements de la chasse et de la guerre. Le système d'industrie obligatoire que nous avons désigné sous le nom d'esclavage mit probablement plus de temps à se développer. La coopération révêtait alors encore sa forme la moins économique ; les inventions des propriétaires d'esclaves n'avaient point atteint le degré de raffinement auquel elles sont arrivées dans les temps modernes ; puis l'on n'avait ni les maisons, ni les chaînes, qui forment le moyen le plus usuel de garder les esclaves : le système aurait eu plus de désagréments que d'avantages. Plutôt que d'entretenir des prisonniers, le sauvage aimait mieux les tuer, ou même, dans certaines parties du monde, les manger. L'anthropophagie était, en réalité, une véritable forme de consociation nutritive dans la mesure où le même objet de subsistance était fourni par cette forme d'activité sociale. Il n'est pas étonnant que, dans certaines tribus, sauvages ou demi-humaines, il y ait eu une tendance marquée à se nourrir de cette façon, surtout en temps de famine ou de disette. L'homme devenant de plus en plus maître de la nature, les travaux à accomplir nécessitaient un plus grand nombre de bras ; il devint alors plus économique de réduire les captifs en esclavage que de les manger ou de les tuer. Nous n'avons nullement besoin de retracer ici la longue histoire de l'esclavage, qui a encore ses partisans parmi les hommes de notre génération, non seulement parce que l'esclavage est une institution avantageuse pour la race supérieure et qu'il est désirable de voir se développer les races supérieures aux dépens des races inférieures, conformément au principe de la survivance des plus aptes, mais parce que c'est également le moyen le plus humain et le plus chrétien de régler le conflit entre les races. Au lieu de détruire les races les plus faibles ou les moins avancées en civilisation, disent les partisans de l'esclavage, au lieu de les dépouiller de leurs territoires et de leurs moyens d'existence, étendons sur elles l'influence de la civilisation en leur faisant gagner leur vie comme elles le pourront, et hâtons de cette manière leur évolution. Ces théoriciens font également remarquer que la différentiation des races et des rameaux ethniques est nécessaire pour la bonne exécution des différentes œuvres humaines et surtout pour vaincre la nature dans les régions extrêmement fertiles des tropiques, dont le climat est fatal à l'ouvrier de race blanche. Les résultats donnés par l'émancipation des noirs suffisent peut-être à réfuter ces théories et les théories analogues, émises par les anthropologistes et sociologues les plus anciens des États-Unis.

On peut supposer que l'idée d'une coopération à l'amiable naquit lorsqu'on eut expérimenté l'économie qu'offrait la coopération obligatoire. Lorsque le fils devenu homme fut tenté de reprendre sa liberté et de travailler pour son propre compte, le père conserva son autorité sur lui en s'entendant avec lui et en lui accordant quelques concessions supplémentaires. Dans une horde primitive pouvait naître le désir d'entreprendre quelque œuvre trop ardue pour un seul individu : attaquer un mammouth, soulever des pierres ou des troncs d'arbres pour construire un abri ou un pont.

Dès lors s'établissait la coopération. Ce moyen économique une fois utilisé, soit à la suite d'un hasard, soit par suite d'une invention rationnelle, était imité et survivait en qualité de forme industrielle plus apte.

Finalement chaque génération hérita d'un si grand nombre de formes de coopération qu'un homme, une tribu ou un peuple, doué de tendances plus individualistes, ne pouvait nullement lutter contre ces tendances. Les membres nouveaux de la société, les enfants, en arrivant à l'âge d'homme, même s'ils n'avaient pas acquis par hérédité les tendances coopératives ou les dispositions sociales qui en résultent, n'avaient rien autre chose à faire que d'accepter tacitement le système et de demander à faire partie de la combinaison. Il est aussi impossible de se soustraire au système industriel moderne qu'il l'était jadis de s'arracher de l'esclavage. Il y a maintenant, en un certain sens, beaucoup plus de liberté pour ceux qui entrent dans les voies nouvelles et plus larges ouvertes à la vie par le développement supérieur des industries. L'indirection des moyens industriels restreint la liberté individuelle, mais l'homme accepte sans peine ce sacrifice, qui est compensé par une augmentation des moyens d'activité supérieure que ne lui fournirait pas l'état sauvage.

Un chapitre sur la forme des consociations nutritives serait incomplet, si nous nous contentions d'étudier uniquement la forme de contrainte et la forme contractuelle. Il y a un type d'activité altruiste ou bienfaisante, par exemple l'activité de la mère nourrissant son enfant, qui ne demande aucune rémunération pour la peine prise. Cette forme d'activité ressemble plus à la forme pacifique et contractuelle qu'à celle qui a la forme de contrainte, mais elle ne peut s'identifier ni avec l'une, ni avec l'autre. Avant tout, il faut se souvenir que cette forme altruiste est la forme la plus ancienne de consociation nutritive. On peut dire qu'elle a son origine dans une satisfaction assez profonde. Mais, quoiqu'on fasse pour prouver que cet effort altruiste est seulement une forme d'effort égoïste, il est un fait certain, c'est que c'est là le seul moyen que l'enfant ait de vivre jusqu'à ce qu'il soit devenu assez fort et ait acquis assez de connaissances pour se risquer dans la lutte pour la vie. D'ailleurs, même dans la vie sauvage, ce sentiment altruiste continue lorsque l'enfant a déjà franchi la période du premier âge. Sans parler du dévouement conjugal ou filial, qui est plus ou moins communément développé, ni de la façon dont mari et femme, parents et enfants, se fournissent mutuellement les choses nécessaires à la vie, on peut remarquer, dans des peuplades très éloignées les unes des autres, de curieuses coutumes, comme celle de nourrir et de protéger l'étranger habitant dans les limites de la tribu. A l'intérieur de ces limites, les lois de l'hospitalité font taire les passions belliqueuses ou haineuses les plus puissantes. On peut noter, dans le progrès de la civilisation, un développement croissant des activités altruistes[1].

Il n'y a certainement jamais eu autant d'institutions charitables, d'asiles pour les aveugles, les idiots, les fous, d'hôpitaux pour les malades et les estropiés, qu'il y en a de nos jours. Nous n'abandonnerons pas la question de la nutrition, de la protection et de la reproduction sans faire remarquer l'importance de

---

1. Herbert Spencer, *Principles of Ethics*, vol. I, section 80.

l'énergie dans la survivance. L'énergie est l'équivalent de tous les facteurs et de tous les phénomènes de la vie humaine. La vie et toutes ses expériences contribuent à la créer, et tout s'accomplit grâce à elle. Selon la loi de la conservation de l'énergie, l'homme est un centre, un point de convergence des forces cosmiques qui s'exercent sur lui. Lui, à son tour, les transmet sous la forme de la pensée ou des arts humains. Faut-il chercher l'origine principale de l'énergie d'un individu donné dans l'hérédité ou le milieu? L'hérédité est certainement la cause productrice essentielle, car, si l'individu n'hérite pas d'un bon organisme, les influences du milieu ne peuvent être utilisées jusqu'au bout. C'est par l'hérédité qu'il faut surtout expliquer les différences entre les individus d'espèces différentes[1]; c'est par le milieu qu'il faut expliquer principalement les différences entre les individus de même descendance héréditaire. Ici se manifeste l'importance capitale d'une nourriture et d'une température convenables dans la production de l'énergie. Il ne faut pas s'étonner de voir, à la tête des nations civilisées, une race qui se nourrit de viande de bœuf. Son énergie la rend plus apte à dominer l'homme et la nature aussi bien qu'à utiliser, sinon à créer la science et la philosophie. Seuls l'art et la science accumulés par nos ancêtres peuvent exister jusqu'à un certain point indépendamment de l'énergie d'une nation donnée. C'est là, avec l'énergie native, la seconde explication à donner de la civilisation. Mais au premier rang vient l'énergie, car, si elle n'est pas placée à la base de tout,

---

1. Ch. Letourneau, *la Sociologie d'après l'ethnographie*, London, 1893, p. 31.

utilisée sous forme d'activité mentale, on ne peut tirer profit du fonds de connaissances qui est le patrimoine de la race. De toutes les races énergiques celles qui sont destinées à survivre le plus sont celles qui ont reçu une instruction semblable.

Si les principes précédents relatifs à l'évolution des industries nutritives et protectrices sont exacts, nous pouvons les combiner avec les maigres données de la préhistoire et tenter ainsi de reconstituer l'évolution de la civilisation occidentale depuis l'époque de l'homme paléolithique. Il est facile à voir que certains arts, certaines inventions ont dû caractériser chaque époque du passé et faire de certaines époques des tournants de l'histoire humaine. Il conviendra dans cette esquisse de noter également l'évolution des activités primaires de l'intelligence et de la fonction esthétique, à cause de la grande influence qu'elles ont eue, la première surtout, sur les activités nutritives. Nous pouvons supposer que la race semi-humaine prit naissance dans un habitat de température assez élevée où elle n'avait pas plus besoin de vêtements que les gorilles ou les singes[1]. On suppose également que, comme eux, l'homme était un frugivore[2]. L'homme ne devint véritablement homme que lorsqu'il acquit l'usage du langage[3] et du feu. Lorsqu'il n'employait que des objets très simples, comme un bâton ou une pierre à leur état naturel, il différait fort peu des espèces supérieures de singes. Si l'homme a

1. G. de Mortillet, *le Préhistorique*, Paris, 1883, p. 251, 353 ; Ch. Letourneau, *la Sociologie d'après l'ethnographie*, London, p. 16.
2. G. de Mortillet, *op. cit.*, p. 354.
3. E.-B. Tylor, *Anthropology*, p. 122. Sur cette question, G. de Mortillet dit : « L'homme chelléen, n'ayant pas d'apophyse géni, n'avait pas la parole..., ne faisait pas usage du langage articulé. » (*Le*

eu son berceau dans le sud-ouest de l'Europe[1], il est facile d'expliquer le degré supérieur de civilisation de l'âge glaciaire par les changements survenus dans le milieu physique qu'il habitait[2]. Tandis qu'un grand nombre d'animaux des tropiques qui, jusqu'à l'époque glaciaire, avaient habité la France ont disparu d'Europe ou péri, l'intelligence supérieure de l'homme lui a permis de s'adapter à ce nouveau milieu.

Non seulement il utilisa les cavernes et les abris naturels comme faisaient les animaux[3], mais il a modifié ces abris et, finalement, en a construit lui-même. La forme des premiers abris dépendait de la nature du milieu. Les habitations construites avec des arbres étaient tout indiquées dans une région boisée. Là où il n'y avait ni arbres ni cavernes on se servait d'un trou creusé dans le sol et recouvert avec des peaux d'animaux[4]. Les « dug-outs » en usage au Dakota sont un retour à ce type d'habitation primitive, et montrent qu'actuellement, comme dans la vie sauvage, les inventions et les arts utiles procèdent toujours en suivant la ligne de moindre résistance.

L'homme de l'âge glaciaire apprit aussi l'art de faire

Préhistorique, p. 250.) Cependant Zaborowski, après avoir d'abord adopté cet argument, s'est rallié ensuite à notre manière de voir. Il dit : « Il n'est pas douteux qu'il en possédait un, le langage articulé étant notre seul caractère distinctif incontestable. » (*L'Homme préhistorique*, p. 61.)

1. Brinton, *Races and Peoples*, p. 84 ; G. de Mortillet, *le Préhistorique*, p. 628.
2. Zaborowski, *l'Homme préhistorique*, pp. 83 et suiv.
3. Zaborowski, *l'Homme préhistorique*, p. 67 ; G. de Mortillet, *le Préhistorique*, p. 353 ; Marquis de Nadaillac, *les Premiers Hommes*, vol. I, p. 108.
4. Voir Tylor, *Anthropology*, pp. 229 et suiv., sur l'évolution des habitations.

du feu[1] s'il ne le possédait pas déjà; il apprit à porter sur lui-même une partie de son abri et à utiliser comme vêtements les peaux brutes des animaux qu'il tuait[2]. Ce ne fut certainement pas dans ce milieu qu'il faut chercher à attribuer l'origine des vêtements employés à un désir d'ornement ou à la pudeur, comme l'ont cru certains anthropologistes. Il est peu probable que ce soit le sens esthétique qui ait le premier rendu les vêtements nécessaires. Il apparaît beaucoup plus tard que les fonctions bien plus essentielles de la protection. Il n'est guère vraisemblable non plus que ce soit le sentiment de pudeur ou de modestie; il est assez raffiné et a fait son apparition relativement tard. La race semi-humaine n'avait probablement pas plus de honte de sa nudité que les races supérieures de singes[3]. Il est probable que, sous l'influence de la période glaciaire, tout autre genre de nourriture ayant disparu, l'homme, poussé par la faim, essaya de manger de la chair comme il le voyait faire aux autres animaux, et se sentant même plus satisfait de cette nourriture que de toute autre, étant donné le refroidissement croissant de la température, il devint un animal carnivore[4]. Les simples instruments de pierres se diversifient et deviennent des armes défensives aussi bien qu'offensives[5]. La lutte pour l'existence est âpre, non seulement entre l'homme et les autres animaux, mais encore entre les individus de l'espèce humaine.

1. Brinton, *Races and Peoples*, p. 92.
2. Mortillet, *le Préhistorique*, p. 353; *Origines de la chasse, de la pêche et de l'agriculture*, Paris, 1890, pp. 70-80.
3. Letourneau, *la Sociologie d'après l'ethnologie*, London, p. 57.
4. Mortillet, *le Préhistorique*, p. 354; Nadaillac, *les Premiers Hommes*, vol. I, p. 103.
5. Mortillet, *le Préhistorique*, pp. 253, 254.

Si nous pouvons supposer que la formation des glaciers rejeta une partie des habitants de l'Europe dans les régions arides environnantes de l'Afrique et de l'Asie[1], particulièrement en Égypte, nous pouvons expliquer les circonstances qui firent faire à la civilisation un grand pas, le hiatus[2] qu'on remarque en Europe entre l'homme paléolithique et l'habitant des maisons lacustres, et cette civilisation paléolithique de l'Égypte qui semble dépasser celles que l'on rencontre partout ailleurs[3]. L'homme ne peut avoir pris naissance dans ces plaines arides; il a dû y venir à la suite d'une émigration. Dans ce nouveau milieu, la première chose qu'il fut obligé d'apprendre, ce fut de mettre en réserve de la nourriture de façon à pouvoir vivre pendant les inondations successives du Nil. Ces circonstances l'ont conduit non seulement à amasser les grains poussés naturellement dans la vallée, mais aussi à adopter la vie pastorale[4], car dans les plaines voisines on pouvait, comme cela se pratique encore de nos jours en Arabie, entretenir des troupeaux en les conduisant de pâturages en pâturages. L'homme avait ainsi à sa disposition du lait et de la viande pour se nourrir, des peaux pour se couvrir. Comme il était important de conserver l'eau aussi bien que des aliments, la poterie fut inventée. Il fallut longtemps pour passer de la récolte des moissons naturelles à l'agriculture proprement dite, semailles, préparation du sol, irrigation; mais il n'y a là qu'un

1. Mortillet, *op. cit.*, p. 288.
2. Mortillet, *op. cit.*, pp. 479 et suiv.
3. Brinton, *Races and Peoples*, p. 91; Zaborowski, *l'Homme préhistorique*, p. 183.
4. Selon G. de Mortillet, la domestication eut son origine en Asie-Mineure, en Arménie et sur le versant sud du Caucase. *Le Préhistorique*, p. 576.)

développement de l'esprit de prévoyance qui faisait mettre en réserve des aliments, un développement de l'« indirection » des moyens employés. Dès cette époque, l'homme s'est servi de bêtes de trait aussi bien que de bêtes de somme pour augmenter sa force, et l'esclavage, surtout utile en agriculture, parut peut-être alors. Depuis longtemps on avait remarqué la supériorité des métaux, du fer peut-être aussi bien que du bronze, pour les usages de la guerre ou de l'industrie, par comparaison avec les instruments en bois, en pierre ou en os des âges précédents. L'arc fut inventé[1], et par évolution, des troncs d'arbres flottants ou des radeaux, on passa facilement aux bateaux[2].

Nous arrivons ici à la civilisation que nous trouvons soudainement apportée d'Orient par les lacustres de la Suisse. Pendant l'intervalle, la civilisation aborigène avait fait quelques progrès, très lents à la vérité[3]. Les conditions plus favorables de la période post-glaciaire laissèrent à l'homme des loisirs plus nombreux, car son intelligence était plus développée, ainsi que ses moyens d'existence. Un peu de son énergie nous est représentée par les beaux-arts[4] qui ont pu se développer en Égypte pendant ses loisirs. Auparavant, comme l'a dit Letourneau, toutes les facultés de son intelligence étaient absorbées dans la recherche de la nourriture journalière[5]. Dès lors apparaissent la poterie[6] et

1. Tylor, *Anthropology*, p. 195; Zaborowski, *l'Homme préhistorique*, p. 127.
2. Nadaillac, *les Premiers Hommes*, vol. II, p. 198.
3. G. de Mortillet, *le Préhistorique*, pp. 354, 483.
4. G. de Mortillet, *Origines de la chasse, de la pêche et de l'agriculture*, p. 9.
5. *Sociologie d'après l'ethnologie*, London, p. 37.
6. L'existence de la poterie à l'époque quaternaire est formellement contestée. Parmi les opinions qui l'affirment, voir Nadail-

la domestication des animaux[1], mais les formes supérieures de ces industries ont été empruntées plutôt aux nouveaux venus qu'elles ne se sont développées par suite d'expériences personnelles[2]. L'Orient garda cependant le sceptre de la civilisation et ne le transmit à la France que par l'intermédiaire de la Grèce et de Rome, que lorsque l'Europe du Nord eut cessé de faire des emprunts aux autres nations, et se mit à découvrir elle-même les principaux facteurs du progrès. Il se produit ici une autre lacune en France entre la civilisation des lacustres et celle des âges de barbarie. Si nous voulons observer une évolution réelle, il nous faut retourner en Égypte, où nous trouvons les hiéroglyphes, qui conduisent finalement aux caractères de l'alphabet[3]. Nous avons alors une transition entre la civilisation protohistorique et la civilisation historique. Nous pouvons nous imaginer cependant qu'auparavant le développement du commerce[4] ou les grandes guerres ont dû conduire la civilisation à des progrès considérables. Si dissemblables que soient la guerre et le commerce, ils ont tous deux concouru cependant au même but, permis aux peuples les plus aptes de triompher des peuples moins aptes et de les utiliser au profit de leur propre développement. Avec le commerce apparaît la monnaie[5], et avec les grandes

lac, les Premiers Hommes, vol. I, p. 97 et suiv.; Hamy, Précis de paléontologie humaine, Paris, pp. 229, 290, 312. Pour l'opinion contraire, voir : G. de Mortillet, le Préhistorique, p. 558; Tylor, Anthropology, p. 274.

1. Ce fait est aussi contesté. Voir Zaborowski, l'Homme préhistorique, p. 125; Mortillet, le Préhistorique, pp. 385-388, 576.
2. G. de Mortillet, le Préhistorique, p. 483.
3. Tylor, Anthropology, pp. 178, 179.
4. Nadaillac, les Premiers Hommes, vol. II, p. 186 et suiv.
5. Tylor, Anthropology, p. 283.

guerres de nouveaux engins de destruction et, finalement, les cuirasses. En même temps le commerce et la guerre, étant donné l'importance croissante prise dans l'un et dans l'autre par la coopération, rendaient nécessaires, des moyens de communication plus perfectionnés et alors naquit l'écriture.

Avant que les Romains aient transmis aux Gaulois leur science et l'art de l'écriture, les Gaulois avaient, comme dans la période précédente, fait quelques progrès, quoique très lents. Ils trouvèrent dans l'armure quelques-uns des éléments de la puissance romaine ; ils accomplirent des prouesses guerrières ; le commerce et les arts utiles atteignirent chez eux une certaine extension. Autrement dit, le Gaulois pouvait à ce moment, dans une très large mesure, prendre place dans la civilisation historique, bien qu'il ne fût pas encore en possession des caractères d'écritures, qui sont le véritable signe de la civilisation.

Il est inutile de répéter ce que savent tous ceux qui étudient l'histoire et ses divers tournants, l'apparition du christianisme, le développement de la coopération, l'invention de l'imprimerie et la remarquable mise à contribution des forces naturelles qui caractérise l'époque actuelle.

Il nous reste peu de place pour parler, en terminant, des fonctions d'innervation et de locomotion et des fonctions esthétiques. L'auteur a cependant discuté avec assez de détails divers points de doctrine relativement à ces fonctions, à leur origine, leur influence dans l'histoire de la civilisation, certaines lois qui les gouvernent, comme la dépendance réciproque de la connaissance et de l'énergie humaine, et l'état de dépendance où toutes les autres activités sont placées vis-à-vis de l'évolution des idées. Il est inutile de rappeler les lois de l'activité mentale. Elles sont présentes à la mémoire de tous ceux qui s'occupent de psychologie ou de logique. Mais certaines pages de cet ouvrage deviendront plus claires si nous définissons, à un point de vue anthropologique et biologique, les termes suivants : innervation, intelligence, science et art, connaissance et instruction, fonction esthétique, beaux-arts, en expliquant pourquoi ils sont examinés et classés avec les activités primaires. Leur définition et leur classification dépendent en partie de la théorie que nous en donnons.

Ce qui justifie l'existence de certaines associations scientifiques, c'est qu'elles fournissent aux arts utiles les matériaux dont ils ont besoin, bien que les membres de ces sociétés croient travailler seulement pour la science pure et déclarent n'avoir aucun but pratique. En réalité, une partie de leurs travaux est dénuée de toute utilité pour le monde. Mais, pour le reste de leur œuvre, on ne peut dès maintenant en apprécier la valeur; il est cependant destiné à avoir une grande importance dans les applications futures de la science, en conduisant à des découvertes scientifiques qui, à leur tour, trouveront leur application. Cet exemple montre l'impossibilité d'établir, dans notre classification, une séparation absolue entre l'innervation, qui est simplement un moyen utilisé par la nutrition et les autres activités, d'un côté, et l'innervation considérée comme fin en soi. Les besoins intellectuels étant devenus extrêmement puissants chez certains peuples civilisés, l'innervation trouve par suite sa justification comme fin en soi, puisqu'elle est un des éléments essentiels de la vie. Ces deux distinctions existent à la fois dans l'art et dans la

science. L'art, par exemple, se divise en deux sections :
1° les arts utiles, qui sont directement au service des
activités nutritives et autres; 2° les beaux-arts, qui sont
une fin en soi. Le jeu peut être classé parmi les beaux-
arts ; certains arts, comme l'architecture, sont une combinaison des deux variétés d'art. Dans une partie de
notre discussion, nous pouvons combiner l'innervation-
moyen et l'innervation-fin ; la même loi psychologique
s'applique en effet dans les deux cas. Mais, dans d'autres
domaines, nous devrons les distinguer avec soin, car
certaines lois ont leur origine dans ce fait que, en
certains cas, l'innervation est simplement un moyen.
Dans la vie réelle, il est la plupart du temps impossible
d'établir une telle distinction. Au cours d'un même
acte, le sujet peut être conscient de son but à certains
moments et, à certains moments aussi, n'en avoir point
conscience. Mais l'analyse mentale nous permettra de
séparer les deux espèces d'innervation. Si nous établis-
sons une distinction semblable dans nos définitions et
prenons pour moyen de contrôle la conscience d'une
fin, il nous faudra donner de l'innervation une définition distincte de celle des autres activités, de l'activité,
par exemple, qui n'a d'autre but que la satisfaction
directe et unique de certaines appétitions simples de
l'individu : le désir de la connaissance, le désir de créer
ou d'acquérir une supériorité quelconque. En d'autres
termes, nous trouvons que certaines facultés intellectuelles et volitives sont inhérentes à la constitution
humaine. Quelle que soit leur origine, elles ont, jusqu'à
un certain point, une fin dernière aussi indépendante
que les facultés nutritives et protectrices les plus élémentaires de l'organisme. L'action mentale aussi bien
que l'action corporelle est devenue un plaisir en soi,

indépendamment de tous les avantages qu'elle peut procurer à l'organisme ; l'innervation, définie indépendamment de sa fin, est simplement une vibration d'éléments nerveux, périphériques et centraux. Pour parler sans ambages, nous dirons que, du côté moteur, il y a l'art, du côté sensoriel et acquisitif, il y a la science.

Notre façon d'étudier l'art dans ce chapitre se distinguera de la méthode adoptée dans le chapitre x, c'est-à-dire que nous n'étudierons ni les règles de l'éthique, ni celles des arts utiles. Ici nous faisons des activités artistiques le sujet d'étude de la science, nous en sommes à une science de l'art. Nous considérons, dans l'art, l'universel, le passé plutôt que les possibilités de l'avenir.

D'après ce que nous avons dit, on entrevoit la définition de l'intelligence. C'est une fonction d'acquisition plutôt que d'action, sensorielle plutôt que motrice. Nous définirons ici la connaissance non comme sentiment de certitude, comme conviction, mais comme reconnaissance de la vérité, comme sentiment interne correspondant à une sensation externe. Pour la distinguer du savoir, nous dirons que la connaissance est le savoir de l'homme moyen. La fonction esthétique comprend à la fois les activités de connaissance et les activités d'action, qui sont accompagnées par l'idée de beauté. Elle est, par suite, tantôt critique, tantôt créatrice et pratique. Les divers beaux-arts sont des subdivisions des activités esthétiques, créatrices et pratiques.

Les arts utiles recherchent l'utilité plutôt que la beauté. Ils sont simplement des moyens de satisfaire certains désirs, particulièrement ceux de nutrition, de protection et de reproduction. L'étude des arts utiles, par suite, rentre dans la question de l'industrie. Enfin nous établirons une distinction entre les activités d'innervation et les activités d'éducation. Ici également nous observons qu'en bien des cas il est impossible d'établir une séparation nette au sein de la vie réelle. Les mêmes activités intellectuelles peuvent être mises en jeu à la fois par le désir d'acquérir des connaissances et par le désir de se préparer pour l'avenir. Cette préparation peut être appelée activité éducationnelle. En un certain sens, toutes les activités sont éducationnelles en ce qu'elles rendent l'individu inapte ou apte aux activités futures. Il nous faudra définir, d'une façon un peu arbitraire, les activités éducationnelles, celles qui non seulement auront pour résultat une préparation de l'homme aux activités futures, mais qui ont été mises en jeu par le désir d'arriver à une préparation de ce genre, et, en général, l'activité excitée par le désir d'exercer certaines facultés individuelles, sensation, pensée, sentiments, volition indépendante de la pensée d'un objet ultérieur.

Parmi les lois qui régissent les processus de la connaissance dans l'innervation, il est d'une importance capitale d'examiner celles qui ont rapport à l'évolution des idées. Comme nous l'avons fait remarquer quelque part, l'histoire de l'industrie, sinon l'histoire de la civilisation tout entière, est déterminée directement par cette dernière. C'est une loi nécessaire de l'idéation, que les idées doivent évoluer, c'est-à-dire arriver à un degré plus élevé à la fois d'intégration et d'hétérogénéité. La première loi est la loi de synthèse, la seconde est un corollaire de la loi d'après laquelle l'intérieur subit l'influence de l'extérieur, car l'accroissement des idées constitue un double résultat. Il provient d'abord d'un accroissement du nombre des objets de la pensée; non seulement le milieu change à nos yeux, non seulement nous pénétrons dans d'autres milieux, mais le milieu qui existe aujourd'hui, et spécialement le milieu social, devient un sujet historique et augmente, lui aussi, le nombre des objets de connaissance possibles. De plus, à mesure que le nombre des perceptions augmente, s'accroît aussi la puissance perceptive qui vit du passé.

Selon l'expression de Spencer[1], on peut dire que l'évolution des idées se fait de l'indéfini au défini, du qualitatif au quantitatif. Ce que nous avons dit précédemment est donc d'accord en substance avec la loi de l'évolution de la croyance cherchant à atteindre la vérité. Elle a été formulée par Comte, qui établit trois phases: la phase théologique, la phase métaphysique et la phase positive[2]. Car la science ou connaissance mentionnée précédemment est la connaissance vraie; par suite elle augmente naturellement en raison inverse de l'ignorance ou des croyances empiriques. Les idées de la race évoluent aussi bien que celles de l'individu, et c'est ce qui expliquera en grande partie l'histoire de la civilisation. Le système complexe des pensées qui peut avoir évolué dans la conscience de l'individu ne meurt pas avec lui. Il se transmet, en partie du moins, aux générations suivantes par le langage, écrit ou parlé, dont l'individu a fait usage de son vivant. Dans le monde tel qu'il existe, ce processus peut se poursuivre depuis l'origine de la race jusqu'à sa disparition finale. C'est pourquoi nous rencontrons dans l'évolution humaine un élément qui manque entièrement dans l'évolution des choses inorganiques. L'instant capital, dans

---

1. *First Principles*, New-York, 4e édition, pp. 317, 318.
2. *Cours de philosophie positive*, 2e édition, vol. I, p. 15.

l'histoire de l'évolution de l'univers, ce fut quand, pour la première fois, la vie sensitive fit son apparition. En fait, le déterministe peut considérer la science comme n'étant pas un produit uniquement humain. Même dans les phases les plus élevées de la science, la matière inerte contribue à la développer. Les livres eux-mêmes sont de la matière inerte, à laquelle, il faut l'ajouter, une forme telle a été donnée par la conscience humaine, que ces livres réagissent sur le philosophe qui les lit et augmentent ainsi le nombre de ses idées beaucoup plus que ne pourraient le faire les simples observations et la spéculation. Mais, de même, certaines autres formes matérielles auxquelles l'homme a incorporé ses idées, les machines et les monuments, contribuent aussi à accroître les idées du philosophe. Le philosophe a aussi pour collaboratrices toutes les formes matérielles qui l'entourent, même celles qui ne sont pas un produit de l'activité humaine. Ces formes, étant des causes de sensations, constituent un élément de nature absolument identique à celles des forces sociales qui produisent la science et la philosophie. Les processus généralisateurs de l'homme, même quand ils sont particuliers à un individu, peuvent être réduits à une activité matérielle. Même son hérédité et les expériences antérieures qui contribuent à former sa philosophie peuvent s'expliquer à titre de simple agencement de la matière. Si l'espace qui nous est dévolu était moins restreint, nous pourrions parler plus en détail des autres agents qui contribuent à faire évoluer les idées et nous étendre spécialement sur les forces sociales de coopération dont dépend la science moderne. Non seulement les deux principaux procédés d'observation et de synthèse sont facilités par la division du travail, la coopération et la spécialisation des études dans les sociétés savantes, les grandes universités et les publications scientifiques, mais les grandes bibliothèques et les musées servent à conserver les idées que, ni la mémoire des individus les mieux doués, ni celle de tous les individus existants ne pourraient retenir. Le processus de l'invention lui-même, plutôt individuel que social par nature, puisque l'imagination y joue le plus grand rôle, est une combinaison d'idées qui peuvent être fournies à l'inventeur par d'autres individus. Ce processus est d'ailleurs facilité par les agents sociaux comme les écoles professionnelles, les lois relatives aux brevets et aux droits d'auteur.

Avant d'abandonner ce sujet de l'évolution des idées, nous devons au moins noter la conclusion à laquelle est arrivé Spencer à propos de l'évolution de la science. Il dit : « On voit que l'ordre dans lequel nous reconnaissons les phénomènes semblables dépend de leur fréquence et de la force avec laquelle ils se répètent dans l'expérience consciente. En fait, les uniformités les plus communes, les plus importantes, les plus frappantes, les plus concrètes et les plus simples sont celles qu'on reconnaît le plus tôt parce qu'elles ont été perçues le plus fréquemment et le plus distinctement[1]. » Remarquons aussi que nous retrouverons encore d'autres lois quand nous parlerons de l'évolution de l'art et de la science combinés ; nous le ferons en discutant chacune des activités dans ce chapitre et dans le chapitre suivant. Par exemple, il se produit une évolution toujours croissante allant de l'instinctif au rationnel ; et cela est vrai de la race aussi bien que

---

1. *Laws and the Order of their Discovery*, New-York, 1885, p. 8.

de l'individu. Cela correspond à ce fait que chaque individu est de plus en plus porté à raisonner et le fait de plus en plus facilement. Mais cela ne détruit nullement la loi concomitante en vertu de laquelle toute chose, intermittente dans l'individu, devient habituelle. L'individu, par sa constitution même, peut avoir et doit avoir des habitudes mécaniques aussi bien que de la raison, et l'habitude est le résultat inévitable de toute répétition. Dans l'évolution des idées, ce ne sont pas seulement les idées vraies qui survivent, c'est-à-dire les idées qui correspondent à un objet sensible, mais aussi un grand nombre d'idées assez peu dangereuses, quoique fausses, et plus encore de ces espèces d'idées qui, malgré leur fausseté, ont une assez grande puissance pour produire une action morale et nécessaire. Telles sont, par exemple, les sanctions que certains systèmes religieux, philosophiques ou politiques, font peser sur les masses.

Si nous élargissons la question de l'hérédité et du milieu jusqu'à expliquer la science et l'art, nous trouvons que l'hérédité vient au premier rang. La science de nos prédécesseurs serait lettre close pour nous, en grande partie, si nous n'avions pas hérité de l'organisation mentale nécessaire pour nous l'assimiler. Immédiatement après vient le milieu social, qui a une grande importance pour les individus ayant la même hérédité. Ce milieu nous transmet l'instruction, les clefs qui ouvrent les portes de la science, comme la lecture et les notions scientifiques élémentaires. Ces dernières nous sont données principalement par nos parents ou par les agents qu'ils chargent de ce travail, nos maîtres, puis par toutes les personnes avec lesquelles nous nous trouvons mis en contact. Le troisième facteur de notre instruction individuelle, le moindre dans notre civilisation, est le milieu non humain qui nous instruit par son contact immédiat. Bien que l'expérience ainsi que l'hérédité soient un préliminaire nécessaire à l'instruction, la plus grande partie de notre science est un héritage que nous avons reçu de nos prédécesseurs.

On a ordinairement défini la locomotion de la façon suivante : l'acte ou la puissance de se mouvoir pour passer d'un lieu dans un autre ; mais quelquefois aussi ce terme sert à indiquer le fonctionnement des mouvements animaux en général[1]. Nous nous servirons ici de ce mot en entendant, par là, non seulement la fonction biologique de motilité, mais la fonction sociologique du transport des objets. Au point de vue de la fin, c'est-à-dire de la survivance humaine, il importe peu qu'une partie du corps ou le corps tout entier se meuve, que le corps se meuve vers un nouveau milieu, ou qu'un nouveau milieu se meuve vers le corps. La nourriture et la sensation, c'est-à-dire les matériaux nécessaires à la nutrition et à l'idéation, ne manquent point, dans un cas comme dans l'autre. Sans ces moyens, on ne pourrait se procurer assez de nourriture ni de sensations pour entretenir la vie humaine.

La locomotion, comme nous le verrons, sert de moyen à chacune des activités primaires et secondaires, surtout à la nutrition et à l'idéation. Sans cette dernière surtout, l'homme ne serait pas un homme, et, sans la première surtout, il ne pourrait même pas exister comme animal.

Si nous retraçons les principales phases de l'évolu-

---

[1]. Voir la dernière définition dans l'*Encyclopædia Britanica*, 9ᵉ édition, article « Anatomy », vol. I, p. 820 ; voir aussi Dunglison, *Dictionary of Medical Science*, « Locomotion ».

tion de la locomotion, il nous faudra remonter aux ancêtres de l'homme. La locomotion, sous forme de mobilité, constitue une des principales différences existant entre les animaux et les plantes, la sensibilité étant un second caractère concomitant. Ces caractères correspondent à la différence qui sépare la nourriture des plantes de celle des animaux[1]. Les animaux ne peuvent pas absorber une nourriture nitrogène dans un état de combinaison plus simple que l'albumine ; de plus, il faut aller à la recherche de cette albumine. Aussi l'animal possède-t-il une bouche, une cavité digestive et des organes de locomotion et de préhension[2]. Ce qui distingue l'homme de l'animal d'ordre inférieur, c'est que le premier se meut vers la nourriture, tandis que l'homme approche la nourriture de lui-même. Il y a une autre différence. L'animal fait peu ou point usage d'une puissance locomotrice autre que la sienne ; l'homme, au contraire, s'adresse de plus en plus aux agents naturels, à mesure que s'accroît son degré de civilisation, et il arrive enfin à l'âge de la vapeur et de l'électricité. Dans cette activité, comme dans les autres, l'homme se montre animal inventif.

Entre l'homme civilisé et le sauvage, il y a une différence de degré plutôt que d'espèce. Cependant, si nous comparons les grandes villes des nations les plus civilisées aux conditions mal organisées de la vie sauvage, nous pouvons dire que les termes de comparaison entre l'homme et l'animal sont renversés. L'homme civilisé se meut vers les divers milieux : il va vers la

1. Larousse, Pierre, *Grand Dictionnaire universel du* xixe *siècle*, Paris, 1866. (Article *Locomotion*, t. I, p. 385.)
2. E. Ray Lankester, *Protozoa*, dans l'*Encyclopædia Britanica*, 9e édition, vol. XIX, p. 830.

ville et il en sort ; au contraire, dans un état de civilisation inférieure à celui de la cité moderne, la mise en mouvement de la nourriture et des autres éléments des milieux divers constitue un trait des plus caractéristiques. Il faut pourtant avouer que ce dernier trait s'applique aussi aux plus hauts degrés de civilisation, témoin la prépondérance du transit des marchandises sur les transports de voyageurs dans les chemins de fer. Actuellement, et sans doute dans l'avenir, le problème du transport rapide et à bon marché est la question caractéristique de nos grandes cités.

Répétons-le, entre la vie sauvage et la vie civilisée, il n'y a qu'une différence de degré. L'homme a de plus en plus accentué les différences qui le séparent de l'animal par les progrès accomplis dans l'invention de nouveaux moyens de transport ; il a transporté des objets d'espèces toujours plus diverses, destinés à satisfaire des besoins nouveaux et plus élevés, et en même temps il a découvert des moyens de transport de plus en plus économiques. Une étude de cette dernière question constituerait à elle seule un important chapitre de l'histoire du passage de l'état sauvage à la civilisation. Nous verrions l'homme portant d'abord les objets sur son dos, puis les faisant porter par des animaux, puis utilisant les agents naturels, l'eau, le vent, les routes, puis les forces mécaniques, par exemple la roue, et finalement des forces infiniment supérieures, la vapeur, l'électricité et autres agents naturels qui ont fait du xixe siècle ce qu'il est. Dans les phases plus élevées, dans la phase des arts électriques et mécaniques, les activités de locomotion sont indissolublement unies aux activités de production industrielle. Certaines activités indirectes, comme la fabrication des machines à vapeur ou des dynamos, favorisent les unes et les autres ; en même temps, enfin, le moyen qui distingue le plus l'homme sauvage du civilisé, c'est le moyen social de coopération. Ainsi, dans l'état sauvage le plus primitif, le commerce manque totalement. Au contraire, le commerce prend une très grande extension dans une civilisation élevée où il est protégé et assisté par des agents du gouvernement, par l'enseignement et par les facilités de communication.

Cela nous conduit à noter la dépendance réciproque de la locomotion et des autres activités humaines. La locomotion est pour toutes un moyen et reçoit de toutes un certain tribut. Sa plus grande importance comme moyen se rapporte aux activités qui distinguent l'animal de la plante, c'est-à-dire à l'innervation et à la forme de nutrition mentionnée plus haut ; la mobilité est absolument nécessaire à l'acquisition des connaissances. La sensation, en effet, et la pensée sont le résultat de l'expérience, c'est-à-dire du contact avec le milieu. Plus la locomotion élargit le milieu et plus la pensée s'élargit, elle aussi. Mais la pensée n'aurait pas beaucoup de prix si elle ne pouvait pas nous diriger vers les objets nutritifs ou nous éloigner des objets dangereux. La plus grande partie des activités protectrices consiste, en effet, dans l'utilisation des moyens de locomotion. Et c'est là un des traits les plus marquants qui distinguent les animaux des plantes. L'animal peut échapper à un ennemi, la plante est incapable de se mouvoir. Les formes les plus indirectes d'innervation et de communication, les postes, la presse, les télégraphes dépendent pour une très grande part de l'activité de la locomotion. Dans une moindre mesure, elle est également nécessaire à la fonction de reproduction, à la vie esthétique, à l'éducation, au gouvernement, etc. D'autre part, nous avons déjà indiqué la dépendance de la locomotion vis-à-vis des autres fonctions. Elle dépend surtout de la nutrition qui est la source de l'énergie, car la locomotion est toujours en elle-même une dépense d'énergie. Elle dépend aussi de l'innervation, activité de l'arc réflexe; car, sans le nerf moteur, la locomotion est impossible.

Pour nous résumer, la fonction de locomotion a un double effet par rapport à la survivance; elle met l'homme en contact avec le milieu dont il dépend; elle lui permet de s'unir à d'autres hommes pour se rendre maître de ce milieu. Ici et là elle suit la loi d'économie des moyens et se développe, non pas tant en vertu du principe d'évolution qu'elle porte en elle-même, que parce qu'elle doit suivre l'évolution de la constitution humaine et des idées humaines. Il est évident pour chacun que la locomotion obéit au principe de moindre résistance. Toujours, dans la migration des tribus sauvages, dans la construction de chemins de fer, la locomotion a choisi sa route dans les défilés des montagnes, les plaines, les vallées des fleuves. La locomotion est donc entièrement soumise aux lois de dépendance du milieu et d'adaptation au milieu. Enfin, dans la locomotion nous trouvons une illustration de cette grande loi sociologique : la coopération et le contrôle social constituent les moyens les plus économiques.

Avant d'arriver aux beaux-arts, il est nécessaire d'examiner certains arts utiles qui leur donnent naissance et certains autres qui ne figurent pas dans notre classification des activités. Certains sont d'une importance essentielle autant que la nutrition et la reproduction, bien que moins inévitables même dans la vie individuelle. Nous pouvons dire en particulier que les activités sociales industrielles auxquelles ils donnent naissance sont insignifiantes. L'art, ou l'action en général, comprend toutes les activités motrices ou sensorielles, quel que soit leur but. En dehors de la nutrition, de la reproduction, de la protection, de l'innervation et de la fonction esthétique, on peut en citer une foule d'autres. Certains arts, comme l'ébénisterie, ont pour résultat d'employer des activités à fournir à l'homme du confortable ou à conserver son énergie; d'autres détruisent des choses utiles plutôt qu'ils n'en produisent; d'autres encore, comme le jeu ou l'exercice, peuvent différer des activités précédentes en ce que, souvent, ils n'ont pour résultat ni un avantage ni un inconvénient, mais servent seulement à dépenser un excès d'énergie. Certaines activités, comme le jeu, sont plus vieilles que l'homme; d'autres activités et les violents désirs qui y correspondent sont une acquisition de l'expérience humaine, et forment maintenant un élément essentiel de la vie, et l'homme, avec sa constitution actuelle, ne peut plus vivre sans elles.

Si nous revenons maintenant aux diverses activités déjà mentionnées, nous pouvons déclarer que la croissance est nécessaire pendant la période de la jeunesse, car sans elle il n'y aurait pas de facultés adultes. Elle consiste en un excès de l'assimilation sur la désassimilation et a pour résultat une augmentation de la complexité et de l'énergie. La désassimilation est l'opposé de la nutrition, si l'on peut toutefois définir cette dernière plus strictement, et dire qu'elle est l'acquisition de substances et de forces du milieu environnant. Elle est le résultat de tout exercice, qu'il soit travail ou qu'il soit jeu. Elle est d'une aussi grande importance que l'assimilation dans le grand processus de la régénération. A moins que les parcelles anciennes et nuisibles des tissus aient été détruites et enlevées, les tissus ne peuvent être régénérés ; tant qu'ils ne le sont pas, ils deviennent rigides et perdent leur faculté d'adaptation. Mais l'adaptation est par elle-même l'essence de la vie et de l'évolution biologique[1] ; la plasticité apparaît de cent façons différentes comme un des éléments de l'évolution de la civilisation. Nous pouvons maintenant donner une liste des activités en indiquant de la façon suivante leurs relations réciproques[2] : 1° désassimilation ; 2° nutrition ; 3° régénérescence (résultat des 1° et 2°) ; 4° croissance (excès de nutrition dans la jeunesse) ; 5° reproduction (excès de nutrition chez l'adulte) ; 6° jeu ou activité esthétique (résultant d'un excès d'énergie) ; 7° mort (excès de la désassimilation sur l'assimilation). Cette dernière activité n'est-elle pas un avantage pour la race, si étrange que puisse paraître une telle question ? Ne joue-t-elle pas le même rôle dans l'espèce que la désassimilation dans l'individu, puisque les individus âgés, étant donnée la constitution humaine, possèdent une puissance d'adaptation moindre. Ils ne pourraient, s'ils vivaient toujours, s'adapter aux changements de milieu aussi parfaitement que le font les jeunes. Il serait intéressant de se demander, à cette occasion, si ce qu'on appelle les races « vieilles

---

1. Spencer, *Principles of Biology*, vol. I, section 36.
2. On peut dire que l'innervation est concomitante à toutes les fonctions comprises dans cette liste ; quant à la protection, on pourrait la placer après la nutrition, puisqu'elle conserve les résultats de l'assimilation.

et usées » ne se composent pas en grande partie d'individus ayant une vieillesse précoce.

Il ne reste plus de place véritablement pour une philosophie de l'esthétique. D'ailleurs, l'importance relative des beaux arts, si on la compare avec celle des autres activités qui ont été examinées, ne nécessite guère plus que quelques paragraphes. Parmi les nombreuses théories du beau, la théorie que voici semble s'harmoniser avec les principes qui s'accordent le plus avec les autres théories soutenues dans ce livre. Tout d'abord les beaux-arts ainsi que le jeu semblent résulter d'un excès d'énergie[1]. La dépense d'énergie peut prendre les formes d'activités sensorielle, intellectuelle ou motrice. Nous aurons, par suite, autant de formes diverses d'activités que nous avons de divisions des sens, des opérations intellectuelles et des mouvements physiques. Sans chercher à dresser une liste complète, nous pouvons remarquer que les plus importants des beaux-arts sont plus ou moins identifiés aux plaisirs de la vue et de l'ouïe. Au point de vue de la beauté, la définition des beaux-arts peut être considérée comme subordonnée à ce qui précède; car, tandis que la dépense d'un excès d'énergie est partout la même, le plaisir, la beauté ne sont que des termes de valeur relative dont le sens diffère selon les temps et selon les lieux. Cela est visiblement d'accord avec la théorie de la beauté que nous allons rappeler. Subjectivement elle dépend de deux principes : 1° l'action est agréable dans certaines limites, 2° (corollaire) le repos est agréable dans certaines limites ; 3° (conséquence des deux premiers principes) l'alternance et la variété sont agréables; 4° de la

1. De Greef, *Introduction à la Sociologie*, vol. II, p. 149.

constitution des organes des sens et peut-être du mécanisme de la mémoire chez l'homme, il résulte que certaines correspondances de vibration sont agréables. Une correspondance de vibration peut naître de deux façons différentes : 1° par le mélange de deux séries de vibrations perçues en même temps, comme dans le cas de deux sons ou de deux couleurs, ayant vis-à-vis l'une de l'autre certains rapports mathématiques ; 2° par une certaine harmonie qui s'établit entre les vibrations des sens et certaines vibrations de la mémoire, produites par les premières et plus ou moins semblables à elles. Comme l'activité et la correspondance dont nous avons parlé peuvent avoir leur origine dans le milieu ambiant, l'uniformité interne n'est qu'une contre-partie de l'uniformité externe. L'explication de cette dernière nécessiterait toute une théorie de l'univers, et tel n'est pas le but de ce chapitre. Mais, en somme, nous pouvons nous demander si toute uniformité, si toutes les combinaisons de la substance que nous observons autour de nous ne sont pas réductibles à des phénomènes d'adaptation et de correspondance avec le milieu ambiant ? La prédominance des lignes courbes, par exemple, n'est-elle pas due à l'action des corps environnants obéissant à la loi de la gravitation ? Mettez des particules de substances en mouvement, il leur est impossible de se mouvoir suivant des lignes droites. De même, les quelques lignes approximativement droites que nous rencontrons peuvent être expliquées par la grande prédominance de certaines forces dans un milieu particulier. Le pin rectiligne, par exemple, peut survivre dans la région des grandes neiges, tandis que les arbres voisins, de forme torse, sont écrasés et renversés par leur poids considérable.

Dans l'uniformité qui existe entre les nouvelles impressions et les impressions renouvelées, nous trouvons la base de la prédominance de l'habituel dans l'art conventionnel. De là provient la puissance de la suprématie individuelle et du sentiment arbitraire personnel ; dans l'art ; il est beaucoup plus remarquable que dans la science. Le beau dépend simplement de l'expérience de l'individu ou de celle de ses ancêtres. Chacun de nous ayant eu un milieu social et physique différent de celui des autres, ce qui procure du plaisir à un individu n'en procure point aux autres ; cela est surtout vrai de choses qui sont agréables, parce qu'un hasard les a associées à des plaisirs éprouvés jadis par l'individu. Cela expliquerait, jusqu'à un certain point, pourquoi les beaux-arts sont souvent associés aux arts utiles, et comment ils sont nés de ces derniers suivant l'opinion de la plupart des auteurs[1].

Les arts utiles composaient le principal plaisir de l'homme primitif. Ce ne fut que lorsqu'il eut été suffisamment délivré de son esclavage vis-à-vis des arts utiles qu'il s'adonna à des arts qui n'avaient d'autre justification que d'être une issue au superflu de son énergie.

Il y a sans doute un danger lorsqu'une grande partie de l'énergie d'un peuple est consacrée aux beaux-arts au lieu d'être employée à produire des choses plus essentielles par la pratique des arts utiles. Une nation ne peut pas vivre seulement par les beaux-arts, à moins qu'elle ne vive aux dépens d'autres nations. Même en admettant que l'état d'âme agréable produit par la vue d'un beau tableau ou la lecture d'un beau

---

1. De Greef, *Introduction à la Sociologie*, vol. II, p. 149.

poème soit très favorable aux activités nutritives, il ne peut cependant pas tenir lieu de nourriture. Si des pages qui précèdent on peut légitimement conclure en faisant consister la civilisation uniquement dans la domination exercée sur le milieu et dans l'évolution des idées, nous ne voyons pas que les beaux-arts rentrent dans aucune de ces deux catégories. On peut se demander si un excès de ces arts n'est pas accompagné de dégénérescence, d'un manque de force véritable. Il ne faut pas autant de force de caractère pour jouer que pour travailler. Les nations laborieuses survivront aux autres. C'est pour cela que Tolstoï a nié que les beaux-arts fussent nécessaires à un peuple. C'est pour cela peut-être, également, que l'âge d'or des beaux-arts correspond souvent à une de ces périodes d'absolutisme ou de misère générale qui précèdent une révolution et annoncent une décadence.

CHAPITRE VIII

LES ACTIVITÉS SECONDAIRES

Il nous reste à examiner dans ce chapitre ce que nous avons appelé dans les pages précédentes les activités secondaires de la vie humaine, surtout la communication des idées, l'éducation, le gouvernement, la religion et le cérémonial. Comme nous avons déjà donné, en quelques mots, leur définition et la théorie générale de leur origine et de leurs fonctions considérées comme moyens à la disposition des activités primaires, il devient inutile de le répéter ici, tout au moins dans les mêmes termes[1]. Il serait cependant convenable d'examiner ces questions générales à la fin du chapitre et de contrôler, d'une façon définitive, leur exactitude. Nous prendrons l'une après l'autre les activités secondaires pour les discuter ; mais, comme c'est là un sujet beaucoup plus familier au lecteur que les activités primaires, les limites de notre livre justifieront la façon succincte dont nous les étudierons, surtout en ce qui concerne les sciences de l'éducation, du gouvernement et de la religion, il nous paraît inutile de répéter ce que nous considérons comme parfaitement connu du lecteur.

1. Voir chap. II, 51-56 ; chap. IV, 112-114 ; chap. VII, 193-200, 224.

Nous emploierons, dans ce livre, l'expression technique de « communication » dans le sens de communication des idées; mais ce dernier terme est plutôt pris au figuré et a besoin d'être expliqué. Les idées ne sont pas littéralement transmises par un individu à un autre individu, comme des objets matériels; elles ne sont que suggérées. L'action d'un individu affecte la conscience d'un autre de telle façon qu'il en résulte pour ce dernier non seulement la connaissance des sensations de forme ou de son reçues par la conscience, mais ces sensations éveillent des associations, si bien qu'on en arrive à une idée d'autres objets, ou même à des idées abstraites.

Mais qu'il y ait langage, ou communication au sens employé dans ce chapitre, ce résultat suggéré indirectement doit être prévu. Autrement chaque invention, chaque objet matériel créé par l'homme, et chacune des traces qu'il imprime au milieu environnant parleraient un langage à ceux qui les percevraient. En un sens, c'est bien ce qui a lieu, mais non pas au sens technique de notre définition. Un caractère des signes employés dans le langage, c'est qu'ils sont arbitraires et que certaines idées y ont été conventionnellement associées. Même définie ainsi, la communication est un terme plus large que le langage écrit ou parlé, car elle embrasse également le geste, l'expression du visage et jusqu'à un certain point les beaux-arts, qui usent de la couleur, de la forme, du mouvement, comme le dessin, la peinture, la sculpture et le théâtre. Nous ne pouvons dire avec exactitude laquelle des phases de l'évolution de ces formes de langage a caractérisé le début de la vie humaine et l'a différenciée de la vie du singe. Mortillet et quelques autres considèrent comme évident que la race de Neanderthal était incapable d'articuler comme nous le faisons à présent [1]. Mais il est parfaitement établi que les phases de l'évolution du langage écrit commencèrent par le dessin, par l'intermédiaire de la représentation symbolique et des hiéroglyphes, et aboutirent à des caractères arbitraires. Comme nous l'avons déjà dit dans une des pages qui précèdent [2], un des plus grands événements dans l'histoire de la civilisation fut l'apparition d'un alphabet pour l'écriture manuelle et l'apparition de l'imprimerie [3]. Les arts de communication deviennent des beaux-arts quand ils ne servent plus de moyens aux activités primaires, mais sont employés à satisfaire le sens esthétique de chaque individu. Nous avons déjà expliqué [4] que le livre est le résultat du milieu social ou plutôt du milieu physique modifié par l'homme. Bien que le langage soit un puissant adjuvant de la connaissance, il n'est pas indispensable, comme le montre la psychologie animale. Dans la science abstraite, les mots sont semblables aux symboles algébriques dans les calculs compliqués. La majeure partie des connaissances de chaque être humain, instruit et civilisé, lui a été donnée plutôt par l'intermédiaire du langage écrit et parlé que par son expérience livrée à ses propres ressources.

De même que les autres activités étudiées dans ce chapitre, le langage semble avoir eu son évolution absolument indépendante. Spencer a consacré quelques pages de ses *First Principles* [5] à montrer dans le

---

1. P. 214, 215.
2. P. 220.
3. Lester F. Ward, *Dynamic Sociology*, vol. II, pp. 184, 189.
4. P. 220.
5. *Op. cit.*, sections 112 et 123.

langage une intégration et une hétérogénéité croissantes. Mais c'est, dans la majorité des cas, plus apparent que réel. Ce sont les idées qui évoluent. Les produits de la pensée varient par suite de l'évolution des idées, mais souvent ils deviennent plus simples au lieu de devenir plus complexes. Il semble que la loi d'économie soit la principale explication des activités indirectes et secondaires en anthropologie, c'est-à-dire que la persistance secondaire de ce qui assure le plus économiquement la survivance de l'homme devient une loi. Ainsi dans le langage, ce qui survit, c'est le moyen de communication le plus économique; or c'est là en même temps un moyen de coopération. La coopération consiste à mieux se rendre maître de la nature et, par suite, contribue à l'évolution et à la survivance de l'homme. La différenciation, et spécialement l'accroissement du nombre des noms et des verbes, est un résultat direct de la différenciation des idées. Toute nouvelle invention, par exemple, peut recevoir un nouveau nom. Les langues créent pour cet usage beaucoup de mots composés. Mais, d'autre part, des mots composés et, en général, la plupart des mots tendent à devenir plus simples, plus brefs et de prononciation plus facile. Des syllabes, des terminaisons tombent; les verbes se réduisent peu à peu à une seule conjugaison; les genres grammaticaux s'abolissent peu à peu. On remarque une augmentation des mots de relations, comme les prépositions et les verbes auxiliaires, remplaçant des noms, des prénoms, des verbes. Les lois de position s'accentuent également. On emploie de nouveaux temps et surtout de nouveaux dérivés. Ces nouveaux changements vers le plus simple et le plus complet sont toujours plus économiques au point de vue de la communication des idées. Les expressions deviennent plus exactes, plus faciles à interpréter.

Bien que Spencer ait démontré la force de la loi d'économie en littérature, ce n'est pas toujours de l'économie dont nous parlons ici, de celle qui met en œuvre les activités primaires. En d'autres termes, à mesure que la littérature cesse de contribuer aux activités semblables à la nutrition et à la protection, à mesure qu'elle devient un bel art, de nouveaux principes viennent prendre la place de ceux que nous avons examinés. Le goût, la beauté, le style deviennent l'idéal ; on attache plus de prix à la forme qu'à la pensée. La littérature devient un plaisir par elle-même ; elle ne se borne plus à procurer une satisfaction intellectuelle en apaisant la curiosité, la soif de connaître ; elle est une source d'émotions agréables et de jouissances sensuelles par les associations d'idées qu'elle fait naître et même par la sonorité des mots et leurs diverses combinaisons.

C'est alors qu'intervient le conflit entre la forme et le fond en littérature ; car la littérature ne peut, en aucun cas, négliger entièrement la pensée. La plus grande partie de ce qu'on appelle littérature sera donc un art utile aussi bien qu'un bel art, c'est-à-dire possédera la valeur économique que nous avons précédemment attribuée au langage. Quand les deux idéals, utilité et beauté, sont en conflit, ne pouvons-nous pas dire que, en règle générale, c'est l'utilité qu'il faut préférer ? C'est le principe qui domine toutes les activités humaines que nous avons étudiées. Nous pouvons cependant consoler ceux qui considèrent avec vénération la littérature comme un bel art, en leur disant que la beauté et, par suite, le style sont des termes de valeur relative, un produit de l'association des idées, de l'hérédité, de l'éducation et que, par conséquent, ce qui nous paraît simplement utile pourra paraître beau à nos descendants.

Nous pouvons dire quelques mots de la langue universelle en nous appuyant sur les principes examinés plus haut. Il semblerait inévitable qu'on se rapprochât de plus en plus de cette langue, à mesure que son économie dans le mode de penser devient plus évidente. Elle serait avant tout un fait concordant avec l'influence, devenue universelle, des races victorieuses de l'avenir. Cette dernière influence sera peut-être la plus décisive, car jusqu'ici les savants qui ont étudié spécialement la science du langage ont été plus conservateurs que les autres et ont mis plus de temps à reconnaître le besoin d'économie et de réforme qui se fait sentir dans le langage. Et les masses sont encore plus en retard que les spécialistes. L'existence d'une nouvelle langue n'est pas aussi possible que la prédominance d'une des langues déjà existantes. L'idée proposée par Gladstone, en particulier, semblerait assez praticable. Une des grandes langues deviendrait internationale dans ce sens qu'elle serait enseignée et parlée dans chaque pays concurremment avec la langue maternelle. Si l'on faisait agir ici une sélection intelligente et si l'on aidait à cette évolution, plutôt que d'assister passivement à la lutte aveugle des langues pour l'hégémonie, le principe précédent d'économie, de changement et d'évolution nécessaire produirait d'excellents résultats. L'anglais, par exemple, ne pourrait être choisi comme langue internationale qu'à condition de modifier la valeur phonique des lettres de l'alphabet et des syllabes. Cela est possible, bien qu'un retour à la prononciation alphabétique du continent soit impraticable.

Nous avons vu que la communication est une suite logique de l'innervation ; car le langage est un moyen au service de la pensée et de la science. De même, l'éducation vient dans notre liste après la communication, car sans le langage l'éducation ne peut exister. Mais cela ne s'applique nullement à l'ensemble de l'éducation. Elle communique la connaissance non seulement des instruments de la science et de la coopération du langage et des autres études formelles, mais elle s'occupe directement de la science elle-même. Elle étudie la science élémentaire comme une préparation à la science réelle. Pour compléter ce que nous avons dit[1], dans le précédent chapitre, de la nature de l'éducation, nous pouvons ajouter une remarque ou deux au sujet de sa définition. En considérant l'enfant au milieu de ses études, nous pouvons dire que son éducation, dans le sens le plus large du mot, embrasse toutes les expériences de la vie, depuis le berceau jusqu'à la tombe, car toutes contribuent à le préparer à son activité future. Une conception adéquate de l'éducation qui provient de la nature, de la société, une conception adéquate des devoirs particuliers réservés à l'éducateur devra s'appuyer sur une étude de l'éducation faite dans ce sens large. Mais l'éducation, en tant qu'activité anthropologique, comprend à la fois les activités de celui que l'on éduque et les activités qui agissent sur lui, et dont la principale fonction est de le préparer à l'activité future. Cette fin n'est pas toujours clairement présente, même à l'esprit de l'instituteur, et

1. P. 224.

encore moins à celui de la mère primitive ou ignorante, qui élève l'enfant d'une façon plutôt instinctive. Mais les habitudes de l'éducation persistent dans toute la vie humaine, et même dans la vie animale; elles sont, en effet, propres à préparer l'être encore jeune à une existence indépendante. L'activité éducationnelle survit, parce qu'elle contribue puissamment à la survivance de l'espèce. Dans certains cas, tout en étant surtout éducationnelle à titre de fonction, elle contribue aussi à la nutrition et aux activités primaires; l'étude d'un métier peut être en partie un moyen d'existence pour l'enfant; en même temps le but principal de cette étude est de le préparer aux obligations de sa vie future. Le maître et l'école sont une spécialisation particulière des fonctions familiales dans la division du travail chez un peuple civilisé. La maison paternelle garde pour elle une importante partie de ces fonctions. L'Église en réclame une autre part. D'autres agents sociaux et d'autres individus, appartenant au milieu où vit l'enfant, contribuent aussi en partie à son éducation.

En dehors de ces agents dont la fonction principale est l'éducation, d'autres agents physiques et sociaux contribuent encore à créer la personnalité de l'enfant; ce sont le milieu physique et le milieu social dans lequel il se trouve, soit pendant ses jeux, soit pendant son travail, à l'atelier, c'est-à-dire ses camarades de jeu et les divers phénomènes sociaux auxquels il assiste.

Ce serait une tâche originale et extrêmement intéressante d'esquisser l'histoire de l'éducation depuis les temps préhistoriques jusqu'aux temps modernes, en prenant l'éducation dans le sens large que nous lui attribuons. On verrait qu'à toutes les époques elle consiste en un enseignement ayant en vue des activités primaires, comme l'acquisition de la nourriture et la protection ; les moyens deviennent de plus en plus indirects à mesure qu'on avance en civilisation. On ne constaterait pas de ces changements subits, comme en ont produit, dans l'histoire des autres activités, les grandes inventions nouvelles. C'est-à-dire qu'en éducation les inventions affectent plutôt la forme d'un lent développement. Mais les limites de notre livre nous empêchent de nous étendre plus longuement sur ce sujet. Pour ce qui est des lois de l'activité d'éducation, remarquons, comme nous l'avons déjà fait à propos des autres activités, secondaires, que la loi principale n'est pas la loi de leur évolution indépendante, mais celle de leur changement en fonction de l'évolution des autres activités et en particulier des activités primaires. Par exemple, les grandes inventions et les grands changements dans l'industrie ont pour conséquence certaines modifications dans l'éducation. Les écoles et les sujets d'instruction diffèrent non pas tant à cause d'un principe inhérent à l'éducation elle-même qu'à cause de la différentiation des industries et des idées dont dépend l'éducation. L'éducation est un moyen au service de toutes les autres activités primaires ou secondaires. Mais les institutions d'éducation ont aussi leur évolution, leur intégration et leur différentiation comme existences indépendantes. Étant donnée l'existence d'un corps d'instructeurs, ils monopolisent une sorte de droit indiscutable dans les activités d'éducation et continuent à l'exercer, et se différencient même lorsqu'il serait de l'intérêt de la société qu'ils cessassent d'exister ou modifiassent leurs fonctions pour répondre à de nouvelles conditions industrielles et sociales. Parfois ils sont forcés de le faire.

L'éducation est limitée non seulement par les activités primaires environnantes, mais par le milieu physique et social en général, et par l'hérédité. Si on l'analyse, on voit qu'elle dépend de ces deux facteurs. Elle consiste essentiellement en une adaptation au milieu et en une spécialisation née d'une différentiation des idées et d'une division du travail dont le progrès croît avec la civilisation. C'est pourquoi, comme l'évolution des idées est une loi fondamentale de la nature humaine, la spécialisation croissante est la loi de l'éducation. Quant aux principaux moyens d'éducation, ils se résument en ceci : changer le milieu physique ou social de celui qui apprend. C'est en cela que consiste la présentation des idées nouvelles au moyen du langage, écrit ou parlé. Les changements de milieu suscitent en lui de nouvelles idées, de nouveaux intérêts, de nouvelles activités, de nouveaux efforts. La répétition d'une idée nouvelle lui donne de l'habitude et de la dextérité, et cela s'applique à la somme totale de l'éducation mentale, morale et physique, considérée comme fonction sociale. L'auto-éducation peut s'expliquer d'une façon analogue par les changements de milieu. Mais, dans toute éducation, il faut naturellement tenir compte de l'hérédité, de certaines tendances et d'une certaine énergie native capable de recevoir les impressions du milieu et de réagir sur lui. L'imitation explique aussi beaucoup de choses en éducation, surtout dans les années d'enfance. L'éducation étant considérée comme un moyen pour les activités primaires, sa fin ultime doit être la même que la leur, c'est-à-dire maîtriser la nature et assurer la survivance de l'espèce. Elle n'est qu'une préparation à cette fin.

Quant aux principaux moyens à employer, on devrait, quant à présent, s'appliquer moins à développer de meilleures méthodes qu'à donner une plus grande somme d'instruction[1]. C'est là la tâche du législateur et du réformateur plutôt que celle de l'éducateur. Quant au sujet de l'éducation, il faut donner la plus grande attention à l'enseignement industriel et manuel, aux écoles de commerce et autres formes de spécialisations correspondant à la spécialisation croissante de la vie moderne. Mais, au-dessus de toute éducation spéciale, il faut une éducation générale, à peu près la même pour tous les membres de la communauté et, dans l'éducation générale des écoles primaires, les choses les plus essentielles sont la langue et l'arithmétique, instruments des recherches futures qui préparent l'élève à recevoir l'éducation des écoles supérieures et à l'auto-éducation, qui est possible, grâce aux livres, quand on a quitté l'école. Dans l'école supérieure et dans l'école idéale, il faut s'attacher plutôt à l'étude du fond qu'à celle de la forme, car c'est la première qui est la plus importante pour tirer parti de la nature. L'ancien impedimentum des langues mortes et des langues étrangères, et le fardeau toujours croissant de la littérature nationale, pourront être rangés dans la cinquième catégorie de Spencer[2], parmi les choses dont

---

1. Pour des statistiques à l'appui de cette proposition, voir *The Duration of School Attendance in Chicago and Milwaukee*, par Daniel Folkmar, dans *Transactions of The Wisconsin Academy of Sciences, Arts and Letters*, vol. XII, 1897; aussi *The Short Duration of School Attendance, its Causes and Remedies*, par Mme Daniel Folkmar, dans *American Journal of Social Science*, 1898.

2. *Education Intellectual, Moral and Physical*, chap. I.

l'étude devra venir après que l'on aura suffisamment approfondi les sujets plus importants.

On a écrit assez de livres à propos du gouvernement pour que nous ayons le droit de ne pas consigner dans ce chapitre les idées communes. Cependant nous pourrons, en étudiant quelques points critiques, indiquer quelle est la théorie qui semble à l'auteur la plus compatible avec une philosophie et une éthique déterministes. Le gouvernement, au sens le plus large du mot, a déjà été défini la direction de l'individu par un autre[1]. Le gouvernement politique peut être défini : la direction exercée sur un groupe stable d'individus par un pouvoir suprême, quelle que soit la nature des fonctions contrôlées. Quand l'Église a eu réellement la suprématie, au sens physique, sur un certain pays, elle a possédé là, en vertu de notre définition, un gouvernement politique.

Les idées admirablement développées par Spencer à propos de l'origine et de l'évolution du gouvernement indiquent non seulement que celui-ci répond à certains désirs du gouverné et du gouvernant, de l'homme fort, habile, courageux, qui se trouve placé à la tête du gouvernement par suite de raisons familiales ou héréditaires ; mais encore qu'il survit parce qu'il est un moyen économique de protéger l'individu contre les ennemis intérieurs et extérieurs, et d'arriver, grâce à la coopération, à de meilleurs résultats dans l'industrie, la vie de famille, l'éducation et toutes les activités humaines. Ce n'est pas que tous les gouvernements aient exercé en tous temps et en tous lieux une influence sur ces activités ; mais l'histoire nous montre,

---

1. P. 199.

d'une façon positive, le contrôle gouvernemental s'appliquant, en certaines époques, à chaque activité humaine. Au point de vue de notre philosophie, cela est inévitable; cela doit être. Le gouvernement, en tant qu'activité secondaire, n'est qu'un moyen d'accroître l'action des autres activités. Par suite, toutes les questions de la nature de celle-ci : quels sont les champs d'action du gouvernement dans l'industrie? devront être tranchées par le principe d'utilité (*expediency*). En prenant ce dernier mot au sens large et en y faisant rentrer, dans la discussion de chaque cas, aussi bien la considération des conséquences éloignées et de la fin éthique que les effets les plus immédiats. En réalité, c'est souvent une simple querelle de mots que de se demander si l'on peut dire qu'un système particulier d'éducation ou d'industrie est dirigé ou non par l'État; car il est inévitable qu'il y ait là un gouvernement, quelle que soit la forme qu'il emprunte. Si tous les membres d'une communauté ou d'un État coopèrent à son contrôle, il importe peu qu'on appelle ou non cette opération le contrôle de l'État.

La fonction de protection, la tâche de faire régner la justice entre les hommes, a été jusqu'ici la principale fonction du gouvernement. Aussi a-t-on basé de pesants systèmes de législation sur les prétentieuses théories philosophiques de la « loi naturelle » et des « droits, naturels » de l'individu. Au point de vue déterministe, ne convient-il pas de révoquer en doute ces droits comme nous l'avons fait dans tous les autres problèmes de droit, dans les activités de contrôle social, cérémonial, religion, éthique? Dans tous ne faudrait-il pas remplacer le « devra être » par le « sera ». Un individu, en effet, n'a aucun droit absolu à la vie, à la liberté, à la propriété, puisque, en certains cas, il doit en faire le sacrifice dans l'intérêt de la race. C'est surtout le droit de propriété qui souvent mérite d'être révoqué en doute. Il peut avoir une importance relative, mais il n'est pas le moins du monde un droit absolu. Même le droit à la liberté peut devenir un fétiche dans l'enthousiasme peu raisonné d'une démocratie. Dans certains cas particuliers, une restriction de la liberté peut avoir d'heureuses conséquences pour l'individu si l'on part d'un principe éthique, comme le bonheur plus complet, la plénitude de la vie, ou le bien-être. Pour parler d'une façon absolue, le déterministe doit soutenir qu'aucun homme ne possède de droit naturel à autre chose que l'emplacement de sa tombe; car on ne peut, à l'aide de raisonnements, refuser l'existence à sa substance matérielle. Mais, quelle que soit notre théorie des fondements de la loi, les résultats pratiques seront les mêmes dans la plupart des cas. Les codes et la loi commune ont une telle importance et une telle puissance, malgré leur relativité, que la décision des tribunaux sera pratiquement la même dans un cas donné, dans des questions de justice, de culpabilité ou de répression. Plus que toute autre théorie, la théorie déterministe pourrait fournir une base plus solide pour appliquer la justice, parce que les résultats de l'acte du criminel ou du malfaiteur seraient mieux appréciés et qu'on discernerait plus clairement la justification des exceptions à la répression traditionnelle en éclairant les faits à la lumière de la fin éthique.

Les constitutions, comme les lois, n'ont pas de vérité absolue. On ne devrait les apprécier qu'autant qu'elles se modifient pour répondre à l'évolution de chacun des intérêts qu'elles ont pour mission de favoriser. Les doctrines politiques aimées d'un peuple ou d'un parti ont le même caractère éphémère; certaines d'entre elles peuvent avoir leur raison d'être en certains temps et en certains lieux. En règle générale, ce qui est le plus nécessaire au progrès, ce n'est pas tant une réforme dans les formes du gouvernement lui-même, qu'une modification dans les activités primaires, industrielles et autres. Enfin la spécialisation croissante de la vie civilisée et la masse croissante des connaissances que nécessitent les affaires gouvernementales, aussi bien que toutes les autres affaires, semblent nous apprendre que le soin du gouvernement devrait être confié à des spécialistes. Il est certain qu'un peuple intelligent doit conserver et conservera ce qui est l'essence du gouvernement, c'est-à-dire l'élection; mais une fois qu'il aura élu un certain nombre d'individus chargés de veiller sur l'infinie complexité de ses intérêts politiques, pourquoi n'aurait-il pas confiance en eux?

Nous remarquons que les institutions gouvernementales sont soumises aux mêmes lois que les autres facteurs secondaires étudiés dans ce chapitre. Tout d'abord, et comme nous l'avons déjà indiqué, le gouvernement sert simplement de moyen aux autres activités, et survit dans la mesure où il favorise leur jeu. Par suite et en second lieu, le gouvernement n'évolue pas suivant une loi intrinsèque, mais plutôt parce qu'il lui faut correspondre à l'évolution des activités primaires. Il peut parfois, au lieu de devenir plus complexe, se simplifier afin de devenir plus économique. Dans les activités primaires, particulièrement, un changement tel que l'intégration du commerce de pays voisins peut parfaitement contribuer à leur intégration politique. Toutefois l'immense machine du gouvernement moderne, et les avantages que, à tort ou à raison, les individus prétendent en retirer, a, dans une certaine mesure, pour résultat, une évolution intrinsèque, une intégration et une complexité croissantes. D'autre part, le gouvernement se modifie par suite de l'évolution des idées. Il est inévitable que le gouvernement affecte une forme de plus en plus libre, à mesure que l'idée et le désir de liberté se développent davantage chez un peuple. Dans un État surtout industriel, prévaudront le sentiment de la liberté et le sentiment de la valeur personnelle. Par suite de cette modification de la conscience humaine, nous observons que la forme gouvernementale est soumise à la loi du passage de la forme de contrainte à la forme contractuelle. Finalement l'histoire d'un peuple prouve jusqu'à l'évidence que le gouvernement de ce peuple est une adaptation au milieu, a ses racines dans l'hérédité, est une résultante de forces. L'histoire politique des nations guerrières peut servir plus que tout autre chose à illustrer cette loi. La nation qui pourra, dans sa lutte avec une autre nation, concentrer les plus grandes forces sur un point important aura la victoire; et le peuple victorieux imposera au vaincu les idées et les manières de vivre qui caractérisent sa civilisation. C'est pourquoi la guerre a été un grand facteur de la civilisation. Il serait difficile de s'imaginer dans l'avenir des révolutions et des naissances d'empires aussi rapides qu'il s'en est produit dans le passé, bien que les progrès de la concurrence commerciale nous offrent des tableaux semblables. Si les projets de désarmement et autres tentatives pacifiques pouvaient réussir, au moins dans une certaine mesure, celui qui sait bien comprendre ces signes des temps peut entrevoir un avenir qui s'ouvre à nous extrêmement différent du présent. Mais les anthropologistes et les évolutionnistes ne peuvent pas se persuader que, pendant des siècles encore, le sang de l'humanité ne continuera pas à être répandu par la guerre. Même si nous pouvions imaginer des États-Unis d'Europe ou une cosmocratie placée sous le contrôle des nations civilisées et réglant les difficultés intérieures en employant des moyens pacifiques plutôt que les armes, cette union aurait encore besoin de la guerre pour réduire à l'obéissance les nations sauvages ou moins civilisées et forcer une plus grande partie de l'univers à satisfaire les besoins de la société.

L'auteur désire que la plupart des idées générales et des thèmes de ce livre soient plutôt considérées comme des hypothèses et comme des théories dont l'exactitude devra être contrôlée par des recherches ultérieures que comme des vérités parfaitement démontrées. Il désire surtout qu'on juge à ce point de vue le passage où il aborde la question de la religion. Sur ce sujet, il est encore moins disposé à jouer le rôle d'arbitre que sur les autres ; d'autant plus que ces questions rentrent dans une autre spécialité, dans la théologie aussi bien que dans l'anthropologie. Mais l'appréciation de l'avenir doit tenir compte des opinions les plus variées. Il est inutile de rappeler ici les diverses doctrines religieuses que chacun connaît; il vaut mieux exposer le sujet en se plaçant sur le terrain d'une science positive, fondée plutôt sur l'étude de la vie humaine que sur la révélation.

On peut définir la religion en tant que fonction : une sanction de la conduite. Mais la philosophie et l'éthique

sont aussi des sanctions de la conduite. En quoi la
religion s'en distingue-t-elle? En ce que sa sanction
a une origine surnaturelle ou inconnue. La base psychologique de la foi religieuse est, a-t-on dit, un sentiment
de dépendance ; mais la science et la philosophie, elles
aussi, suscitent un sentiment de dépendance vis-à-vis
des grandes forces omnipotentes de l'univers. Dans la
religion, nous avons simplement un sentiment de
dépendance vis-à-vis de l'inconnu ; mais peu à peu la
science et la philosophie font rentrer l'inconnu dans le
domaine du connu. Cette base des anciennes religions
devient de plus en plus étroite. D'après cette théorie,
la religion a pour origine l'ignorance et diminue à
mesure que l'ignorance fait place à la science. Cependant, comme toutes les autres institutions et les autres
activités, elle a survécu parce qu'elle a été utile à la vie
humaine. A certaines époques et en certains pays,
son utilité et sa puissance furent immenses. Mais l'une
et l'autre diminuent de plus en plus. Elle survit
dans certains détails, ou parce qu'elle est inoffensive
ou en raison de sa beauté. Quelle est sa principale utilité? Elle rend l'homme apte à la survivance, à la vie
complète; son action favorise les activités fondamentales, comme la nutrition et la reproduction. Mais ce sont
ses maximes, ses préceptes pratiques, plutôt que ses
dogmes ou sa philosophie, qui ont une valeur pratique.
Le code de la loi mosaïque en est un bon exemple. Il
est rempli par des questions d'hygiène et d'autres facteurs importants de l'existence.

C'est là le point essentiel dans l'étude de la religion
au point de vue anthropologique, bien plus que la forme
de ses institutions, sa cosmogonie ou même sa théologie. L'histoire de la religion a besoin d'être réécrite à

ce point de vue. Un des plus grands événements dans l'évolution de la civilisation européenne est l'apparition du christianisme, à cause surtout des idées de fraternité humaine et de la valeur de l'individu, idées utiles à la coopération que nécessite l'industrie moderne. Et finalement l'histoire montre que ce sont les religions qui rendaient la vie meilleure en ce monde, qui ont survécu. Quels que soient les enseignements touchant le monde futur, il se forme des caractères, des habitudes, aboutissant aux autres activités nutritives et protectrices et aux activités essentielles de la vie, à la plénitude de la vie. Une forme récente de cette tendance religieuse se remarque dans l'œuvre de l'Église « institutionnale » et de la plupart des missions.

Les principaux moyens employés par la religion pour donner une valeur à sa sanction sont l'espérance ou l'amour et la crainte : deux grands côtés de la nature humaine. A la crainte, au respect, et à la dépendance, correspond Dieu le Père ; à l'amour, à l'inspiration, à la rédemption, correspond Dieu le Fils. Ces deux grandes idées, la paternité de Dieu et la fraternité des hommes, sont communes à toutes les grandes religions. Même dans la religion de la science, il est possible d'imaginer une division semblable : d'un côté, un sentiment de dépendance vis-à-vis des forces toutes-puissantes de l'univers ; de l'autre, un sentiment d'inspiration, de rédemption pour la race, dans l'homme parfait qui sera le fruit de l'évolution future. La différence consiste en ceci que, pour cette dernière religion, l'inspiration se place plutôt dans l'avenir que dans le passé, chez nos enfants plutôt que chez nos ancêtres. Parmi les autres moyens employés pour donner à l'homme une meilleure personnalité, un meilleur caractère, le psychologue reconnaîtra comme pratiquement fort efficace la prière, les vœux, les sacrifices, la confession. L'homme qui prie crée en lui-même une attitude intérieure et une fermeté de résolution qui le conduisent à l'accomplissement de ses vœux. Enfin le philosophe, le moraliste, tout en n'ayant pas besoin de religion pour mener une vie parfaite, ne peuvent qu'éprouver de l'inquiétude en voyant s'affaiblir et disparaître parmi les masses la foi d'antan. Qui la remplacera ? Les masses n'auront-elles pas toujours besoin, pour leur salut ici-bas, outre leur sagesse naturelle, d'une autorité qui les guide, d'une sanction surnaturelle ?

Il ne faut pas confondre le cérémonial et les coutumes. Les coutumes comprennent toutes les habitudes qui distinguent un groupe particulier d'individus. Il y a des coutumes relatives à la nutrition, à la protection et à toutes les activités mentionnées précédemment. Une action ne peut être répétée plusieurs fois par un peuple sans qu'il en résulte une coutume. Mais le cérémonial tel que l'ont décrit Spencer et quelques autres auteurs était plutôt une division spéciale des coutumes : c'était l'attitude que les individus observent vis-à-vis les uns des autres, au cours des activités sociales. Sa principale fonction est de réglementer les actions d'un ordre inférieur des habitants d'un pays, activités moins importantes que les activités déterminées par le gouvernement ou la religion. Outre les présents, les visites, les politesses et les formes d'interpellation, Spencer[1] examine encore les titres, les insignes, les costumes, les modes, les trophées et les mutilations. Le caractère

---

1. *Principles of Sociology*, vol. II, IVe partie.

saillant du cérémonial semble être le symbolisme. Il indique un certain sentiment éprouvé par le sujet agissant; on pourrait dire que c'est là une forme de la communication des idées. Comme le montre Spencer, il a beaucoup plus d'importance dans un état militariste que dans un état industriel. Ses expressions les plus ordinaires indiquent la soumission, la déférence, le respect. Dans ses formes primitives, le cérémonial se réduit à des mouvements réflexes, résultat naturel des relations entre individus, effets que l'on observe également chez les animaux et dans les autres modes d'existence. En somme, les formes humaines de cérémonial semblent être en partie une imitation des expressions naturelles des animaux. Dans l'état militaire de la civilisation où le danger menaçait la vie de chaque homme et où l'obéissance aux chefs militaires était une nécessité, le cérémonial jouait un rôle important. Il développait des sentiments utiles et indiquait en qui l'on pouvait avoir confiance parmi le désordre de la vie sauvage ou demi-civilisée. Sa principale utilité, dans l'état industriel de la civilisation, est de témoigner une sympathie compatible avec l'égalité et préparant à la collaboration et à la communication des idées. Mais, de nos jours, une grande partie du cérémonial a survécu, non qu'il soit utile, mais parce qu'il est inoffensif et esthétique. Mais plus il intervient dans les activités importantes, plus il est une cause de perte de temps et d'énergie, et plus aussi il est abandonné. Le cérémonial est soumis aussi bien que les autres activités aux grandes lois que nous avons examinées. Il existe parce qu'il a une importance économique dans la vie humaine. Son évolution est parallèle à l'évolution des idées; il dépend du milieu. C'est un produit des activités primaires, car il y a un cérémonial, même dans l'industrie, davantage dans la vie de famille et bien plus encore dans la vie protectrice représentée par le gouvernement. Mais le cérémonial prend naissance surtout dans les activités secondaires de l'Église, de l'École et de l'État. Il obéit aussi aux lois psychologiques, en ce qui concerne ses moyens ; car il se propage par l'imitation et passe de la forme spasmodique à la forme habituelle.

Si nous nous arrêtons un instant pour passer en revue les activités secondaires, nous verrons bientôt que nous étions parfaitement fondé à les définir et à les décrire « des moyens au service des activités primaires ». Mais il n'est pas aussi facile de déterminer leur rang dans la hiérarchie des activités humaines, soit au point de vue de leur efficacité, quand on les regarde, soit comme moyens propres à atteindre la fin éthique, la survivance, soit au point de vue de leur origine. Car, comme moyens, leur valeur relative ne reste pas toujours identique, et nous pouvons dire que l'ordre de leur apparition varie chez les différents peuples, ou d'après ce que nous considérons comme le principal facteur de leur origine. Le gouvernement, par exemple, a son origine, au sens large, dans la famille ; mais certains gouvernements politiques sont nés de l'ascendant d'un individu, tantôt plus fort, tantôt plus habile, appartenant à un certain groupe. Mais nous pouvons dire que la communication et l'éducation viennent en première ligne, car on les rencontre déjà à un haut degré dans la vie animale ; sans elles, l'homme ne pourrait pas atteindre sa maturité. Nous répéterons ensuite que le gouvernement, sous une forme ou sous une autre, s'observe partout dans la vie familiale. Comme contrôle exercé sur les actions de l'adulte, il résulte logiquement de ce contrôle exercé sur l'enfant et qui constitue l'éducation. La religion est postérieure et viendra en quatrième rang, car elle semble ne pas exister dans la vie animale, ni dans certains groupements humains. Enfin le cérémonial, tel que nous l'avons décrit, doit être rejeté après la religion et le gouvernement, et non placé avant eux, comme Spencer l'a pensé. Car les formes auxquelles nous donnons le nom de cérémonial religieux ou politique n'ont pu exister avant que la religion et le gouvernement eux-mêmes n'aient fait leur apparition. Pour ce qui est de l'ordre d'importance éthique, on peut mettre certainement le cérémonial au dernier rang, car il règle seulement les plus infimes actions de la vie. La question la plus difficile à trancher est celle de l'importance relative du gouvernement et de la religion. A certaines époques, par exemple, pendant le moyen âge, les doctrines religieuses et les facteurs religieux eurent sur l'homme beaucoup plus d'influence que le gouvernement; et là où l'autorité de la religion est le plus volontiers acceptée, elle est bien supérieure au gouvernement par le nombre et l'importance des activités de la vie journalière soumise à son contrôle. Mais, quand les croyances religieuses s'en vont, comme cela a lieu maintenant dans les sociétés avancées, l'insuffisance du contrôle de la religion, surtout sur les éléments les plus inférieurs et les plus remuants de la population d'un pays, est compensée par la main puissante du gouvernement, par la loi, par la force de l'opinion publique. Mais il faut compter sur l'éthique et sur la philosophie, bien plus que sur le gouvernement, pour replacer la religion dans le plan des affaires privées de la vie, celles qui dépendent plutôt du contrôle intérieur d'un principe moral que d'un contrôle extérieur.

Enfin il faut établir une division des activités secondaires en activités éthiques et activités non éthiques, en prenant le mot éthique dans le sens commun du mot qui indique et accompagne un sentiment de devoir. Dans les sciences éthiques, cérémonial, gouvernement, religion, morale même, le principal objet d'étude consiste dans certaines idées abstraites de droit. Pour le gouvernement, nous les avons discutées sous la rubrique de « droits naturels »; pour la religion, la question qui se pose est la suivante : Quel est le bien d'après la révélation? Pour le cérémonial : Quel est le bien d'après certains leaders de la société? Cette définition est historique plutôt qu'essentielle à leur nature. Dans les sciences « non éthiques », le déterministe est porté à dire que le sentiment de l'obligation ou du devoir, tout en ayant survécu à cause de la grande importance qu'il a dans la vie humaine, n'a pas nécessairement de base positive en philosophie. Au contraire, les autres sciences sociales de la communication et de l'éducation ressemblent aux sciences traitant des autres activités indirectes de l'innervation, en ce qu'elles ont pour dernier objet de leurs recherches des activités qui ont une haute importance comme moyens, abstraction faite de toute conscience éthique. S'il était démontré qu'une seule des sciences « éthiques » ne peut voir ses principes de conduite justifiés, non par la raison et la philosophie, mais par la simple autorité, il en serait de même pour toutes les autres, puisqu'elles ne forment qu'une seule et même catégorie. Cela justifie la prétention que nous avons de prendre pour base de notre morale positive toutes les sciences anthropologiques, plutôt que ces sciences qui ont jusqu'ici accaparé le monopole de la moralité.

CHAPITRE IX

SYNTHÈSE. — HYPOTHÈSES

« L'œuvre la plus haute de la sociologie, dit Spencer, c'est d'embrasser le vaste ensemble hétérogène des choses, de manière à voir comment le caractère de chaque groupe (de phénomènes sociaux), à chacune de ses phases, est déterminé en partie par ses propres antécédents et en partie par les influences qu'exerça et qu'exerce sur lui le reste des choses[1]. »

Si un tel « consensus » est difficile en sociologie, il est encore plus difficile en anthropologie, et sa difficulté, déjà grande dans une science arrivée à son plus haut degré de développement, est encore plus grande dans une science à ses débuts. Aussi ce chapitre n'a-t-il pas la prétention d'être une synthèse, mais simplement une série d'hypothèses rangées sous forme de synthèse. Les limites de ce chapitre ne permettent pas non plus d'aller jusqu'à démontrer que ces hypothèses sont de véritables lois, et nous n'espérons même pas que toutes ensemble puissent résister à l'épreuve finale. Mais celles qui trouveront place dans l'anthropologie vraiment philosophique de l'avenir justifieront l'effort fait ici pour leur donner une formule.

1. *Principles of Sociology*, vol. I, section 210.

Ce chapitre sera naturellement, en grande partie, une répétition des autres chapitres du livre, surtout des généralisations auxquelles nous sommes parvenus. Son principal but sera de faire voir si ces généralisations s'éclairent mutuellement, si les généralisations auxquelles nous sommes arrivés dans les divisions particulières de notre travail peuvent être combinées, de façon à fournir des généralisations encore plus larges, de montrer si elles font partie d'un système qui se tient et si enfin elles sont compatibles avec la philosophie générale. Avant d'aborder le sujet concernant les lois de l'anthropologie, passons en revue, brièvement, ce que l'on peut considérer comme les questions préliminaires les plus essentielles d'une étude complète de l'anthropologie philosophique. En suivant l'ordre des chapitres précédents, nous pouvons affirmer, en premier lieu, que le but principal de l'anthropologie est de fournir une base à l'éthique et une norme à l'art de la vie. Son domaine peut être défini ainsi : cette partie de la philosophie qui étudie la vie humaine. Ses divisions sont une conséquence de sa définition et de sa méthode. Les sciences anthropologiques et sociales ne sont que des divisions de l'anthropologie considérée comme science inductive. A ces sciences elle emprunte, en les synthétisant, les données et les règles qu'il faut appliquer dans la philosophie et la pratique des arts anthropologiques. Une classification à trois dimensions nous permet de représenter le quadruple sectionnement de ses subdivisions, qui étudient l'homme aux quatre points de vue de l'espace, du temps, de la qualité et de l'être. L'éthique considère que les mêmes phénomènes continueront à se produire à l'avenir. Un important élément de notre classification est la classification des activités humaines dans l'ordre de leur importance pour la survivance, et leur division en activités primaires et en activités secondaires, ces dernières servant simplement de moyen aux premières. Les sciences anthropologiques peuvent encore être classées au point de vue de la méthode, en sciences d'observation, de classification et d'explication, ou sciences théoriques. Le principal défaut des sciences anthropologiques et sociales qui existent est, comme le fait ressortir cette classification, leur existence séparée. Elles ont besoin d'être guidées par la science générale, l'anthropologie ; elles ont besoin de l'appoint des autres sciences coordonnées entre elles pour élaborer leurs généralisations. Le principal reproche qu'elles méritent, c'est de ne point vouloir entrer en relation avec l'éthique et avec les sciences appliquées.

Si nous abandonnons ces considérations préliminaires et abordons l'étude de la vie humaine dans le temps et dans l'espace, ainsi que l'examen des qualités et des activités humaines, nous arrivons à la partie essentielle de notre tâche. Cette étude de la race et de l'individu fournira une base à notre système d'éthique. Mais, en pénétrant dans ce domaine, il nous faudra emprunter à la philosophie générale certains postulats qui nous dirigeront et nous suggéreront des hypothèses au cours de nos recherches.

Lorsque nous voulons emprunter à la philosophie les principes fondamentaux de notre anthropologie, nous nous heurtons à une difficulté. Nous nous trouvons en présence de systèmes contradictoires et de problèmes des plus ardus, dont les anthropologistes ne peuvent donner la solution. Et cependant cette solution est pour nous d'une importance capitale. Par exemple, de nos opinions touchant les conceptions matérialistes et évolutionnistes de l'univers, dépendra en grande partie notre théorie de la vie humaine et du devoir. Quelle que soit le système qu'on adopte en philosophie, il est extrêmement important de prendre une position juste en éthique. D'aucuns ont soutenu que la morale ne pouvait pas exister dans l'hypothèse matérialiste, que l'homme était une simple machine, soumise aux forces inexorables du milieu et de l'hérédité, que, dans un tel système, il ne pouvait y avoir ni obligation ni responsabilité, ni devoir, ni culpabilité, ni raison de punir les fautes. L'auteur considère cette façon de voir comme une profonde erreur logique qu'il est possible de dissiper[1]. Nous nous proposons, au cours du présent chapitre, d'exposer la théorie moniste-matérialiste de l'univers et de la vie humaine, afin de convaincre le nombre toujours croissant de ceux qui acceptent certaines parties de cette théorie, que, dans la pratique, ce système aboutit aux mêmes règles, aux mêmes principes de morale que la philosophie classique. Ainsi donc le matérialisme lui-même fournit à l'éthique humaine une base suffisante. Il ne sera pas nécessaire de discuter d'une façon aussi approfondie les opinions philosophiques plus courantes; leur explication est évidente, et on les trouvera examinées dans d'autres ouvrages.

Le matérialisme le plus hardi admet comme postulat que la matière en mouvement est l'ultime expression des choses. Tous les phénomènes de l'univers s'y réduisent. L'esprit, disent les matérialistes, est seulement une plus haute manifestation de la matière,

---

1. Pp. 303.

Si on leur demande à quoi ils reconnaissent que la matière est le substratum de toute réalité, ils en appellent au témoignage de leurs sens. Selon eux, toute science est dérivée de l'expérience. Ils passent rapidement et avec impatience par-dessus les subtilités psychologiques que soulèvent leurs adversaires sur ce point. Peu leur importe que nos sens nous trompent parfois ; leur témoignage, disent-ils, est en résumé supérieur à tout autre. La science aussi bien que le sens commun de l'humanité partent de la croyance à la réalité objective de la matière. Ce sont seulement d'insensés raisonneurs qui se sont avisés de révoquer en doute son existence. Il faudrait une grande dose de naïveté dans les raisonnements et manquer d'équilibre intellectuel pour douter de l'existence de la matière au point de régler sa vie d'après l'hypothèse contraire. Si l'on demande au matérialiste d'expliquer les idées innées, le sens moral et la conscience, il répond que ce sont là des faits héréditaires en ce qui concerne l'individu, et le produit de l'expérience lorsqu'il s'agit de la race. Tels sont les postulats extrêmes de la théorie soutenue avec quelques variantes par Auguste Comte, Stuart Mill, Büchner, et, nous pouvons le dire également, par Spencer, chez les philosophes; par Darwin, Huxley, Tyndall, Helmholtz, chez les savants. On peut rechercher l'origine moderne de cette doctrine en remontant à Bacon et Descartes, par l'intermédiaire de Locke et de Hume.

En étudiant la question à la lumière de ces principes philosophiques, que dirons-nous de l'homme considéré comme espèce, comme individu et dans ses relations sociales? Tout d'abord nous pouvons nous demander quelle explication de la vie humaine on pourrait déduire des lois de la philosophie moniste et matérialiste examinée précédemment. La réponse tiendra en peu de mots. L'homme, diront ces philosophes, est simplement un animal, un aspect plus élevé de la vie animale ayant évolué par d'innombrables phases intermédiaires, partant des degrés les plus bas dans l'échelle végétale et animale. Le matérialiste, niant l'existence de l'esprit ou de l'âme, nie la possibilité d'une vie future. Ne reconnaissant d'autre Dieu que l'essence matérielle que nous appelons l'univers, il considère les religions comme n'ayant aucune réalité spirituelle pour ce qui est de l'objet de leur culte. Il les considère comme utiles, peut-être, pendant un certain temps, au développement de la race, parce qu'elles peuvent alors ajouter de la force à certaines formes de pensées et d'action ; mais il les croit destinées à disparaître devant la diffusion croissante de la science. Si ces penseurs, qui rejettent la religion, ne peuvent trouver à l'éthique de base scientifique, ils doivent être les plus misérables de tous les hommes. Ils considèrent ou plutôt quelques-uns d'entre eux considèrent l'éthique comme impossible, puisque leur système nie la liberté de la volonté et la possibilité du choix de nos actions. L'homme n'est plus alors que le jouet des forces environnantes. Cependant, et nous le verrons plus tard, la morale peut exister même dans le système matérialiste.

Passons maintenant en revue, d'une façon plus détaillée, les principales idées générales de l'anthropologie philosophique. Éclairés par la psychologie biologique et les recherches sociologiques, quelles réponses pourrons-nous donner aux questions suivantes : Quelle est la caractéristique essentielle de la vie humaine ? Quels rapports réunissent l'homme au règne animal ?

Quelle est la position de l'homme au milieu de l'univers? Est-il le résultat d'une évolution? Si oui, quelles sont les phases de son évolution? Quelle est l'origine des variétés connues sous le nom de races humaines? L'homme est-il doué de la liberté de volition, est-il une exception à l'égard du reste de l'univers? Quelle est l'influence relative de l'hérédité et du milieu sur l'individu? Quelle est l'origine et l'explication des institutions sociales?

L'auteur croit que la plupart des questions précédentes sont loin encore d'être tranchées; mais, à son avis, dans l'état présent des recherches, les déclarations qui vont suivre ont pour elles une forte évidence. Comme on a pu le voir clairement dans les chapitres consacrés à l'individu et à la race, la biologie révèle une grande ressemblance entre l'être humain et les animaux supérieurs. Les animaux possèdent probablement toutes les facultés mentales et toutes les aptitudes physiques de l'homme; il n'y a aucune différence d'essence; il y a seulement une différence de degré. Par sa nature, l'homme est un animal, quoique cependant de l'ordre le plus élevé et autant que peut le savoir la science, l'ordre d'existence le plus élevé de l'univers. Cependant il est parfaitement permis de supposer que l'évolution plus longue de planètes plus anciennes a produit ailleurs un type mental plus élevé que le sien. L'homme n'est qu'un accident infime dans l'histoire du monde, si on le juge d'après le temps qui s'est écoulé depuis son apparition. La vie humaine ne remonte pas au-delà de 200.000 années, ce qui ne fait même pas la 500e partie de l'histoire totale de la vie sur le globe. Et pendant 5.000 ou 6.000 années seulement de cette période, il a été assez avancé en civilisation pour laisser de son existence d'authentiques témoignages historiques.

Si l'on se sert de l'évolution pour expliquer l'origine des espèces vivantes inférieures à l'homme, il est tout aussi raisonnable de croire que l'espèce humaine est dérivée de l'hypothétique pithecanthropus, espèce de singe maintenant disparue. Peut-être que les restes de « l'anneau manquant » ont été déjà découverts et sont représentés par les ossements trouvés à Java (Pithecanthropus erectus) ou par le crâne de Neanderthal. En attendant des preuves nouvelles, l'emploi de l'hypothèse évolutionniste, dans les sciences anthropologiques et sociales, répand sur cette question des flots de lumière. Il n'est plus permis de douter que l'homme ait évolué de l'état sauvage à l'état actuel. Les instruments et les autres témoignages des civilisations passées, mis au jour par la préhistoire, prouvent qu'il en a été de même sur toutes les parties du globe. Bien que toutes les tribus n'aient pas traversé régulièrement toutes les phases connues sous le nom d'âge de pierre, âge de bronze et âge de fer, ces termes précisent assez bien les diverses étapes de cette évolution. Elles ont certainement passé de l'âge de la chasse et de la pêche à l'agriculture et finalement à l'industrie moderne.

La race humaine n'est qu'une espèce au sens biologique. Il est très probable que l'espèce humaine a eu son origine dans un ou deux continents seulement et non dans tous les continents où on la rencontre à présent. Qu'une famille unique de singes ait évolué ou non vers la forme humaine, les familles humaines qui se sont répandues dans les différentes régions sous des climats extrêmes ont pu acquérir des couleurs différentes et des caractéristiques ethniques différentes. Les processus d'adaptation, de variation, de métissage, d'acclimatation, de différentiation et de spécialisation sont de grands facteurs qui expliquent l'histoire moderne des peuples aussi bien que celle des individus. Pour ce qui est de la structure corporelle, l'homme possède, en commun avec les végétaux, les propriétés de nutrition, de croissance, de génération et de motilité. Il a en commun avec l'animal l'innervation, la sollicitude pour la progéniture et l'instinct de conservation.

Après cette discussion, un peu longue, des questions les plus douteuses qui rentrent dans le domaine de notre étude, nous pouvons maintenant essayer d'agencer en systèmes les lois qui, en vertu de notre hypothèse, constituent l'essence de l'anthropologie philosophique. Nous remarquons que l'homme diffère seulement en degré, mais non point en essence de toutes les autres formes de la matière et des autres existences biologiques; nous devons en conclure qu'il est soumis aux mêmes lois fondamentales qui régissent ces dernières. Notre tâche, par suite, comprendra une recherche de toutes les généralisations de toutes les sciences, et une détermination du degré relatif de leur action sur la vie humaine. Dans les pages suivantes, nous nous efforcerons de choisir celles qui ont la plus grande importance en anthropologie. Pour plus de commodité, elles pourront être classées comme les lois de l'anthropologie philosophique et dérivées respectivement : 1° des lois de la physique philosophique; 2° des lois de la biologie philosophique; 3° des lois de la psychologie philosophique; 4° des lois de la sociologie philosophique; 5° des lois spéciales de l'anthropologie qui ne s'appliquent pas aux autres sciences.

Parmi les lois s'appliquant à l'anthropologie philosophique et dont la physique et la chimie ont beaucoup contribué à démontrer le caractère universel et fondamental, nous citerons les lois : 1° de l'indestructibilité de la matière ; 2° de la persistance du mouvement ; 3° de la persistance de la force ou de la conservation de l'énergie ; 4° de l'universalité d'attraction et de répulsion ; 5° de l'universalité de causation ; 6° de la transformation et de l'équivalence des forces ; 7° de la résultante des forces ou du principe de moindre résistance ; 8° du rythme ; 9° de la redistribution de la matière et du mouvement, ou lois de changement, d'évolution et de dissolution. Il faut ajouter aussi les lois d'équilibre et d'adaptation. La loi de survivance est l'équivalent des deux lois de l'indestructibilité de la matière et du mouvement. La loi de la survivance des individus adaptés est, comme nous allons le voir, une loi différente. La loi d'économie signifie : Les forces suivent toujours la ligne de moindre résistance. La loi de réaction à laquelle on fait souvent allusion dans les sciences sociales peut être ramenée généralement à la loi du rythme.

Peu de gens nieront que les lois que nous venons de formuler s'appliquent à la vie humaine, à l'exception de ceux qui considèrent la liberté de la volonté comme indépendante de la loi de la causalité universelle. Nous ne voulons pas entreprendre une nouvelle discussion de cette question, mais nous admettrons que la théorie déterministe est celle qui se rapproche le plus des faits et est en même temps la plus compatible avec les conclusions des autres sciences. Au lieu de remplir le peu d'espace qui nous reste par des exemples d'application de chaque loi, il vaudra beaucoup mieux parcourir de nouveau cette liste, en examinant quelles sont celles de ces lois qui sont les plus importantes en anthropologie.

Tout d'abord n'a-t-on pas fait trop peu de cas de la loi d'attraction dans la philosophie générale aussi bien que dans l'anthropologie? Peut-on saisir la grande question biologique de l'adaptation du milieu sans tenir compte de cette loi? Elle semble avoir une importance aussi capitale dans la philosophie générale que les lois de l'indestructibilité de la matière et de la persistance du mouvement, car ce sont ces lois qui expliquent la présence d'un certain corps à un certain endroit, à un certain moment. La position d'un corps donné est due non seulement à son mouvement originel qui lui fait parcourir une ligne droite, mais à l'attraction des autres corps. L'une des deux forces peut être appelée centrifuge, l'autre centripète. Il en résulte que le corps décrit une courbe. Dans les termes d'attraction et de répulsion rentrent par définition les phénomènes similaires observés dans la gravitation, l'attraction électrique et les affinités chimiques. Non seulement en physique et en chimie, mais dans toutes les autres sciences, on observe de semblables lois d'attraction que l'on expliquera sans doute un jour comme de simples variantes de la forme commune. Pour ce qui est de l'agréable théorie de l'attraction sociale, il ne faut pas la prendre au pied de la lettre. L'attraction qui pousse deux individus l'un vers l'autre résulte probablement d'une conformité d'idées et de sentiments qui peut se ramener à une harmonie des vibrations physiques; certainement l'activité mentale est également réductible en théorie à des affinités chimiques, mais ce n'est pas là l'élément caractéristique du phénomène en question.

L'adaptation est une relation tendant à persister en deux existences. Sans les forces contrariant leurs mouvements, les corps en question resteraient en parfait équilibre. Mais, comme nous venons de l'indiquer, la position des corps eux-mêmes, c'est-à-dire leur adaptation réciproque, est déterminée par les lois de mouvement et d'attraction que nous avons mentionnées il y a un instant. Il peut y avoir adaptation d'atome à atome, de partie à partie, de l'ensemble au milieu environnant. Tous ces cas peuvent être expliqués de façon identique.

Il nous faut maintenant examiner ce qu'il faut entendre par cette expression : « Survivance des plus aptes. » Des plus aptes à quoi? A survivre? Il faut évidemment donner à ce terme une signification plus précise. Jetons les yeux sur l'univers : Qu'est-ce qui survit? La forme passe, la substance reste. La forme est relative; la substance est absolue. Mais il y a des degrés de relativité. Nous pouvons ajouter que les mieux adaptés survivent. Ce qui est mal adapté au milieu disparaît. Mais ces formes que nous appelons les mieux adaptées ne survivront pas toujours, car elles ne seront pas toujours adaptées à leur milieu futur. Le milieu lui-même change. Par suite, notre loi ne doit pas être interprétée comme si elle assurait la survivance aux choses adaptées au milieu. Notre affirmation relative à la survivance doit être corrigée par l'adjonction de cette proposition circonstancielle : « Aussi longtemps que les conditions restent les mêmes. » Dans un milieu en évolution, nous pouvons espérer la survivance des formes également en évolution. De là l'hégémonie de l'homme sur la terre. Quels sont les facteurs essentiels de l'évolution humaine? L'un d'eux est l'évolution des idées. Etant donné l'esprit humain et les moyens humains de communication, c'est là un résultat inévitable des expériences accumulées des générations. Darwin a dit que la vie était une lutte pour l'existence. Dans cette lutte, quelles sont les choses qui assurent la suprématie et la vie à certains individus et à certaines nations? La force physique, la souplesse intellectuelle et l'habileté sont évidemment des éléments de succès. Ne pouvons-nous pas dire que ceux-là survivront qui centraliseront le plus de force, qui pourront servir de conducteurs à la plus grande somme d'énergie physique, qui feront preuve du plus puissant génie directeur dans l'usage et l'agencement des forces cosmiques ou non humaines au moment critique et à l'endroit critique? Ainsi, dans les chocs de forces opposées, le résultat est déterminé d'avance. Cela ne s'applique pas seulement à la guerre. La force physique peut jouer un grand rôle dans la centralisation de l'énergie, mais la connaissance de forces cosmiques, comme la puissance des explosifs, et la possession d'agencements matériels, comme les vaisseaux et les canons, ont une efficacité mille fois supérieure. L'éducation par suite et la science, en un mot la personnalité combinée avec la possession des agencements non humains fait de l'homme le conducteur de forces le plus puissant dans la lutte pour la survivance. Même s'il périt comme individu, il lègue à ses descendants son organisation physique et ses biens matériels; son espèce, où sa famille survit dès lors parce qu'elle est la plus forte.

Mais l'expression « survivance des plus forts » n'est pas assez exacte. Il n'y a pas simplement une survivance des plus forts au point de vue individuel, mais une survivance des plus puissants centres de forces cosmico-humaines, c'est-à-dire une survivance de l'homme le plus fort ou de la nation la plus forte, en spécifiant bien qu'une grande partie de leur force peut résider dans le milieu environnant ou dans la coopération d'éléments humains et non humains, dans leur adaptation mutuelle. Le déterministe peut dire que l'élément non humain s'accorde avec l'élément humain pour produire le résultat. Le terme : « les plus puissants centres de force » impliquera aussi ces deux éléments. C'est en grande partie le milieu qui explique la survivance de certains peuples. Si, pour un instant, nous concentrons toute notre pensée sur l'homme, nous pouvons dire que l'énergie est l'élément central de sa personnalité. C'est le fond commun dans lequel se résolvent toutes les formes d'énergie cosmiques et humaines qui agissent sur lui par l'hérédité et par le milieu ; c'est la source de toutes ses activités diverses, mentales ou physiques. L'élément commun, opposé à lui dans l'univers, est l'utilité. C'est le résultat de certaines de ses activités quand elles dépassent sa propre constitution ; et de ce fond commun il tire les diverses formes de satisfaction de ses besoins. L'énergie et l'utilité sont les deux pôles contraires de la philosophie anthropocentrique. Mais cela ne nous suffit pas. Notre but présent est de reconnaître tous les éléments de survivance sous les formes d'énergie humaine ou non humaine. La raison de la suprématie de l'homme sur notre planète, c'est, nous pouvons le dire, qu'il est plus apte que certains autres êtres à se rendre maître de centres d'énergie puissants à des moments critiques. Cela explique ses luttes contre les formes de la nature animée ou inanimée. Cela explique les luttes et la survivance des individus ou des races. La puissance de l'homme comme accumulateur de force est un résultat à la fois de l'intégration et de la différentiation de la substance. Dans l'individu et dans la race, il s'est amassé une énergie latente grâce à une intégration de matière due, d'un côté, à une hérédité favorable, et d'autre part, à un milieu favorable, c'est-à-dire à un milieu fournissant abondamment nourriture et protection. La différentiation de substance qui est nécessaire est peut-être une différentiation de substance cérébrale accompagnant l'évolution des idées ou de la substance ambiante qui aboutit à des machines et à des agents prêts à se mettre au service de l'homme. Ces facteurs sont en partie acquis au cours de la vie; mais la plupart sont un legs de nos ancêtres. L'antique adage « Savoir c'est pouvoir » n'est qu'une demi-vérité. Une machine est une puissance, la constitution physique et mentale est une puissance, les alliés cosmiques de l'homme constituent aussi une puissance. Mais ces deux derniers facteurs restent relativement identiques à eux-mêmes, au cours de l'histoire de l'humanité. Aussi le progrès de la civilisation dépend-il principalement d'une complexité croissante des idées et des machines ou d'agencements utiles de la substance. Les livres peuvent être mis au nombre des plus utiles de ces agencements de substance. En additionnant tous ces facteurs, nous pouvons dire que le progrès consiste en ce que chaque génération possède plus d'énergie latente que la génération précédente. Pourquoi le sceptre de la civilisation est-il passé peu à peu entre les mains des nations occidentales et septentrionales, des Égyptiens aux Anglo-Saxons? Ce n'est pas uniquement parce que certaines nations arrivaient l'une après l'autre au maximum d'instruction, mais parce qu'elles devenaient plus énergiques. Un héritage de livres et d'agents matériels ne suffit pas : une personnalité est nécessaire pour les utiliser. Quand la réserve d'énergie s'épuisait dans une race dégénérée, c'étaient les nouvelles races fortes vivant dans un milieu plus favorable au développement de l'énergie qui recevaient et utilisaient l'héritage du passé. Aucune époque préhistorique plus que l'époque glaciaire ne fut plus favorable à la production d'énergie, de force physique et d'industrie ingénieuse ; plus tard ce furent les milieux froids et âpres qui suscitèrent le plus d'énergie et de persistance dans la domination des choses environnantes, qui favorisèrent l'éclosion des plus hautes civilisations. Tant que la science et les forces économiques toujours croissantes ne se heurteront pas à des difficultés insurmontables, nous pouvons supposer que, au nord, l'étoile de l'empire marchera peut-être vers les immenses espaces du Canada et de la Sibérie. Nous consolerons le pessimiste en lui affirmant que la civilisation est un résultat de la souffrance. Les peuples qui ont pu sans périr supporter le mieux la faim, la soif, le froid, ou les luttes sanglantes dans la France glaciaire, dans l'Égypte aride ou dans les forêts du nord, sont ceux qui ont posé les fondements des empires futurs.

Nous n'examinerons pas les autres lois de la physique philosophique. La question de savoir si l'universalité de causalité est vraie de tous les phénomènes humains a été implicitement comprise dans tout ce que nous avons dit au sujet du libre arbitre. La conclusion la plus raisonnable, c'est que cette loi reste toujours vraie et que l'homme ne fait pas exception à cette règle. Nous ne pouvons pas douter non plus que la loi de conservation de l'énergie ne soit vraie de tous les phénomènes humains. Idées, sentiments, volitions peuvent certainement être interprétés comme des simples formes de l'énergie humaine, dont on peut, d'autre part, retrouver l'origine dans l'énergie ambiante. Quant à la loi de direction suivant la moindre résistance, on peut, dans toutes les branches de l'activité humaine, trouver les preuves de son exactitude[1].

Nous avons déjà abandonné la question des lois physiques pour étudier celles de la biologie et même de la sociologie. Il en sera de même dans ce qui nous reste à dire au sujet de l'évolution. Bien que la loi d'évolution soit universelle, en ce qu'elle s'applique à toutes les existences, on l'a complètement identifiée avec la biologie. Que Spencer ait eu raison ou non de dire que c'est là la loi fondamentale de la philosophie, celle qui unifie toutes les autres, il n'en est pas moins vrai qu'il a été parfaitement autorisé à en faire la loi la plus essentielle de toutes les sciences qui forment la substance de son système, les sciences biologiques. Aussi longtemps, en effet, que la vie persiste, il y a évolution. Cela saute aux yeux de ceux qui étudient ces sciences.

Mais cette loi ne joue pas un rôle aussi prépondérant dans les sciences physiques. Dans ces dernières sciences, nous rencontrons la dissolution aussi souvent que l'évolution. L'évolution est la forme caractéristique du changement dans notre partie de l'univers. La dissolution peut être la loi de ses autres parties. La somme de matière et de mouvement restant identique, l'évolution sur un point de l'univers doit être contreba-

---

1. Voir, par exemple, pp. 192, 215.

lancée par la dissolution sur un autre point. N'y a-t-il pas équilibre entre ces deux processus, et la loi universelle n'est-elle pas non point la loi d'évolution, mais la loi d'action? Toutes les choses sont dans un flux et reflux incessant. L'action est le seul terme qui caractérise toutes les phases du processus, comme le terme survivance caractérise les résultats impliqués dans les lois fondamentales.

Étant donné l'existence de la matière, il doit y avoir une survivance; étant donnée l'existence du mouvement, il doit y avoir changement ou action. Les lois de l'action et de la survivance continueront à gouverner les choses, alors même que le règne de l'évolution sera à sa fin sur notre planète. De plus, comme nous l'avons montré dans les chapitres précédents, l'évolution ne peut pas expliquer autant de phénomènes humains que le croyait Spencer. Il est des formes d'existence qui ont une tendance inhérente à évoluer. Les moyens tels que les agents sociaux du gouvernement et de l'État n'évoluent pas, mais se modifient, parallèlement aux activités qu'ils servent.

Quant aux autres lois subsidiaires de l'évolution, comme la loi d'équilibre, de différentiation et de segrégation, il n'est point nécessaire d'en établir ici la théorie ni d'en donner des exemples explicatifs. Spencer en a suffisamment montré l'application aux phénomènes humains dans son système en général, et en particulier dans son étude très détaillée de leur action dans les phénomènes biologiques et sociaux[1]. Non seulement la loi d'adaptation est aussi essentielle pour expliquer les phénomènes de l'univers en général que

---

1. Voir *First Principles*, chap. xxi, xvii, etc.

les lois de l'indestructibilité de la matière et du mouvement, mais c'est là une des lois les plus générales, dont doivent tenir compte le biologue, l'anthropologiste et le sociologue. L'adaptation est une des premières conditions de la survivance. Cette loi a pour corollaire la loi de différentiation, en vertu de laquelle les races et les tribus humaines s'adaptent aux conditions de milieu les plus différentes, à la chaleur et au froid, à l'abondance comme au manque de nourriture, etc. ; cela permet à l'espèce humaine de mettre à contribution, pour satisfaire ses besoins, une plus grande partie de la surface de la terre que ne peuvent le faire d'autres espèces. Cela accroît les possibilités d'existence et augmente la somme totale de la vie humaine. La loi de spécialisation est vraie de l'organisme individuel aussi bien que de la société, des fonctions biologiques aussi bien que des fonctions psychologiques ou sociales. La spécialisation des individus et des races a rendu l'homme capable d'exécuter des combinaisons de plus en plus parfaites qui lui permettent de faire servir le monde à son usage et de le dominer.

Les activités de l'individu ont pour résultat non seulement son adaptation au milieu, et, par l'intermédiaire de l'individu, l'adaptation de ses descendants ou de l'espèce en général, au milieu ambiant, mais encore une adaptation du milieu en faveur de l'espèce. Ce dernier mode de l'adaptation s'observe beaucoup dans la vie humaine et caractérise tous les organismes dont l'attitude dans la lutte est plutôt offensive que défensive. Mais les autres animaux, les carnivores par exemple, adaptent à leur usage plutôt le milieu organique que le milieu inorganique, tandis que l'homme civilisé adapte l'un et l'autre. L'histoire de la civilisation ou histoire des relations que l'homme contracte avec son milieu, dans un lieu donné, sous la forme d'une lutte pour l'existence, se divise de la façon suivante : 1° La première phase, où les hommes sont encore en petit nombre, est caractérisée par la lutte de l'homme avec le milieu non humain et organique, surtout dans les régions où des organismes très semblables au sien lui disputent la suprématie ; 2° La seconde phase s'observe dans les agglomérations humaines. C'est alors un combat de l'individu contre le milieu humain ou social ; 3° Dans la troisième et dernière phase, les agglomérations diminuent par suite d'émigrations ou d'autres facteurs ; les instincts humanitaires poussent plutôt à la coopération qu'à l'opposition. La caractéristique de cette phase est la lutte contre le milieu inorganique. C'est l'âge des machines ; les forces de la nature inorganique sont mises au service de l'homme. Pour parler comme Spencer, les deux premières phases correspondent à la période militariste, la troisième à la période industrielle[1]. Les deux premières sont communes à la vie humaine et à la vie animale ; la dernière est particulière à l'homme. La souffrance est un trait si essentiel des deux premières phases que Patten propose de les appeler l'âge de l'économie douloureuse (pain economy). La dernière où la proportion des objets utiles s'est fortement accrue serait alors l'âge de l'économie agréable (pleasure economy[2]). Dans la période industrielle, la lutte pour l'existence est moins une lutte entre nations qu'une lutte des nations civilisées contre le reste de l'univers (monde animé ou

---

1. *Principles of Sociology*, vol. I, section 258.
2. Comparer : Giddings, *Principles of Sociology*, New-York, 1896, pp. 405, 406.

objets inanimés). Les Congrès de la paix qui correspondent à l'accroissement, à l'époque moderne, des relations commerciales et industrielles sont tout à fait significatifs en ce sens. La guerre tend de plus en plus à disparaître, entre nations civilisées, pour faire place à la lutte industrielle. Les armées servent surtout contre les peuples demi-civilisés et barbares, et on peut croire aisément que la force armée sera toujours nécessaire contre eux, si toutefois l'homme veut mettre à son service l'univers entier. Ce que nous avons appelé la lutte pour l'existence ne rentre pas uniquement dans le processus d'évolution. C'est une partie du processus plus général d'adaptation. Cependant il n'est pas très exact de désigner le processus tout entier sous le terme de lutte, si du moins nous voulons simplement indiquer par là l'existence de la douleur. Les activités impliquées dans l'adaptation sont, dans une large mesure, plus agréables que douloureuses. Même la guerre et les combats contre les bêtes féroces peuvent, jusqu'à un certain point, être un plaisir. La douleur a son siège dans les cellules sensorielles, motrices ou idéationnelles. La douleur qui naît de l'adaptation du milieu rentre principalement dans ces deux premières catégories. C'est une douleur sensorielle pour l'être humain d'être exposé aux atteintes des agents externes animés ou inanimés. C'est une douleur des cellules motrices quand les efforts humains sont exagérés, par exemple dans une guerre offensive. L'adaptation de l'homme lui-même peut être aussi une lutte, une lutte interne, et est suivie de douleurs rentrant dans les deux dernières catégories plutôt que d'une douleur sensorielle. D'autre part, il se produit aussi une douleur motrice au cours de l'activité excès sive que la survivance nécessite souvent. Mais le conflit intérieur des idées qui accompagne une réadaptation à de nouvelles conditions est également une source de douleur. Dès lors la civilisation est en grande partie un produit de douleur.

Si nous voulons exprimer ce qu'est l'évolution humaine, en nous plaçant au point de vue de l'énergie, nous dirons qu'elle consiste en une intégration croissante, au profit de la race, de l'énergie puisée dans le milieu. Ce n'est pas seulement un accroissement de puissance constitutionnelle, physique et mentale, mais un accroissement de la faculté de centraliser la force par l'emploi d'agents physiques, tels que les machines, les outils, les maisons et les livres.

Nous ne mentionnerons que très brièvement les autres lois biologiques. C'est tellement un lieu commun en sociologie qu'il n'est guère nécessaire d'aborder ce sujet. Nous ne remplirons point nos pages d'exemples de l'application de ces lois dans les diverses branches de l'activité humaine ; nous ne répéterons pas non plus ce que nous avons dit dans les chapitres relatifs aux activités primaires et secondaires. Le lecteur pourra faire tout cela lui-même. Les lois que nous avons étudiées, en particulier les lois relatives à la survivance, l'adaptation et l'évolution, peuvent être considérées comme des lois relatives aux fins. Les autres lois de la biologie, de la psychologie et de la sociologie sont surtout relatives aux moyens. Les unes indiquent les moyens existants ou possibles, les autres considèrent le mode d'action de ces moyens. Dans la première catégorie rentrent les principes relatifs à la dépendance réciproque des activités primaires et secondaires ; dans la seconde catégorie, on peut ranger les lois relatives aux limites d'exercice et à l'alternance des exercices. Les chapitres précédents sont consacrés à démontrer que les activités secondaires sont un produit des activités primaires, en dépendent et sont des moyens qui contribuent à leur mise en jeu. Si on les distribue dans l'ordre de leur importance vis-à-vis de la survivance considérée comme fin, la nutrition, la reproduction et la protection se placent au premier rang; puis viennent l'innervation et la locomotion, moyens indirects employés par les trois activités précédentes, mais qui sont elles-mêmes des activités primaires, en ce sens qu'elles sont devenues des éléments constitutionnels de la nature humaine, tout comme la fonction esthétique. Les plus importantes des activités secondaires sont les moyens de suggestion sociale, communication et éducation ; puis les moyens de contrôle social, gouvernement, religion, cérémonial. Mais il y ici dépendance réciproque; le haut développement de toute activité soit primaire, soit secondaire, dépend du haut développement de l'autre groupe d'activités. Chacune dépend de toutes les autres. Une grande loi, qui cependant a quelques exceptions, facile à observer surtout dans la dérivation des activités secondaires des activités primaires, est la suivante : L'action passe de l'état direct à l'état indirect. Quant au mode de fonctionnement des activités humaines, nous observons des limites d'exercice minimum et maximum très bien tranchées, au-delà desquelles l'organisme se détériore. Cette loi, très évidente pour ce qui est des fonctions physiques, est indubitablement vraie des activités psychiques. Étroitement unie à cette loi est la loi de l'alternance des activités, le besoin de variété et de repos.

On a beaucoup discuté la mesure relative dans laquelle l'hérédité et le milieu déterminent les actions humaines. Sans entrer à fond dans une discussion de ce sujet, nous pourrons répéter ici que : 1° c'est surtout le milieu qui explique le mieux les différences entre individus appartenant à la même race ou à la même famille ; 2° c'est surtout l'hérédité qui explique les différences entre les familles et les races. Mais il faut être assez circonspect dans l'emploi de ces termes. Si nous remontons assez loin, non seulement jusqu'aux premiers êtres humains, mais aux ancêtres de l'homme, nous pouvons comprendre toutes les diverses influences, y compris l'hérédité, dans le terme de milieu. De même, un seul individu peut être considéré comme un produit soit de l'hérédité, soit du milieu, selon que nous le prenons dans son enfance ou dans son âge mûr. Dans les arts sociaux et en morale, la question la plus pratiquement importante est celle de l'influence relative de la personnalité et du milieu à un moment donné dans la détermination d'une action. Il faut examiner ce que l'un et l'autre sont et non point ce qu'ils ont été à l'origine. On peut en grande partie voir dans la personnalité un résultat des milieux précédents où l'homme a vécu ; on peut prouver aussi que le milieu est en grande partie un résultat de personnalités précédentes. Bien plus, la transmission héréditaire, elle-même, bien que l'emploi de ce terme soit un peu douteux ici, peut être regardée comme embrassant par définition l'adaptation des milieux déjà mentionnés, machines, maisons, livres ; ce legs matériel est, dans la civilisation, d'une importance aussi capitale que les legs physiques ou psychiques.

Si nous examinons les lois de la psychologie et de

la sociologie, qui devront figurer dans notre liste, nous en trouverons un certain nombre qui ont été déjà mentionnés. La plupart des lois de ces deux sciences ne sont que des lois de la physique ou de la biologie, appliquées seulement à des phénomènes d'un ordre particulier, phénomènes psychiques ou phénomènes sociaux. La plupart des lois de la psychologie sont relatives aux moyens, c'est-à-dire que l'esprit lui-même étant un moyen pour atteindre les fins d'évolution, d'adaptation et de survivance, ces lois sont relatives à la manière dont l'esprit opère en tant que moyen.

Quelques exemples suffiront pour rappeler au lecteur que ces lois forment la matière des ouvrages de psychologie et qu'il faut s'adresser à ces livres plutôt qu'à celui-ci pour avoir des détails sur les lois de l'activité psychique. Toute connaissance vient de l'expérience ou de l'observation et va du particulier au général ; de l'intérêt naît l'attention, et de l'attention naît la connaissance ; la connaissance fait naître le désir, et le désir produit l'action ; ce sont là des lois connues de chacun, des lois fondamentales. Tarde en cite bien d'autres dans son excellent examen de l'imitation et de l'opposition ou invention, tout en passant de leur côté psychologique à leur côté social. Le point de départ de l'imitation est l'acquisition d'une idée nouvelle, et correspond à cette tendance qu'a le spontané à devenir habituel, les actions volontaires à se transformer en actions réflexes et à s'exécuter plus habilement. L'invention correspond à la tendance opposée, c'est-à-dire consiste à passer de l'instinctif au rationnel, de la fixité à la plasticité, de l'héréditaire à l'acquis. L'invention et l'imitation se complètent réciproquement. Chacune d'elles commence là où l'autre finit. L'une et l'autre sont d'une nécessité fondamentale dans la civilisation, l'imitation étant la base de l'ordre, et l'invention le principe de tout progrès; de leur action combinée résulte, comme Tarde l'a prouvé, l'adaptation[1].

La dépendance réciproque de l'ordre et du progrès nous paraît être ici une autre loi fondamentale de l'anthropologie et se trouve en relation directe, en tant que moyen, avec les grandes fins d'adaptation et de survivance. L'ordre est la conservation de ce qu'il y a de plus économique dans les choses anciennes; c'est un résultat non seulement de l'imitation, mais de l'hérédité de la personnalité, c'est-à-dire d'un bon organisme, d'un bon caractère, de bons instincts. Le progrès est l'essence de l'évolution, de la complexité croissante, de la création et de l'invention des moyens de survivances plus économiques. Son côté physique est beaucoup moins important que l'élément psychique. En effet, l'évolution physique est très lente, et la conservation physique est très puissante; le principal élément du progrès est, par suite, l'évolution des idées. Et en réalité c'est là la principale caractéristique et la principale loi de la vie humaine; car l'essence de la vie elle-même est plutôt le progrès que l'ordre. Sans cela, la vie ne pourrait se conserver dans un milieu toujours en évolution; ce n'est qu'en évoluant lui-même qu'un être humain peut lutter avec quelque succès contre toutes les formes de la vie qui l'entourent, surtout dans les temps préhistoriques. De nos jours une évolution mentale est plus nécessaire encore, pour que l'homme puisse lutter avec succès contre les obstacles croissants qu'élève devant lui le milieu inorganique

---

1. *Les Lois sociales*, Paris, 1898.

et végétal. Non seulement l'homme a été prodigue du bois de ses forêts, mais il épuise les gisements de charbon et la richesse du sol. Le monde finira par offrir de moins en moins de chaleur et d'énergies utilisables. Pour rester maître jusqu'à la fin du monde, l'homme devra par évolution donner naissance à une nouvelle espèce, à un être surhumain, aussi supérieur à l'homme de l'époque actuelle que celui-ci l'est à ses ancêtres demi-humains.

Une loi qui a été mentionnée plus haut a des rapports très étroits avec le principe général de l'évolution humaine et peut être considérée comme l'expression d'une autre fin de la vie humaine. C'est la loi de l'évolution des idées d'après laquelle : Les idées de la race sont soumises à une différentiation et une intégration de plus en plus complètes. Il ne paraît pas impossible que cette complexité croissante des acquisitions mentales de l'humanité continue même après que l'évolution organique aura cessé sur notre planète. Pendant un court laps de temps, l'homme pourra résister à la dissolution ambiante, si nous le supposons capable de continuer à dominer les systèmes complexes de pensées représentés par la science et les adaptations physiques des âges passés et futurs. De la loi de complexité croissante des moyens il résulte ceci : L'évolution humaine consiste essentiellement en une complexité et une différentiation croissantes des idées. Le vaste système de la civilisation avec tout ce qu'est venue y ajouter chaque nouvelle génération se réduit à un système d'idées élaborées et coordonnées au cours de l'existence de la race humaine, et qui, après avoir été débarrassées des détails inutiles et insignifiants, sont assimilées par chaque nouvelle génération. Et ce vaste système d'idées n'existe pas consciemment dans 'esprit des hommes vivants, à n'importe quelle phase du progrès de la civilisation; mais on peut les retrouver en grande partie dans les ouvrages imprimés ou écrits que nos ancêtres nous ont légués, et dans les machines et les œuvres d'art qui sont la personnification plus concrète encore de ces idées.

Aucune complexité cérébrale ou mentale individuelle, si étendue qu'elle soit, ne peut soutenir la comparaison avec la complexité des systèmes intellectuels dont a hérité la société dans son ensemble. Tandis que la complexité cérébrale s'accroît de siècle en siècle par de légères acquisitions successives, suivant une progression arithmétique, la complexité des idées héréditaires s'accroît selon une progression géométrique. Les généralisations faites par une génération sont coordonnées par la génération suivante de façon à donner des généralisations encore plus hautes. Une découverte faite par une génération peut permettre à la génération suivante de faire une douzaine de découvertes. Ce qui fait la grande différence entre les peuples sauvages et les peuples civilisés actuels, c'est la différence de complexité des systèmes intellectuels dont ils ont hérité; la possession du langage écrit est le principal facteur de la supériorité de l'homme civilisé, à ce point de vue. Les idées cependant ne se transmettent pas seulement par le moyen du langage écrit ou même parlé. La loi d'imitation, telle que l'a formulée Tarde, explique dans une large mesure pourquoi chaque génération accepte les systèmes de la génération précédente. Les idées sont acquises par suggestion, par l'observation des actions des autres, et portent à l'imitation. La grande importance de cette loi, si efficace au point de vue des résultats sociaux, c'est qu'elle gouverne les instincts conservateurs, tte grande force de protection du passé. Si une génération ne voulait rien accepter des générations précédentes, elle retournerait presque à l'état sauvage. Car, si bien qu'elle remplisse les trente ou quarante années de son existence, une génération ne saurait inventer qu'une infime partie des grands systèmes dont l'utilité a été reconnue dans le passé. Il est donc extrêmement important que la majorité des hommes aient des tendances conservatrices et que les enfants soient imitateurs par nature et acceptent ainsi inconsciemment les lourdes charges que la civilisation les oblige à porter.

Revenons pour un instant à l'hérédité et à l'éducation. Nous pouvons dire que ce sont là les principaux moyens dont dépend la complexité des idées. L'hérédité donne à l'homme une masse cérébrale de la complexité qui convient à l'état civilisé, et l'éducation lui fournit les idées léguées par le passé. L'une et l'autre sont absolument essentielles. Un homme qui aurait seulement, quant au cerveau et à la complexité cérébrale, l'hérédité d'un Australien, ne pourrait jamais arriver au niveau d'éducation que nécessite le degré très élevé de notre civilisation. D'autre part, il est évident qu'un cerveau provenant d'une bonne hérédité, mais livré à lui-même, ne pourrait, dans l'espace d'une vie humaine, acquérir plus qu'une infime fraction des idées civilisées que nous inculque l'éducation. Nous employons ici, cela va sans dire, le mot d'éducation dans le sens le plus large, pour exprimer l'acquisition des idées en se servant de toutes les ressources de l'expérience. La plus grande partie de notre éducation se fait non pas à l'école, mais par un contact immédiat avec notre milieu physique et social, et par l'élaboration mentale personnelle des matériaux acquis par l'esprit individuel. La loi d'imitation s'applique à une grande partie de l'éducation conçue dans ce sens large du mot. On peut invoquer plusieurs raisons pour expliquer pourquoi les idées doivent évoluer. L'évolution des idées commence en même temps que l'emploi du langage, qui sert à conserver les idées des générations précédentes et à transmettre aux générations à venir les résultats des expériences humaines de tous les âges. Le processus continue parce que la vie persiste, car toute la vie n'est qu'expérience. Le milieu lui même évolue sous les yeux de l'homme, et ce spectacle évoque chez lui de nouvelles idées. Non seulement les forces cosmiques changent constamment la face du monde, la forme de la vie végétale et animale, produisant ainsi de nouvelles réactions psychiques; mais les puissantes modifications apportées à la nature par l'action de l'homme, la complexité des formes que la nature finit par produire, et finalement la complexité indéfiniment croissante du milieu social, avec ses institutions et sa minutieuse division du travail, tout cela stimule et accroît la complexité de la pensée humaine avec une étonnante rapidité. De plus, l'homme voyage dans de nouveaux milieux et cherche des expériences nouvelles. Il invente des instruments qui viennent en aide à ses sens : microscope, télescope, téléphone, et franchit ainsi les obstacles qu'opposait l'espace à ses processus sensoriels. Il apporte plus de raisonnement à ses observations; il applique des méthodes et fait usage d'appareils dans ses expérimentations scientifiques. Cet accroissement de la complexité des idées est accompagné d'un accroissement de leur intégration, car la synthèse est la loi de l'existence psychique. La synthèse et l'analyse sont le résultat l'une de l'autre et se soutiennent mutuellement. Nous pouvons maintenant comprendre sous quel rapport l'évolution humaine diffère de celle des autres formes de vie. Nous découvrons une évolution des idées qui vient s'ajouter à l'évolution organique primitive. L'évolution des idées a commencé nécessairement, comme nous l'avons montré, en même temps que l'emploi du langage, et continuera probablement longtemps après que l'évolution physique aura fait place à la dissolution. Mais l'évolution générale des idées est souvent accélérée par l'évolution physique d'un peuple particulier. Il y en a de remarquables exemples dans l'histoire de la civilisation, chaque fois que les systèmes intellectuels et moraux d'un peuple conquérant ont été répandus sur la terre par la force des armes, par ce qui semble être simplement une évolution du plus fort. En dernière analyse, l'évolution sociale consiste essentiellement en une évolution des idées. Mais, il faut s'en souvenir, les idées qui survivent et se répandent sont celles qui sont les plus utiles à l'humanité, c'est-à-dire celles qui contribuent directement ou indirectement à l'exercice des fonctions primaires de la vie. Le résultat obtenu est une plus grande somme de bonheur et une vie plus complète.

Comme nous l'avons prouvé dans les pages qui précèdent, la plupart des lois de la sociologie ne sont que des applications spéciales des lois déjà rencontrées en physique, en biologie, en psychologie. Certaines lois sont particulières à la sociologie, dans ce sens que sans société, consociation, ou groupements d'individus semblables en contact les uns avec les autres, ces lois ne pourraient pas exister. Ainsi la question d'hérédité précédemment examinée rentre dans la sociologie, parce qu'elle concerne certaines relations entre individus. Du fait même d'un contact dérive directement le principe d'un conflit nécessaire des intérêts individuels et de la limitation des activités individuelles. C'est sur ce principe qu'est basée la loi de « liberté égale », formulée par Spencer. Des limites imposées aux individus résultent les phénomènes que nous avons exprimés sous les termes généraux suivants : lois de la tendance à la différentiation, à la spécialisation, à la division du travail, à la coopération, au contrôle social. Dans certaines grandes sections de l'activité humaine, nous arrivons à cette conclusion que ce sont là, pour l'homme, les moyens d'évolution et de survivance des plus économiques et que, pour cette raison, elles persistent comme moyens. Sur ces principes sociologiques, on pourrait écrire de longs chapitres ; mais les limites de notre ouvrage ne nous permettent pas de leur consacrer un plus grand espace. Le chapitre VIII est consacré, d'ailleurs, à l'examen des agents de contrôle social et de suggestion sociale [1]. Comme l'a montré Spencer [2], la division du travail résulte en partie de l'influence de l'hérédité.

Une autre loi sociologique dont l'évidence apparaît suffisamment, c'est que tout changement dans les activités secondaires ou sociales dépend des changements qui se produisent dans des activités primaires. Ces dernières évoluent ; les premières n'évoluent pas néces-

---

[1]. Voir aussi dans le chapitre sur l'éthique des considérations sur leur avenir basées sur l'étude de ce qu'elles ont été dans le passé.
[2]. *Principles of Sociology*, vol. III, section 730.

sairement, mais se transforment. Une autre loi, qui s'applique au côté social des activités primaires, aussi bien que des activités secondaires, est celle-ci : les relations sociales tendent à passer de l'état de contrainte à l'état de contrat. Comme l'a montré Spencer [1], c'est le résultat d'un changement plus fondamental dans la nature humaine, d'une évolution des idées et des sentiments relatifs à la liberté. Enfin on peut résumer un grand nombre de discussions sociologiques dans la loi suivante : La fonction de la société elle-même est « l'évolution de la personnalité ». C'est un moyen servant aux fins de l'individu et de la race [2].

Un des quelques sujets qui ne rentrent pas à proprement parler dans une des sciences mentionnées précédemment, c'est la question des lois du passage de l'égoïsme à l'altruisme, considérés comme moyens, du conflit de l'individualisme et du socialisme en tant que fins, et du passage de l'individualisme au socialisme considérés comme moyens. Pour ne pas avoir établi une distinction exacte entre l'individualisme et le socialisme, quand ils sont moyens et quand ils sont fins, on a laissé s'introduire une fâcheuse confusion dans les discussions sociologiques et socialistes.

Pour rester d'accord avec ce que nous avons dit quelque part dans ce livre [3], nous disons que ni le socialisme, ni la société elle-même ne sont des fins suffisantes et adéquates, si on les compare avec les intérêts bien plus importants de l'individu et de la race,

---

1. *Principles of Sociology*, section 815.
2. Comparer le chapitre consacré par Giddings à *la nature et le but de la société*, dans *Principles of Sociology*, p. 420, ainsi que Spencer, *Principles of Sociology*, section 661.
3. Voir pp. 323-326.

mais que, considéré comme moyen, le socialisme est bien plus économique que l'individualisme au point de vue d'un grand nombre d'activités humaines. Il y a donc tendance à faire prédominer le socialisme sur l'individualisme en tant que moyen. Le principe d'utilité (*expediency*), au sens le plus profond du mot, doit décider, dans chaque cas particulier, laquelle des deux doctrines est la plus applicable.

Si maintenant nous jetons un coup d'œil d'ensemble sur les lois étudiées dans ce chapitre, nous nous sentirons plus capables de déterminer celles qui sont le plus essentielles à la vie humaine, celles auxquelles il faut se rapporter pour expliquer les phénomènes anthropologiques et sociaux, et dont l'action ne s'étend qu'à des phénomènes ou à des activités de nature particulière. Nous remarquerons que les lois empruntées à la physique philosophique ou inspirées par elle occupent une place prépondérante par comparaison avec les lois dérivées d'autres sciences. Si ce mode de pensée peut se justifier, nous trouverons que l'anthropophysique est appelée à succéder dignement à l'anthropobiologie surannée. Ce ne sera pas seulement une réaction contre l'exagération emphatique des conceptions biologiques en sociologie, mais un progrès fait vers la découverte de ce qui est vraiment essentiel dans la vie humaine, ainsi que dans l'existence en général. Bien que l'anthropostatique ait été placée sur le même pied que l'anthropodynamique, dans notre division systématique des sciences anthropologiques, il faut remarquer cependant que presque toutes les lois que nous avons étudiées sont des lois de dynamique plutôt que des lois de statique, des lois de causalité, bien plus que des lois de coexistence. Et, à ce qu'il nous semble, il en doit être ainsi. En termes plus généraux, la coexistence, comme nous l'avons dit quelque part, est accidentelle, tandis que la causalité est essentielle. Il est facile de connaître ou de déduire les coexistences, si l'on saisit toutes les causes existantes, leur valeur relative et leur direction. La causalité est toujours uniforme ; les coexistences ne le sont pas.

Enfin, parmi les lois les plus marquantes de notre liste et qui fournissent les principales explications de la vie individuelle et de la vie de la race, nous pouvons signaler les lois d'adaptation, d'évolution (surtout de l'évolution des idées), de la direction suivant la moindre résistance, de la dépendance du milieu, de la dépendance réciproque des activités. Les principales lois relatives aux moyens sont, semble-t-il, les suivantes : ce qui est le plus économique survit ; la suggestion sociale et le contrôle social sont les moyens les plus économiques de coopération. Le terme de survivance est le mot essentiel du système tout entier. Il explique tous les phénomènes humains du passé et du présent, et, en tant que fin éthique, devient notre guide pour l'avenir. Cette pensée nous servira de transition pour aborder le chapitre final : L'anthropologie appliquée à l'éthique.

CHAPITRE X

ANTHROPOLOGIE APPLIQUÉE. — SYSTÈME POSITIF DE MORALE

S'il est vrai que la valeur de tout système philosophique se prouve par les résultats que donne sa morale appliquée à la vie, notre tâche dans ce chapitre de conclusion est nettement indiquée. Nous essaierons d'esquisser un système positif de morale au point de vue anthropologique. Pour exposer en détail un tel système, il faudrait un volume, ou plutôt une série de volumes, un pour chacune des grandes divisions de l'activité humaine ou du devoir humain. Mais il ne sera pas inutile de jeter un coup d'œil général sur ce domaine tout entier. Tout ce que nous examinerons peut rentrer dans un chapitre de l'éthique en tant que prévision plutôt que dans un chapitre de l'éthique en tant qu'action, pour nous servir des termes employés dans un des chapitres précédents[1].

Nous considérerons l'avenir et les fins éthiques plutôt au point de vue objectif qu'au point de vue subjectif. En examinant les fins de la vie individuelle, nous les considérerons seulement comme des moyens d'atteindre les fins les plus hautes de la race et de l'univers. Les moyens que l'individu pourra employer pour réaliser

---

1. Voir *Méthodes en morale*, chap. III, p. 60-63.

ses fins seront indiqués brièvement au point de vue objectif, et nous ne chercherons nullement à déterminer la ligne de conduite que l'individu devra suivre.

Étant donné les théories soutenues par cet ouvrage, nous pouvons définir l'éthique : la science et l'art de la conduite morale. Comme l'a dit Spencer : « Considérée comme comprenant les lois de la vie morale et pratique en général, l'éthique a un champ beaucoup plus étendu que celui qu'on lui assigne communément. En dehors des règles de conduite communément approuvées comme bonnes, ou réprouvées comme mauvaises, elle embrasse toutes les règles de conduite favorisant ou empêchant, directement ou indirectement, le bien-être de soi-même ou des autres »[1]. La philosophie matérialiste, comme nous le verrons bientôt, réduit le « doit-être » de la morale à un « il faut » ou à un « sera ». La philosophie positiviste démontre que le but de la science doit être la prévision. Donc, en éthique, et en nous plaçant à ce point de vue, nous ne pouvons savoir ce qui devra être, ce qu'il faudra, ou ce qui sera, si nous ne savons pas parfaitement ce qui est et ce qui a été, en fait de conduite morale. Ici, comme dans d'autres sciences et arts, nous jugeons de l'avenir par le passé. Le domaine de recherche de l'éthique s'agrandit dès lors extrêmement. Elle ne se bornera plus à tirer des déductions abstraites au sujet de la nature de la fin éthique et des règles de l'action juste ; elle découvrira par induction cette fin éthique et appuiera ses décisions relatives à la moralité des actions futures sur la connaissance qu'elle aura acquise des actions passées et de leurs résultats. C'est dans ce système positif d'éthique,

---

1. *Principles of Ethics*, vol. I, p. 281.

on le conçoit, que cette importante étude place tout son espoir. Les systèmes déductifs d'éthique ne résistent pas aux assauts de la critique, qui a déjà renversé tous les autres systèmes n'ayant pas l'induction pour base.

On verra sans peine qu'avant de pouvoir dire avec confiance quelles actions sont pourvues ou non de qualités morales il nous faudra dominer du regard tout le champ d'action. Cela constituera ce que nous avons appelé, dans une page précédente, « la science de la praxéologie » ou de la conduite en général. Comment reconnaîtrons-nous les actions « morales »? Ce sont, pour parler comme les anciens moralistes, celles qui « doivent être » accomplies, c'est-à-dire celles qu'accompagne le sentiment d'obligation. Il est « bien » de les faire. Il est « mal » d'en faire d'autres. Ne pouvons-nous pas, d'après la constitution même de l'être humain, nous former une conception profonde de ce qui est bien ou mal? Chaque action qui satisfait la nutrition et toute la série des besoins humains n'est-elle pas une action bonne? C'est ce que nous allons tâcher de démontrer dans les pages qui suivent. Provisoirement nous nous en tiendrons à cette définition de la conduite bonne et morale. Mais nous avons vu qu'il était impossible de comprendre parfaitement les fonctions biologiques et le jeu de la plupart de ces fonctions sans avoir étudié la vie animale et la vie végétale aussi bien que la vie humaine. La conclusion inévitable, c'est que l'éthique, l'étude de la bonne conduite, doit comprendre également l'éthique animale et l'éthique végétale. Cependant ce n'est pas l'éthique au sens le plus large du mot que nous étudierons dans ce livre, mais seulement l'éthique de la vie humaine. Nous ne ferons qu'une très petite place aux contributions importantes qui pourraient être fournies à cette étude par celle de l'éthique animale. Pour plus de détails sur cette question, que le lecteur se reporte aux *Principles of Ethics* de Spencer.

L'éthique en tant qu'art commence là où finit la philosophie en tant que science. Les principes fondamentaux de l'art, de la bonne conduite, dérivent des dernières généralisations de la science et de la philosophie de la conduite. Au sens absolu, on ne peut jamais savoir ce qui devra être fait, sans connaître à fond tout ce qui est fait et tout ce qui a été fait. La science traite du passé et du présent ; l'éthique traite de l'avenir. La science étudie ce qui est ; l'éthique étudie le devenir. Comme le but de la science est de se transformer en art et de satisfaire ainsi les besoins humains, il est bien plus nécessaire d'avoir une philosophie de l'art qu'une philosophie de la science. Pourtant ce que l'on a fait sur ce sujet est rarement imprégné des tendances du xix° siècle. On commence seulement à donner à l'éthique cette certitude, cette exactitude de méthode que Bacon donna à la science, il y a quelques centaines d'années. Mais il faudrait avoir encore plus de génie que Bacon pour déterminer le champ entier de l'activité humaine et coordonner les myriades d'actions de millions d'êtres humains en un système qui serait à la fois le plus économique et le meilleur. Jusque-là tous les arts pratiques qui s'appliquent aux forces sociales, comme les grandes entreprises politiques ou pédagogiques, de même que tous les arts industriels, travailleront aveuglément, parfois en se contrariant réciproquement, et avec une dépense inutile d'énergie. S'ils ont pu jusqu'ici réussir comme ils l'ont fait, c'est uniquement parce que, d'après la loi de l'évolution, les formes inutiles ou inaptes ont été détruites. Les hommes ont adopté de meilleurs systèmes simplement parce que, en vieillissant, ils avaient une base de progrès plus stable que leurs prédécesseurs. Ce qu'il faut, c'est aider et diriger d'une façon rationnelle cette force aveugle de l'évolution des choses humaines. Et cela afin qu'une génération puisse accomplir ce que l'action inintelligente du passé a mis des siècles à accomplir.

A ce point de vue, on le comprend, tous les arts industriels et sociaux sont subordonnés au grand art de la conduite humaine, à l'éthique. Tous traitent seulement des moyens et des fins immédiates qui contribuent à amener la grande fin éthique de l'individu, c'est-à-dire la vie complète.

Il faut maintenant envisager la question suivante : Une étude comme celle de l'éthique serait-elle possible dans le cas où le libre arbitre n'existerait pas? Certains théoriciens ont déclaré que, si on admet cette hypothèse, il ne pourra y avoir ni obligation ni devoir, ni impératif, ni responsabilité, ni culpabilité, et par suite rien ne justifiera ni les punitions ni les récompenses. Tout acte humain s'accomplira sous l'impulsion de l'inexorable et universelle loi de causation. L'homme n'est qu'une machine arrivant au monde avec certaines facultés, avec un certain agencement complexe de matière et d'énergie, et obéissant au milieu physique et social qui le force à agir comme il le fait. Les criminels, dit cette théorie, sont nés criminels et ne devraient pas être punis pour des actes qu'ils ne peuvent pas ne pas commettre. Cependant nous essaierons de démontrer que l'on peut admettre le déterminisme sans se heurter nécessairement à ces difficultés, et que les châtiments et les récompenses seraient les mêmes dans une philosophie déterministe que dans un système admettant le libre arbitre. Nous montrerons que le même acte est bon ou mauvais à un point de vue comme à l'autre, et que, logiquement, les partisans des deux théories arrivent aux mêmes conclusions pratiques en ce qui concerne les fins immédiates, c'est-à-dire ce que l'on fera, ce qu'il faudra ou ce que l'on devra faire dans un avenir immédiat. Les différences ne portent, en général, que sur les mots : Le « devoir » de l'homme reste un « devoir », qu'on l'appelle « devoir » ou « nécessité ».

Un simple exemple montrera le peu de portée du reproche que l'on adresse souvent au déterminisme pour la façon dont il interviendrait dans le châtiment des criminels. Le criminel ou son avocat dira au juge qu'il ne peut s'empêcher d'être criminel, qu'il est né criminel, que le milieu l'a forcé à le devenir et que, par suite, il ne peut encourir une peine. Le juge pourra répondre : « Accusé, c'est un malheur pour vous; mais, de même que vous fûtes prédestiné à commettre ce crime, je fus certainement prédestiné à vous en punir, et, chaque fois que vous vous sentirez poussé à commettre un autre crime, souvenez-vous que la société sera poussée, elle aussi, à vous en punir par mon intermédiaire ou par l'intermédiaire de quelque autre. Peut-être que, si cette idée devient assez claire pour vous et s'implante solidement dans votre esprit, vous réagirez contre vos futures tendances criminelles et deviendrez un citoyen honnête. »

L'affirmation philosophique est très semblable. Le « doit » du libre arbitre devient le « sera » ou le « il faut » du déterminisme. Ce qui est moral et bon pour une doctrine est moral et bon pour l'autre aussi. Sous la loi de causation, on appliquera le même système de récompenses ou de châtiments que croient nécessaires ceux qui admettent la volonté libre. L'avantage de la doctrine déterministe, c'est qu'elle introduit de l'exactitude dans le domaine de l'éthique, ce qui était impossible lorsque les actions éthiques dépendaient de la connaissance et de la conscience humaine. Le bien arrive parce qu'il ne peut pas ne pas arriver et non point parce que tel ou tel système d'éthique peu solide, parce que tel ou tel individu sujet à se tromper pense que telle bonne action doit être accomplie. On peut dès lors donner à l'étude des peines et des récompenses une exactitude de détermination interdite à l'ancienne philosophie admettant le libre arbitre.

Le monde, univers physique et société, est constitué de telle sorte qu'il récompense les actions bonnes avec autant de certitude qu'il punit les actions mauvaises. Si l'homme bon est moralement le plus apte à survivre à son époque ou à sa génération, si ses activités sont les mieux préparées à atteindre les fins du présent immédiat, plutôt que celles d'un idéal lointain pour lequel le monde n'est point prêt, ce monde est disposé à reconnaître la valeur de cet homme et à l'aider dans ses efforts.

L'existence de ce stimulant et de cette satisfaction est une réponse partielle à ceux qui soutiendraient que, dans un système de conduite aussi mécanique, une activité hautement et purement éthique n'aurait point de motif suffisant. Il faut reconnaître que l'action éthique serait en grande partie un résultat de l'hérédité et qu'il se trouverait des individus infortunés qui, s'ils comprenaient la philosophie de l'éthique, sentiraient que leur cas est désespéré, même si les influences de la société qui les entoure pouvaient réagir contre leurs tendances naturelles et susciter en eux l'éveil de forces nouvelles. Mais ces infortunés sont une infime minorité, et il faut espérer que leur espèce ne se perpétuera pas aussi facilement à l'avenir qu'à présent. D'un autre côté, l'homme doué de quelques instincts moraux peut être fier en ayant conscience d'être un facteur du progrès de la race ; de ce que l'évolution de la société dans son ensemble dépend, pour certains détails particuliers, des bonnes actions qu'il se sent poussé à accomplir; de ce qu'il a été choisi pour devenir le pivot de certaines forces dans cette puissante évolution; enfin de l'influence de son action sur les intérêts non seulement de sa propre existence, mais d'innombrables existences futures. Et non seulement cette pensée : « Il me faut faire ceci », mais les pensées suivantes : « Ceci dépend de moi » et « je dois accomplir bien cette action », inspirera à l'homme cette autre pensée : « Je suis reconnaissant de l'honneur qui m'est conféré par là, je suis fier de mon office, de ma fonction sociale. » Cela suffit, pensons-nous, à inspirer les plus nobles actions de la race, s'il en est de nécessaires encore en dehors des impulsions ordinaires du cœur humain.

Et les considérations de ce genre deviendront de plus en plus efficaces à mesure que les hommes pourront acquérir une idée philosophique et positive de la morale. Dans la plupart des actions éthiques, le devoir immédiat est clairement indiqué. Cependant, la fin ultime qu'atteindra la somme totale des actions n'a jamais été comprise de même façon par les philosophes qui ont étudié les règles de la conduite humaine. peut y avoir une fin éthique pour la race, — évolution ou survivance, — et pourtant cette fin n'est peut-être qu'un moyen d'arriver à une fin plus haute de l'activité universelle, fin que nous sommes incapables de concevoir. L'homme est-il l'être le plus élevé dans tous les mondes innombrables qui nous entourent ? Les intérêts et la perfection de sa vie ou de son bien-être sont-ils plus importants que les intérêts d'autres êtres ? La place qu'il occupe dans l'espace et dans le temps est si insignifiante que cela semble presque impossible. Bien plus, ses intérêts doivent-ils exclure ceux de la nature inanimée et ceux de tous les êtres d'autre espèce qui vivent autour de lui ? Ou bien n'est-il avec eux qu'une simple partie de la vaste évolution tendant vers une fin qui dépasse notre force de conception ?

Il semblerait résulter naturellement d'une philosophie évolutionniste que l'évolution est, sinon la fin absolue, du moins un élément de cette fin absolue. En ce qui concerne le passé, il est vrai que toutes choses, non seulement dans notre monde terrestre, mais dans tout notre système solaire, ont travaillé en vue d'une évolution, et les résultats que nous observons sont admirables, s'ils sont jugés au point de vue éthique quelconque. Nous pouvons tout aussi bien admettre que cette évolution continuera pendant un nombre infini d'âges à venir, et que tout ce qui sera d'accord avec cette évolution sera parfaitement éthique et trouvera, dans ce fait, la justification de sa survivance. Il semble étrange que cette idée sur la fin éthique ne se soit jamais présentée à l'esprit du maître de la philosophie évolutionniste, Herbert Spencer ; cela est en parfait accord avec sa philosophie et, en fait, c'en est la conséquence logique. Mais il est resté fidèle à l'ancien et grossier principe de l'utilitarisme, le bonheur.

Autant que l'auteur puisse le savoir, cette idée n'a jamais été discutée avant ces derniers temps. Benjamin Kidd y a fait clairement allusion dans la note suivante, mais en la rejetant : « Si nous pouvons admettre la réalisation universelle comme comprenant cette conception que le souverain bien est l'avancement des processus évolutifs que la race subit, etc.[1]. »

Ward l'a mentionnée dans le passage suivant, en appréciant beaucoup mieux sa valeur : « Dans ce qu'on a appelé très justement et très à propos la téléologie évolutionniste, la plus grande conception que l'on se soit faite de la véritable fin de la vie organique est l'idée de la transformation de la matière inorganique en matière organique... D'autres ont supposé que le grand but de la vie organique était l'évolution, c'est-à-dire la production d'une série ascendante de types de plus en plus élevés[2]. »

Mais Ward ne fait pas participer le monde inorganique comme le monde organique à cette évolution. Bien plus, il fait remarquer un point faible dans cette idée, en signalant ce fait qu'au lieu d'une évolution ascendante c'est parfois une dégénérescence qui résulte des processus cosmiques. En allant jusqu'au bout de notre conception, comme l'a fait Spencer dans ses *First Principles*, nous reconnaîtrons que l'évolution est complétée par la dissolution. Bien que l'évolution soit la loi des âges à venir dans notre système solaire, il est très probable que, si l'on considère l'univers dans son ensemble, évolution et dissolution vont toujours

---

1. Benjamin Kidd, *Social Evolution*, Edition américaine, p. 116, note.
2. Lester F. Ward, *Psychic Factors of Civilisation*, Boston, 1893, p. 75.

l'une avec l'autre. Si l'énergie ne se perd point, il semble que le processus de l'une soit exactement compensé par le processus de l'autre. Si cela est exact, il se peut que l' « action » soit l'expression dernière du processus universel et de la fin universelle, et il est intéressant de noter que c'est le terme auquel on est arrivé en déterminant la fin dernière de la vie humaine. Si l'action, dans ce dernier sens, est définie comme comprenant les activités de chaque partie de l'être humain, l'action devient pratiquement ce que nous avons recommandé précédemment sous le nom de la « vie complète ».

Il suffit de réfléchir un moment pour voir que nous devons regarder plus loin que la fin de la vie humaine, sinon nous n'aurions pas une idée exacte de nos obligations envers les animaux. Nous avons des devoirs moraux envers eux, cela est admis, non seulement par les sociétés protectrices des animaux, mais même par la loi de certains pays. Ici les intérêts de l'être humain sont limités par les intérêts des animaux, et il est évident que leurs intérêts contribuent généralement à la poursuite de la fin absolue de l'éthique.

Mais nous n'avons pas encore vidé entièrement la question de la fin absolue. En fait, comme l'auteur le voit à présent, il n'y a pas une fin absolue unique, il y en a trois ou même quatre également absolues et, par conséquent, coordonnées. Et on ne peut pas les réduire à une expression unique, à moins d'en faire autant pour la matière et le mouvement. Nous devons songer que la méthode de la morale positiviste et déterministe est d'admettre simplement les lois fondamentales de la philosophie et de l'anthropologie comme applicables à l'avenir aussi bien qu'au passé. Par suite, il ne peut pas y avoir d'autre fin dernière que l'universel : ce qui a toujours été est maintenant et sera toujours, aussi bien dans la vie humaine que dans l'univers en général. Ainsi déduites, les fins éthiques coordonnées et absolues de l'univers sont la survivance, l'action, l'attraction et l'adaptation, si les lois qui régissent l'univers et, par suite, la vie humaine, ont été exactement formulées dans le chapitre précédent. Ces principes très généraux de l'éthique sont dérivés plutôt de la philosophie générale que de l'anthropologie philosophique. Car le domaine de cette dernière n'est pas assez étendu pour qu'elle puisse arriver à la notion de ce qui est réellement l'universel. L'éthique, dans toute son ampleur, détermine cependant l'éthique de la vie humaine, car l'humanité n'est qu'une portion du grand tout ; elle est gouvernée par les mêmes lois et soumise au même destin. Les fins de la race et de l'individu rentrent dans les fins de l'univers et sont en harmonie avec ces dernières.

La survivance en tant que fin éthique est un corollaire direct de la loi de l'indestructibilité de la matière. Si c'est là une loi finale de l'univers, nous ne pouvons naturellement imaginer aucun résultat du processus éthique, qui n'implique point la survivance matérielle. L'action, en tant que fin, est dérivée, de même façon, de la loi de persistance du mouvement. Le raisonnement est le même. En fait, le mot survivance peut être interprété comme comprenant à la fois la survivance de la matière et la survivance du mouvement. Mais, pour plus de commodité, nous garderons le terme d'action en rapportant cette fin aux aspirations relatives de l'individu et à sa vie journalière. Si les lois de l'attraction sont également universelles, comme nous le disions au chapitre précédent[1], il nous faut reconnaître également l'attraction comme un facteur dernier dans toute action éthique; mais, dans l'étude de la vie, il vaudra mieux ne pas faire usage de ce terme pour ne pas faire de confusion avec la superstition populaire d'une attraction s'opérant entre deux âmes semblables. L'attraction physique n'a nullement besoin d'être une fin consciente dans l'esprit du sujet agissant. Les forces centralisées en lui et les forces ambiantes agissant en vue de cette fin peuvent parfaitement se diriger elles-mêmes. L'adaptation est, comme on l'a vu[2], un corollaire inévitable et un résultat de la survivance de la matière et du mouvement. Il y aura toujours adaptation de partie à partie. C'est aussi, par suite, une fin du processus éthique; mais c'est également un moyen. L'adaptation est nécessaire à la survivance. Le terme qui exprime les deux aspects de ce fait serait : adaptation mobile; car l'adaptation d'un instant ne vaut que pour cet instant même et est par elle-même une cause de l'adaptation subséquente.

Peu nous importe si certains font remarquer qu'en admettant la survivance comme fin éthique nous adoptons le vieil adage : « Ce qui est, est bien », et cette affirmation : « Il n'y a ni bien ni mal, et, par exemple, l'acte d'un criminel est un acte juste. » Il suffira de répondre qu'il n'y a absolument aucune différence si nous appelons un acte bon ou mauvais; le résultat sera le même; la « récompense » ou la « punition » ne seront point modifiées. En réalité, suivant que nous adopterons le pessimisme ou l'optimisme, nous disons d'un acte qu'il est bon ou mauvais.

1. Pp. 274-275.
2. Voir p. 275.

Si nous sommes optimistes, admettant que le résultat du processus éthique tout entier est bon, nous admettons aussi que tous les facteurs qui y contribuent sont bons, à savoir que toute action et tout être sont bons. Cela revient à dire, mais au sens profond du mot : « La fin justifie les moyens. » La fin absolue justifie les moyens employés pour l'atteindre ; mais une fin inférieure ne justifie point des moyens incompatibles avec une fin supérieure. N'oublions pas que les moyens à employer sont entièrement relatifs ; à certaines époques, en certains lieux, les mêmes moyens sont beaucoup plus légitimes qu'en d'autres époques et en d'autres lieux, et, pour parler en termes optimistes : certains actes peuvent être mille fois meilleurs et plus économiques que d'autres. Ce que l'on punit, c'est le fait d'avoir négligé de choisir le meilleur. Ce que les justices humaine ou cosmique font cesser, c'est ce qui est mal adapté au présent, ce qui ne peut nullement devenir un élément permanent dans la vie ou la survivance. Plus une chose est essentielle et naturelle, meilleure elle est. Si elle est par essence un élément d'évolution permanent et non pas un élément passager, un hors-d'œuvre, elle trouve en elle-même sa justification. Les discussions relatives aux vocables *bien* et *mal* sont en grande partie une querelle de mots. Cela ne change rien à la chose, ni au résultat.

La survivance, l'action et l'adaptation ne sont pas seulement les fins absolues de l'être lui-même, mais les fins relatives de toutes les formes d'êtres aussi longtemps qu'elles existent. Par exemple, la survivance, l'action et l'adaptation humaines sont les fins de la vie humaine, fins absolues aussi longtemps qu'il s'agit de cette forme de la vie, mais fins relatives si on considère la disparition de la vie humaine se perdant dans l'être universel. Puisque la forme passe, la survivance, l'action et l'adaptation de la forme ne sont que des fins relatives et secondaires, des moyens en réalité, si on les compare aux fins de l'être en général. Nous pouvons établir une hiérarchie des fins ou des moyens (peu importe le terme que nous choisissons), correspondant à la hiérarchie des formes incluses dans l'univers : le cosmos, la vie, l'humanité, l'individu. Si nous ajoutons l'évolution à notre liste des fins relatives, en spécifiant bien qu'après une incommensurable suite d'âges elle sera suivie, dans notre système solaire, par la dissolution, nous pouvons, dans la pratique, admettre la hiérarchie suivante des fins. Elle commence par les fins inférieures, lesquelles deviennent des moyens pour la fin supérieure : 1° survivance, action, adaptation, fins pour l'individu, moyen pour : 2° survivance, action et adaptation de la vie humaine, moyens pour : 3° survivance, action et adaptation de la vie en général, subordonnées et contribuant en tant que moyen à : 4° survivance, action et adaptation de notre système solaire dans son évolution ; ces dernières en tant que phases du processus entier sont subordonnées à : 5° survivance, action, et adaptation de l'univers en général.

Si nous examinons maintenant les fins immédiates de la vie humaine, nous voyons qu'on peut les faire dériver de ces mêmes termes : survivance, action, adaptation et évolution, particulièrement du second, l'action. Toute action est toujours un plaisir ou une douleur ; de même toute action est une spécialisation ou vie complète. Nous avons ici, pour exprimer la fin éthique, deux mots qui sont familiers à nos lecteurs, plaisir et vie complète. Il faudrait maintenant démontrer que la douleur et la spécialisation peuvent être, à juste titre, considérées comme des fins, et que ce sont là des fins relatives en comparaison de l'action elle-même, et qu'on peut dire la même chose des autres idées habituelles, de réalisation de soi-même, de perfection et de bien-être. Nous devons honorer Guyau[1] d'avoir vu que la vie humaine a une fin supérieure à ces dernières, la conservation de la vie elle-même, ce que nous appelons ici survivance. Par induction aussi bien que par déduction, on peut en venir à cette conclusion que la douleur est un bien relatif au même titre que le plaisir. Raisonnant par déduction, nous dirons que l'un et l'autre dérivent de l'action, puisque la psychologie nous apprend que toute action est un plaisir ou une douleur. Si toute action est bonne, cette action particulière, l'action douloureuse, doit également être bonne et contribuer pour sa part à la réalisation de la fin dernière. Raisonnant par induction, nous remarquerons dans les actions réflexes et volontaires occasionnées par la douleur qui résulte de la défense personnelle contre les ennemis intérieurs ou extérieurs, de la fatigue, de la faim, la justification de la douleur en tant que bien relatif. Le principe utilitariste du bonheur est par suite insuffisant. Son incompatibilité avec la philosophie évolutionniste est prouvée à l'évidence par ce fait que l'évolution elle-même est produite par la douleur, par la lutte pour la vie, qui a pour résultat la survivance des plus aptes. Car cette lutte est, en elle-même, une partie de l'adaptation universelle. L'adaptation de l'individu à son milieu est souvent un combat

---

1. M. Guyau, *Esquisse d'une morale sans obligation ni sanction*, Paris, 1885, pp. 11, 12.

avec sa propre nature, une lutte d'idées et de sentiments qui cherchent à se dominer mutuellement. Ses efforts pour adapter le milieu à lui-même, sont bien plus encore une lutte, et, en particulier, la guerre qu'il est obligé de faire aux ennemis animaux ou humains, guerre qui a rempli la plus grande partie de l'histoire de l'humanité.

Mais, comme nous l'avons vu, elle est nécessaire dans l'évolution de la civilisation. La guerre a été bonne dans le passé en tant que moyen de réaliser la fin éthique; la lutte, au moins contre le milieu inorganique sera bonne de tout temps. L'exaltation du fort, l'évangile de l'action et de la force, trait dominant de la littérature récente des peuples qui montrent la plus grande aptitude à survivre, n'est pas éloignée de devenir la plus haute doctrine morale à ce point de vue[1]. Les races plus faibles doivent se soumettre à la direction de celles qui leur sont supérieures en civilisation ou disparaître. Aussi longtemps qu'elles résistent, la guerre est une nécessité, mais ce n'est là qu'une guerre entre la civilisation et la barbarie, non pas nécessairement entre états civilisés.

Par le terme « la vie complète », nous entendons l'existence ou la mise en jeu de chaque élément dans la constitution naturelle de l'individu humain, physique et mental. Ce terme explique la fin éthique de l'individu que, relative ou immédiate, tous les hommes devraient tâcher d'atteindre dans leur existence, en tant que cet effort n'est pas manifestement entravé par des fins plus hautes et plus absolues. Il est évident, par exemple, que, de temps à autre, les intérêts de l'indi-

---

1. Voir les derniers poèmes de Rudyard Kipling.

vidu se trouvent en conflit avec ceux de l'espèce, et dans ce cas la vie complète doit céder le pas à la survivance de l'espèce ou à son évolution.

On peut chercher de deux côtés divers la source de la vie complète en tant que fin éthique. Elle est déduite ou bien de la fin éthique absolue, évolution, puisque la vie complète de l'individu est un moyen d'arriver à l'évolution de la race, ou bien d'un simple coup d'œil jeté sur la nature de l'homme. Dans ce dernier mode, il suffit d'admettre une seule supposition, l'hypothèse optimiste que la vie elle-même est désirable et bonne. Cela résulte de cette idée que la forme de vie la plus élevée que nous connaissions, la vie des êtres humains est désirable, et que plus la somme de cette vie sera grande, mieux cela vaudra. Cela revient au fond à affirmer, comme nous l'avons fait, que la fin éthique de l'individu est la vie complète.

De l'action, nous déduisons les fins relatives de la spécialisation et de la vie complète. Pour dominer et utiliser la nature avec ses diverses ressources et ses divers climats, il est nécessaire à l'homme, étant donné ce qu'il est, de se spécialiser, c'est-à-dire, de s'adapter à des conditions extrêmement différentes, et dans bien des cas on n'arrive à cette adaptation que par une longue et lente série d'actions et d'inhibitions répétées. La vie, dans une communauté civilisée nécessite la spécialisation. Au plus haut degré de civilisation correspond la plus complète division du travail. Toutes ces formes de spécialisation empêchent la vie complète, si nous prenons ce dernier terme dans son sens naturel. Par suite, la vie complète est une fin relative, et on ne doit pas chercher à la réaliser aux dépens des fins absolues, l'adaptation et la survivance. Il faut certainement établir un certain équilibre entre la spécialisation et la vie complète. La prédominance de l'une ou de l'autre dépend des conditions de la vie en question. Il est à peine nécessaire d'expliquer séparément le terme de réalisation de soi-même; car il ressemble de bien près à la vie complète et devra être interprété à la lumière des mêmes fins absolues. Peut-être peut-on en dire autant du bien-être, terme auquel nous reprocherons d'être trop vague. Jusqu'à un certain point, si ce terme indique le bien-être individuel, c'est une fin relative vis-à-vis du bien-être humain en général, qui peut être ramené aux termes déjà employés, et est naturellement subordonné aux fins universelles de l'éthique absolue.

Le terme perfection a également des rapports très étroits avec la vie complète. On peut l'employer pour exprimer le résultat de la vie complète. Mais un état statique comme celui d'un être humain, quelle que soit sa perfection, ne peut être idéal au milieu du mouvement et de l'évolution sans trêve des choses qui nous entourent, s'il est dépourvu lui-même de vie et d'activité. Ceux-mêmes qui proposent cet idéal doivent admettre qu'il est impossible à réaliser et que, tout comme le mot de bonheur, le mot de perfection change de sens suivant les peuples. Il est beaucoup plus vague que le terme de vie complète, en ce qu'il ne peut être mesuré ni caractérisé d'une façon définitive.

Après avoir examiné brièvement, au point de vue positiviste, les principes moraux ordinaires, nous allons entreprendre le même travail pour quelques questions variées, dont certaines ont une importance capitale dans les discussions courantes. Nous considérerons comme admis et accepté ce que nous avons dit dans le chapitre précédent au sujet des lois selon lesquelles se produisent les phénomènes en question. Selon, par exemple, ce que nous avons dit à propos de l'énergie humaine, l'idéal éthique, dans les rapports entre l'homme et l'univers ambiant, n'est-il pas que l'échange d'énergie se produise en faveur du premier? L'évolution et le progrès humains ne doivent-ils pas être identifiés avec une augmentation de la réserve d'énergie latente de la race? Ne peut-on pas en dire autant de la vie individuelle dans ses rapports avec le milieu? ne peut-on pas dire que, jusqu'à ce que la dégénérescence et le déclin aient commencé, tant que l'âge mûr de la vie n'est point écoulé, la croissance de l'enfance et l'augmentation des forces peuvent s'expliquer de même? Si cela est exact, il s'ensuit que les activités humaines doivent être utilisées comme une recette et une accumulation d'énergie plutôt que comme une dépense, et que, aussi longtemps que l'énergie humaine agit sur le milieu ambiant, elle se dépense pour créer des choses utiles; celles-ci plus tard se transmuent en forme d'énergie humaine et de cette façon font retour à la race après s'être augmentées. Les substances que l'homme admet dans son organisme et qui seront tôt ou tard destructrices d'énergie, comme les stimulants pris à doses exagérées, sont à ce point de vue un très grand mal. Il est plus mauvais encore de dépenser de l'énergie pour produire ces éléments destructeurs d'énergie humaine. Les activités sociales devront être jugées de la même façon. De toutes les énergies dirigées contre les autres individus, celles-là seules trouvent leur justification, qui renforcent et concentrent l'énergie humaine pour sa lutte contre le milieu, par exemple, les activités éducatives et coopératives. Beaucoup d'énergie se perd dans l'action et dans la réaction sociales, qui ne peuvent par elles-mêmes rien ajouter à la somme totale de l'énergie humaine.

Quand on passe en revue la terminologie éthique et les discussions des problèmes éthiques, on voit combien il est nécessaire d'introduire plus d'exactitude dans les idées éthiques. Peu de gens ont songé à faire usage dans cette science des formules mathématiques. Cependant aucun art, aucune science ne seront complets, n'atteindront leur plus haut degré de puissance, tant qu'ils n'admettront pas cette exactitude dans les affirmations. L'auteur considère que le terme de « vie complète » peut être connu maintenant avec une exactitude mathématique; car, sur la plupart au moins de ses points particuliers, il peut être enfermé en des limites parfaitement définies. Comme nous l'avons déjà dit, par vie complète nous entendons l'exercice de chaque fonction humaine, physique ou mentale. Mais nul n'ignore que la somme d'exercice de certaines fonctions n'est compatible avec la conservation de la santé qu'à un minimum et un maximum bien déterminés. Si les muscles du bras ne sont pas exercés un nombre minimum de minutes par semaines, ils diminuent et sont endommagés par le manque d'exercice; s'ils s'exercent continuellement avec une certaine force, pendant un certain nombre d'heures chaque jour, ils sont endommagés par la fatigue et l'excès d'exercice. On a des exemples frappants de l'application de cette loi dans le cas de fonctions organiques, comme la digestion. Laissez l'estomac sans aliments pendant un certain nombre de jours, ou donnez-lui trop de nourriture pendant un certain nombre d'heures sans discontinuer, il en résultera, dans le premier cas, la mort, dans l'autre de sérieux désordres. Lorsqu'il s'agit de facultés psychiques, le problème de l'établissement des maxima et des minima d'exercice devient plus ardu. Mais la psychologie physiologique nous donne lieu de croire que la loi est vraie ici tout aussi bien que dans les cas précédents. Seulement, jusqu'ici, nous ne l'avions pas déterminée. Pour certaines sensations, on peut fixer, d'une façon précise, les limites au-delà desquelles l'action devient nocive et dangereuse. Il devient impossible à l'œil de voir une couleur particulière après qu'il l'a regardée pendant quelques minutes. De même, au-delà d'une certaine limite, le son peut occasionner la surdité. Certains phénomènes observés relativement aux émotions ne semblent point en contradiction avec ce que nous expliquons ici. Les sentiments de pitié et de bonté deviennent moins vifs lorsque, pendant des jours, pendant des semaines, on vit au milieu de gens accablés de souffrances ou d'injustices. Si l'on s'expose sans répit à cette émotion, elle finit par perdre de son acuité.

Ici, comme ailleurs, nous remarquerons la vérité qu'avait observée Auguste Comte, bien qu'il n'eût pas développé ce point dans son système de morale. Il fait, en passant, dans son livre sur la biologie, une remarque qu'il commence ainsi :

« En considérant maintenant les phénomènes communs à l'irritabilité et à la sensibilité sous le second aspect fondamental ci-dessus indiqué, c'est-à-dire quant à leur degré d'activité, les physiologistes ont à examiner les deux termes extrêmes d'une action exagérée et d'une action insuffisante, après lesquels vient se placer l'état normal intermédiaire d'une action convenablement modérée... Quant au degré intermédiaire,

ANTHROPOLOGIE APPLIQUÉE, SYSTÈME POSITIF DE MORALE

qui caractérise la santé, le bien-être, et finalement le bonheur.....[1]. »

Pour arriver à déterminer d'une façon plus précise son sujet essentiel, pour réduire en généralisations et en formules mathématiques les lois de l'exercice normal et bienfaisant et celles de l'exercice anormal et nuisible, il faut à l'éthique l'aide du physiologiste et du psychologiste; et cela non point seulement d'une façon vague pour la moyenne des hommes; mais pour les hommes, les femmes, les enfants d'âges divers, de métiers divers, de races diverses; la loi de la vie complète ne permettrait alors à un homme de devenir ni un fanatique en religion, ni un glouton dans la consommation de la nourriture. Nous n'aurons ainsi cette vague impression que parce que certaines fonctions sont « plus élevées »; elles peuvent s'exercer sans limites et supprimer les autres fonctions normales. Cette philosophie fermera le chemin à la monomanie, comme elle ferme le chemin à l'intempérance, ruine de l'organisme, dans l'exercice des fonctions physiques. Elle reconnaîtra, plus clairement qu'on ne l'a jamais fait jusqu'ici, la hiérarchie des diverses fonctions humaines, par rapport à leur importance dans l'économie humaine et l'attention dont chacune d'elles doit être l'objet. La nature a sagement rendu indépendantes de notre volonté certaines fonctions, comme les pulsations du cœur. Cependant il nous appartient d'examiner avec sagesse si certaines fonctions s'exercent plus souvent et avec plus de soin que les autres ; c'est notre santé physique et mentale, c'est-à-dire notre santé morale, qui en dépendent.

1. Auguste Comte, *Cours de Philosophie positive*, Paris, 1830-1842, t. III, pp. 752-754.

De la loi de la vie complète considérée comme fin éthique on peut faire dériver le corollaire suivant : dans l'emploi des moyens nécessaires à la vie complète, il faut observer la plus stricte économie de forces. Il nous suffira de nous rappeler notre classification des activités humaines pour comprendre toute l'importance de ce principe. La plus grande partie de la vie est employée non pas uniquement à vivre la vie complète, mais aux efforts nécessaires pour se procurer les moyens et l'occasion de vivre cette vie complète. Le temps passé à manger est très court, si on le compare à celui qui nous a été nécessaire pour nous procurer la nourriture que nous consommons. Il est certain que, si le fardeau de ces activités indirectes est trop lourd, il ne reste plus à l'individu assez d'énergie pour exercer harmonieusement et convenablement toutes les facultés de sa nature. La psychologie physiologique a prouvé à l'évidence que l'individu ne dispose que d'une somme parfaitement limitée d'énergie pour chaque jour de sa vie. S'il doit l'employer tout entière pour se procurer les moyens de vivre, il n'a plus qu'une vie mesquine, atrophiée, et cette vie même peut lui échapper.

Cette loi a une grande importance dans toutes les questions sociales, car toutes les institutions sociales ne sont que des facteurs destinés à assister l'individu et à lui permettre d'atteindre à la vie complète. Il est bien évident, par exemple, que dans chaque cas la principale chose à considérer est l'économie du facteur social en question, comparé avec les facteurs sociaux et avec les activités individuelles, pour satisfaire les besoins de l'individu. La division du travail a survécu dans le processus de l'évolution sociale et a pris une immense extension, parce qu'on a reconnu qu'elle était extrêmement économique pour les races qui en faisaient usage. Où doit s'arrêter ce développement? Doit-il être poussé jusqu'aux formes extrêmes que demande le socialisme? Ce ne sont là, en ce qui concerne l'économie des moyens à employer, que des questions pratiques que soulève chaque cas particulier. Il est encore trop tôt, peut-être, pour tracer des limites rigoureuses entre l'effort individuel et la coopération, mais il est évident que certaines fonctions seront toujours accomplies plus économiquement par l'individu. Plus on s'approche des fonctions biologiques essentielles, plus ce principe semble vrai. La nature a fixé une limite à la coopération dans l'assimilation de la nourriture. Ce n'est guère que dans les cas anormaux qu'on a jugé opportun et économique de peptoniser la nourriture d'un individu avant de lui faire prendre cette nourriture. Il en est tout autrement des diverses fonctions intellectuelles. Non seulement un individu peut charger un autre individu de penser à sa place et d'approprier les pensées de cet autre, lorsqu'elles auront reçu une forme définitive, mais encore cette opération est une des choses qui font le mieux comprendre la marche de la civilisation. Car chaque génération s'est assimilée de cette façon de vastes systèmes de pensée qu'elle n'aurait jamais pu élaborer elle-même et qui lui ont été fournis par les générations antérieures. Le mécanisme compliqué de la civilisation se maintient par suite de ce patrimoine d'idées que se lèguent les générations et grâce aux procédés d'éducation qui font de ces idées la propriété de chaque individu.

Ward a dit avec beaucoup de vérité que le procédé

indirect de l'éducation était de tous les facteurs sociaux celui qui contribuait le plus à faire atteindre les fins de la vie. Il semble vrai également, dans certains procédés industriels, que plus une opération devient indirecte, plus elle est économique ; l'idéal industriel n'est pas que chaque individu fabrique lui-même sa montre, ou autres instruments compliqués nécessaires à son usage personnel, mais une division si complète du travail que les mains et les yeux de l'ouvrier aient l'habitude d'accomplir une partie très minime de chaque objet par des procédés très simples et extrêmement rapides. On ne peut pas dire que plus les moyens sont indirects et plus ils sont économiques, car il y a toujours une limite aux forces de ceux qui dirigent des entreprises compliquées, et coordonnent les diverses parties de vastes systèmes.

La spécialisation est la loi de la vie évolutive non seulement dans la philosophie et les sciences qui expliquent le passé, mais dans l'éthique de l'avenir. Individus et races doivent se spécialiser, c'est là un corollaire inévitable des lois précédentes, surtout de celles qui ont trait à l'économie des moyens, à la complexité des idées et à l'hérédité. Nous avons vu que les systèmes intellectuels croissent en complexité beaucoup plus que la capacité naturelle des individus. La conséquence nécessaire, c'est qu'un système ne peut devenir très efficace que si le travail nécessaire pour le comprendre et le mettre en pratique est partagé entre plusieurs individus de façon à ce que chacun reçoive seulement la partie de la tâche dont il sera capable de s'acquitter. La coopération est alors un corollaire nécessaire, afin que les activités individuelles puissent être coordonnées les unes aux autres et dirigées ensemble vers une fin intelligente. Un résultat naturel qui s'observe non seulement dans l'industrie, mais dans tous les grands champs de l'activité humaine, c'est que la subdivision du travail devient de plus en plus complète et la spécialisation de plus en plus rigoureuse. Cela continuera certainement tant que les systèmes ne seront pas devenus assez complexes pour enlever aux directeurs, administrateurs ou chefs d'industrie la possibilité de les contrôler et de les coordonner plus longtemps. En ce qui concerne le spécialiste individuel, il a d'autant plus d'action que l'objet de ses études est plus restreint, qu'il a moins de matériaux divers sur lesquels exercer sa pensée ; et plus cette pensée a de perfection, plus il acquiert de souplesse et de dextérité, plus il a de chances de découvrir de nouvelles idées, de faire de nouvelles inventions, lui permettant de simplifier de plus en plus sa tâche. Quoique en philosophie on n'ait pas accordé à ce principe de spécialisation la place qu'il mérite d'occuper, on le rencontre de nos jours dans la philosophie récente et la philosophie populaire, et il sert de plus en plus à expliquer les activités idéales et sociales. Cependant il ne faudrait pas le prendre comme loi dans un sens aussi général que les lois précédentes. Il contribue d'une façon plus lointaine à atteindre les fins supérieures de la vie humaine ; en tant que moyen, son efficacité doit être, sur chaque point, contrôlée par le système opposé d'individualisme ; un développement complet et harmonieux doit être combiné avec une éducation spécialisée. Dans bien des cas, sans doute, la vérité se trouvera dans un juste milieu entre ces deux extrêmes, et il est encore plus certain que toute spécialisation, pour donner le plus de résultats, devra être basée sur un harmonieux développement des facultés humaines. Puis, la spécialisation devra toujours être limitée par le principe plus essentiel de la vie complète et du bon équilibre des activités individuelles. Car elle n'est en dernier lieu qu'un moyen pour atteindre cette dernière fin et ne doit certainement pas accaparer le temps et l'attention de l'individu au point de l'empêcher de se développer pleinement et de satisfaire ses besoins.

Une grande différentiation des races et des individus serait une excellente chose si la terre doit être un jour complètement mise à la disposition de l'homme. Car l'aptitude à habiter des climats très différents et à résister à l'influence des milieux physiques dépend de la transmission héréditaire de constitutions très diversifiées. Et dans certaines régions il ne suffit pas d'une certaine hérédité, il faut encore une certaine éducation. Comme Ward[1] le fait remarquer, on a étudié assez profondément la question de spécialisation au moyen de l'éducation ; mais on a beaucoup négligé la spécialisation due à l'hérédité et aux efforts intelligents ; on s'est peu occupé d'établir ce qu'il appelle un système de stirpiculture. Nous renvoyons le lecteur à cet auteur pour les détails plus précis sur l'importance d'un pareil système et les difficultés qu'il rencontrerait sur son chemin.

Enfin vient « la loi de la liberté égale », loi dont Spencer a fait un des fondements de son principe de morale et qui se formule ainsi : « Chaque homme est libre de faire ce qui lui convient pourvu qu'il ne porte point atteinte à la liberté égale d'autrui[2]. » Cette

---

1. *Dynamic Sociology*, vol. II, pp. 393, 463, etc.
2. *Principles of Ethics*, New-York, vol. II, p. 46.

loi vient après la loi de spécialisation parce que tant que ce chaînon n'est pas atteint dans notre examen de la suite des moyens, il n'est pas évident que la coopération d'une société d'individus adultes soit une chose désirable; et ce n'est qu'une fois cette supposition admise que la loi de liberté devien nécessaire. Si l'état individualiste était l'état idéal, il serait inutile de limiter les actes d'un individu par les actes d'un autre. On ne peut faire de cette loi, comme l'a fait Spencer, le fondement de l'éthique, parce qu'elle ne reconnaît aucune fin éthique au-dessus d'elle. Il n'est pas vrai que l'homme ait le droit de faire tout ce qu'il veut; il n'a que le droit de faire ce qui est bien. Mais cette loi a une grande importance. Nous trouvons en elle le germe de l'idée du gouvernement, dont la fonction fondamentale est de faire régner la justice parmi les hommes.

On peut donc diviser l'éthique en deux parties: L'éthique de la vie individuelle et l'éthique de la vie sociale. L'éthique sociale se confond dans son domaine avec la sociologie appliquée, et elle ne traite que les questions de bonne conduite concernant deux ou plusieurs individus. Plusieurs des lois citées précédemment, comme les lois de spécialisation et de liberté égale, sont des lois fondamentales de l'éthique sociale et rentrent plutôt dans cette dernière que dans l'éthique individuelle. Mais toutes ces lois servent de base aussi bien à l'une qu'à l'autre. Naturellement, dans l'étude des questions d'éthique sociale, il ne faut jamais perdre de vue la fin éthique et les lois fondamentales que nous venons de formuler. A ce point de vue, les questions relatives à l'industrie, au gouvernement et, en fait, à toutes les associations d'activités humaines, deviennent des questions morales. Il ne faut pas oublier cependant que toutes ces questions sont d'importance secondaire en morale. La société et les institutions sociales ne sont que des moyens à la disposition des individus. Il ne faut pas faire de la société une fin en soi. Ce ne sont pas ses intérêts, mais bien ceux de l'individu et de la race qui doivent être placés au premier rang. Les phénomènes fondamentaux de la reproduction, la protection et l'éducation des nouveau-nés sont par essence des phénomènes sociaux; cependant ils sont absolument essentiels pour la vie de l'espèce, et par suite, au moins dans leur forme la plus simple, doivent être placés au premier rang. La valeur de chaque autre forme de consociation, comme le gouvernement ou l'industrie, doit être évaluée, dans chaque cas, d'après les services qu'elle rend à l'individu ou à la race. Il faut apprécier de même la fonction du gouvernement et celle des autres facteurs sociaux en tenant compte de leur utilité et non pas d'après des considérations abstraites.

A cet exposé un peu grossier et un peu risqué de ce que l'auteur considère comme les premières lois dans la hiérarchie morale, il faut ajouter une des conceptions sociales les plus sérieuses et les plus mûries, et qui forme le sujet du second volume de la *Dynamic Sociology* de Ward. Faisant du bonheur la fin éthique, il essaye de montrer que « les diverses fins prochaines qui vont suivre constituent les vrais moyens d'atteindre les fins prochaines supérieures respectives, et par suite n'ont pas besoin d'être poursuivies comme fin et but en soi, de telle façon que la série entière supérieure aux moyens initiaux peut être parfaitement abandonnée à elle-même et toute l'énergie sociale concentrée sur les moyens initiaux :

A. Bonheur. Excès du plaisir ou de la joie sur la douleur ou la peine ;

B. Progrès. Conciliation des phénomènes naturels avec le bien-être humain ;

C. Action dynamique. Emploi de la méthode intellectuelle, inventive ou indirecte de conatien ;

D. Opinion dynamique. Vues exactes sur les rapports de l'homme avec l'univers ;

E. Science. Connaissance du milieu ;

F. Éducation. Distribution universelle des connaissances existantes [1].

L'éducation est donc le moyen le plus important pour atteindre toutes les fins éthiques. Il serait exagéré cependant de dire « que toute l'énergie sociale doit être concentrée sur les moyens initiaux ». Si, dans la discussion qui précède, nos prémisses sont justes, les plus importantes activités humaines sont celles qui concourent directement à la satisfaction des besoins biologiques, et toutes les activités sociales, immédiates ou éloignées, doivent être appréciées d'après leur économie en tant que moyens. On pourrait combiner en une seule expression les deux termes employés par Ward, « opinion » et « science »; car des « vues exactes » sont déjà une partie de la « science » d'un individu. On pourrait adresser la même critique au second terme de la série « progrès » ; tel qu'il est défini, le progrès équivaut pratiquement au « bonheur », et c'est seulement par une équivoque définition qu'on peut en faire d'un côté le résultat de « l'action » et de l'autre côté la cause du « bonheur ». Mais, si l'on ne s'arrête pas à ce qu'il y a là d'un peu artificiel, l'ouvrage de Ward est une des contributions les

---

1. *Dynamic Sociology*, vol. II, pp. 108-109.

plus sérieuses et les plus fouillées à l'éthique positive, c'est-à-dire à l'éthique telle que nous l'avons définie dans ce chapitre même; Ward, lui, donne à l'éthique un sens plus étroit et préfère donner à ce domaine d'études le nom de *Sociologie dynamique*.

Nous pouvons en passant formuler comme exemple la fin éducationnelle, montrant comment les fins relatives de tous les facteurs sociaux et de toutes les activités sociales peuvent être dérivées des fins de l'éthique positive déjà mentionnées. En ce qui concerne l'individu, la fin éducationnelle doit être de le préparer en vue de la vie complète et de la spécialisation, c'est-à-dire de le préparer à s'acquitter de sa fonction sociale. Si nous regardons plus loin, nous voyons qu'elle contribue à l'adaptation et à la survivance. Tous les facteurs éducationnels, toutes les méthodes d'éducation doivent être choisis en ne perdant point de vue ce principe. Spencer a établi fort habilement ce qu'il appelle *la hiérarchie rationnelle* des matières d'éducation; il distingue : « l'éducation qui prépare seulement à la conservation individuelle directe; celle qui prépare à la conservation individuelle indirecte; celle qui prépare aux fonctions parentales; celle qui prépare aux fonctions civiques; celle qui prépare aux divers raffinements de l'existence[1] ». Ward arrive à une conclusion analogue, lorsqu'il fait d'une éducation scientifique la chose essentielle dans la civilisation et le principal moyen de réaliser toutes les fins sociales[2]. Cela est parfaitement d'accord avec la théorie philosophique des déterministes, pour qui, étant donné certaines idées,

---

1. *Education, Intellectual, Moral, and Physical*, New-York, pp. 15, 16.
2. *Dynamic Sociology*, vol. II, p. 109.

certaines expériences, il en résulte inévitablement certains sentiments, certaines actions, et pour qui, par suite, la seule chose à faire pour produire l'action morale, c'est d'inculquer à l'individu des idées propres à déterminer cette action. L'éducation, comme le démontre Ward[1], doit être surtout une « éducation d'information »; car sentiments, actions, habitudes, tout cela trouve son origine dans les idées.

Dans les questions d'éducation, comme dans toutes les questions morales, où il y a toujours eu un peu d'incertitude au sujet des méthodes les plus rationnelles, il vaut mieux être conservateur que radical ou trop libéral. Tant que l'excellence d'une nouveauté n'est pas entièrement démontrée, le mieux est, jusqu'à ce que l'expérience en ait fait la preuve, d'en rester aux anciennes coutumes. Ce qui a survécu, c'est le plus apte et le meilleur, aussi bien en éducation et en éthique qu'ailleurs. Ce qui a été démontré comme bon par une longue expérience peut inspirer plus de confiance que quelque idée nouvelle. Même si l'on n'a pas en vue une fin éthique, le progrès continuel et le bien-être seraient assurés, pourvu que l'homme continuât à agir d'après ce principe : Conserver fermement les idées anciennes jusqu'à ce qu'il soit certain que quelque chose de meilleur a été découvert et éprouvé par l'expérience.

Enfin l'évolution des idées aussi bien que l'évolution organique doit être une fin de la vie humaine. Afin de produire une évolution de plus en plus élevée de l'humanité, nous devons nous efforcer de donner aux acquisitions intellectuelles une complexité de plus en plus grande. Mais il faut avoir ici plus de précision ; car il pourrait évidem-

---

1. *Dynamic Sociology*, vol. II, p. 568.

ment y avoir des systèmes de pensées très complexes pour des questions ayant relativement peu de portée, et dont l'importance directe, au point de vue de progrès de la race, serait bien faible. Il pourrait y avoir des systèmes extrêmement complexes de philosophie idéaliste; mais, si tous les hommes d'une nation étaient philosophes et n'appliquaient point ces idées à des institutions sociales et à des agencements sociaux également complexes, cette nation serait sans difficulté écrasée par une autre nation même fort inférieure à elle en culture intellectuelle. Il nous faut être guidés à la lumière des principes suivants : Dans notre système intellectuel, les idées seront les plus importantes qui mettront le plus directement en œuvre les fonctions biologiques essentielles. La première des choses, c'est que toute civilisation trouve une base solide et suffisante dans la nutrition, la reproduction, la protection et l'innervation.

C'est à regret que nous laissons de côté un grand nombre de questions morales fort intéressantes et en particulier le domaine tout entier de l'éthique pratique ou l'examen des moyens à employer dans la vie individuelle, et les principes qui seraient les plus utiles à l'individu pour le guider dans le choix de ses moyens. Mais l'auteur croit avoir accompli la tâche qu'il s'était imposée, en démontrant la possibilité d'un système adéquat d'éthique basé sur le déterminisme et le positivisme, voire même sur le matérialisme. L'esquisse que nous avons tracée dans le chapitre iii des méthodes d'éthique pratique et d'éthique négative doit suffire pour le moment.

Il sera bon de terminer ce chapitre sur l'éthique par une table hiérarchique des fins éthiques précédemment discutées. Ce sera une façon de résumer les lois principales de l'anthropologie philosophique formulées au cours de ce volume [1]. Mais le lecteur ne doit pas oublier ce que nous avons déjà dit au commencement de ce livre. Les affirmations de l'auteur sont provisoires : l'auteur se réserve le droit de les modifier radicalement dans ses ouvrages postérieurs. Ce livre-ci n'est guère plus qu'un coup d'œil d'ensemble préliminaire sur le domaine de l'éthique positive et sur les branches de la science qui servent de base à un tel système. Il faut toute une vie de travail pour examiner les problèmes fondamentaux de l'éthique positive elle-même. Il faudrait plus de temps encore pour comprendre les principes et la pratique des arts sociaux et anthropologiques qui rentrent dans l'éthique.

[1]. Les fins seront rangées par ordre croissant en commençant par les moins élevées. Nous ne placerons pas sur cette liste l'attraction, pour les raisons indiquées page 311. L'évolution figure parmi les fins absolues ; comme nous l'avons expliqué, page 313, bien qu'elle ne soit pas aussi universelle dans ses applications que les autres fins absolues figurant sur notre liste, nous pouvons la considérer comme leur étant égale à tous les points de vue de la direction pratique de la vie humaine. Les fins de chaque ordre sont en même temps des moyens pour les fins de l'ordre immédiatement supérieur.

HIÉRARCHIE DES FINS ET MOYENS ÉTHIQUES

I. Fins sociales.	*a.* Contrôle social.	1° Cérémonial. 2° Religion. 3° Gouvernement.
	b. Suggestion sociale.	4° Éducation. 5° Communication.
II. Fins individuelles.	*a.* Vie complète. (Réalisation de soi-même, perfection, bien-être, bonheur et douleur.)	6° Fonction esthétique. 7° Locomotion. 8° Innervation. 9° Protection. 10° Reproduction. 11° Nutrition.
	b. Spécialisation.	
	c. Action. Adaptation. Survivance.	12° De l'individu.
III. Fins ethniques.	Évolution (et dissolution).	13° De la race humaine.
IV. Fins biologiques.	Action.	14° De la vie.
V. Fins cosmiques.	Adaptation.	15° Du système solaire.
VI. Fins universelles.	Survivance.	16° De l'univers.

FIN

TABLE DES MATIÈRES

                                                                              Pages.

Préface... XI

CHAPITRE PREMIER
LE BUT ET LA TACHE DE L'ANTHROPOLOGIE PHILOSOPHIQUE

Nécessité d'un système positif de moral. — La nouvelle anthropologie comme base. — Définitions. — Classification des sciences et des arts. — Contributions des sciences non anthropologiques.   1

CHAPITRE II
DIVISIONS DE L'ANTHROPOLOGIE. — CLASSIFICATION DES ACTIVITÉS HUMAINES

Une classification à trois dimensions. — Anthropodynamique, anthropostatique, anthropographie et anthropogénie. — Le passé, le présent et l'avenir de la vie humaine : la morale. — Études abstraites et concrètes de la vie humaine. — Activités humaines primaires et secondaires........................ 26

CHAPITRE III
MÉTHODES ET MATÉRIAUX

De la morale comme art. — De la morale en tant que prévision (méthodes directe et inverse). — De la morale en tant que pratique. — Des sciences anthropologiques abstraites. — De l'anthropostatique. — De l'anthropodynamique. — Des sciences anthropologiques concrètes........................ 57

CHAPITRE IV
CRITIQUE DES SCIENCES ANTHROPOLOGIQUES ET SOCIALES

Études du passé (préhistoire, histoire, etc.). — Études du présent (ethnographie, statistique, etc.). — Sciences abstraites (anthropologie physique, psychologie, etc.). — Sciences sociales et arts sociaux... 92

CHAPITRE V
LA RACE (LES SCIENCES ANTHROPOLOGIQUES CONCRÈTES)

Difficultés du sujet. — Préjugés. — L'origine animale de l'homme. — Son origine dans le temps et dans l'espace. — L'évolution de l'homme civilisé. — Classification des races. — Lutte des races. — Leur avenir. — Leur importance relative au point de vue moral. — Spécialisation et croisement des races............... 111

CHAPITRE VI
L'INDIVIDU (LES SCIENCES ANTHROPOLOGIQUES ABSTRAITES)

Le point de vue biologique. — Des fonctions les plus nécessaires à la survivance. — Du contrôle social comme moyen. — Liberté de la volonté 157

CHAPITRE VII
LES ACTIVITÉS PRIMAIRES

Reproduction, nutrition, protection (abri, habillement, médecine, défense). — Leur origine biologique et leurs rapports avec les autres activités. — Lois psychologiques et sociologiques qui les gouvernent. — L'économie de la coopération. — Histoire de la civilisation en tant qu'histoire des activités primaires. — Innervation, locomotion et activité esthétique. — Leurs fonctions comme moyens pour les activités précédentes. — L'évolution humaine est essentiellement une évolution des idées. — Rapports des arts utiles avec les beaux-arts 180

CHAPITRE VIII
LES ACTIVITÉS SECONDAIRES

Agents de suggestion : communication, éducation. — Agents du contrôle social ; gouvernement, religion, cérémonial. — Origine de la suggestion sociale et du contrôle social. — Les grandes périodes de leur évolution. — Leurs transformations dépendent de l'évolution des activités primaires. — Leur importance relative comme moyens de survivance 240

CHAPITRE IX
SYNTHÈSE. — HYPOTHÈSES

Résumé des définitions, des divisions et des méthodes. — Déductions de la philosophie générale. — Lois de l'anthropologie dérivées de la physique, de la biologie, de la psychologie, de la sociologie 264

CHAPITRE X
ANTHROPOLOGIE APPLIQUÉE. — SYSTÈME POSITIF DE LA MORALE

De la morale en tant que prévision. — Du libre arbitre. — Fins absolues : survivance, adaptation, action. — Fins relatives et individuelles : évolution, vie complète, spécialisation, bonheur. — Moyens ou fins sociaux : suggestion sociale et contrôle social. 299

Tours. — Imprimerie Deslis Frères.

Librairie C. REINWALD. — SCHLEICHER frères, Éditeurs
PARIS, 15, RUE DES SAINTS-PÈRES, 15, PARIS

L'HUMANITÉ NOUVELLE

REVUE INTERNATIONALE
SCIENCES, LETTRES ET ARTS

paraît mensuellement en un volume d'au moins 128 pages de texte et d'illustrations

DIRECTEUR SCIENTIFIQUE	DIRECTEUR LITTÉRAIRE
A. HAMON	V. ÉMILE-MICHELET

L'*Humanité Nouvelle* est l'organe libre de la pensée humaine, des tendances les plus larges et les plus indépendantes en matières scientifiques et artistiques. C'est ce qui explique le succès rapide et considérable qu'elle a obtenu.

L'*Humanité Nouvelle* contient des articles de sciences sociologiques, biologiques, mathématiques, géographiques, physiques, chimiques, de philosophie, de littérature et d'art, des nouvelles, des vers, des contes, des romans, du théâtre, dus aux meilleurs auteurs de tous les pays. Dans chaque numéro, il y a des chroniques littéraire, artistique, théâtrale, une revue des revues et des livres de toutes les langues et de tous sujets.

Aucune revue ne peut rivaliser avec l'*Humanité Nouvelle*. Elle est la meilleure et la moins chère de toutes les revues.

L'*Humanité Nouvelle* est dans sa quatrième année. Elle a, depuis deux ans, publié des travaux, dans sa *partie scientifique*, de MM. Grant Allen, Edward Carpenter, Auguste Chirac, C. Fages, Jean Grave, A. Hamon, Pierre Kropotkine, Pierre Lavroff, Charles Letourneau, Cesar Lombroso, J. Novicow, Edmond Picard, Elie Reclus, Elisée Reclus, G. Sorel, Alfred Russel Wallace, Hector Denis, Dr Laupts, S. Merlino, Eugène de Roberty, Léon Tolstoï, A.-D. Bancel, Guillaume De Greef, Simon Katzenstein, Tom Mann, Fernand Pelloutier, Albert Savine, N.-R. af Ursin, Emile Vandervelde, Colins, Jules Dallemagne, Elchard Esse, L. Garreau, Jose Ingegnieros, Gustave Lejeal, Ernest Nys, Louis de Royaumont, E.-H. Schmitt, L. Winiarski, Havelock Ellis, etc.; dans sa *partie littéraire*, de MM. Herman Bang, J.-J. Baronian, Maurice Des Ombiaux, Jules Destrée, Frédéric Van Eeden, Gustave Geffroy, M. Gorki, Gunnar Heiberg, Léon Hennebicq, J.-P. Jacobsen, Camille Lemonnier, V. Emile-Michelet, Paul Pourot, A. de Rampan, Gabriel Randon, L. Xavier de Ricard, Holger Drachmann, Louis Ernault, Douglas Hyde, H. Ibsen, Ivan Gilkin, Fiona Macleod, Dina C.-P. Meddor, P.-N. Roinard, Emile Verhaeren, Yeats, Albert Lantoine, Jean Dolent, Judith Cladel, Gabriel De La Salle, Mario Pilo, etc., etc.

Aucune revue ne donne aussi bien que l'*Humanité Nouvelle* un aperçu du mouvement intellectuel mondial grâce à ses comptes rendus analytiques et critiques des livres et des revues en toutes langues et sur tous sujets. Ils sont faits par MM. Elisée Reclus, Elie Reclus, Guillaume De Greef, G. Sorel, Laurence Jerrold, Marya Cheliga, Victor Dave, A. De Rudder, Mario Pilo, C. Fages, Marie Stromberg, A. Hamon, V. Emile-Michelet, Dr A. Gaboriau, Christ Cornelissen, Dr Helina Gaboriau, Ephrem Vincent, C. Huysmans, Paul Pourot, C. Barbier, Emile Vandervelde, C. Muffang, Mehier de Mathuisieulx, Vanderyoo, etc., etc.

La Revue ne publie rien que de l'inédit

L'*Humanité Nouvelle* forme par an deux beaux volumes de plus de 750 pages chacun avec un index alphabétique des auteurs et des matières

	UN AN	SIX MOIS	UN NUMÉRO
Abonnements France et Belgique.........	12 fr.	7 fr.	1 fr. 50
Étranger (Union postale)..	15 fr.	8 fr.	1 fr. 75

Les abonnements partent de janvier et de juillet

Envoi d'un Numéro Spécimen franco sur demande

Tours. — Imprimerie DESLIS FRÈRES, rue Gambetta, 6.

www.ingramcontent.com/pod-product-compliance
Lightning Source LLC
Chambersburg PA
CBHW050750170426
43202CB00013B/2368